Jan van Aken

# Worte statt Waffen

Jan van Aken

# Worte statt Waffen

Wie Kriege enden und Frieden verhandelt werden kann

Econ

# Inhalt

*Verhandlungen sind die Fortsetzung des Krieges auf einem anderen Schlachtfeld*[1]

# Einleitung

Viele sicher geglaubte Wahrheiten sind in den letzten Jahren verloren gegangen. Frieden schaffen *ohne Waffen* – das war doch immer richtig!? Aber seit 2022 stellt sich vielen die Frage: Muss sich die Ukraine nicht gegen diesen brutalen Angriff verteidigen können? Wie soll es ohne Waffen und ohne Verteidigung zu einem Frieden kommen, ohne dass Russland das ganze Land übernimmt? Das Gleiche gilt für den Nahen Osten: Auch hier scheint eine Zukunft ohne Waffen kaum vorstellbar.

Dieses Buch ist kein detaillierter Masterplan für eine Beendigung des Nahost-Konfliktes oder des russischen Angriffskriegs auf die Ukraine, denn den gibt es nicht. Aber es gibt Erfahrungen, aus denen wir lernen können für den Umgang mit aktuellen Kriegen und ein friedlicheres Morgen. Das Buch zeigt auf, wie auch in den verfahrensten Situationen und blutigsten Konflikten am Ende die Waffen zum Schweigen gebracht werden konnten – und wie Wege für einen dauerhaften Frieden geebnet wurden.

Es gibt so viele inspirierende Beispiele in der Geschichte, so viel Mut und Hoffnung angesichts der friedlichen Beilegung unterschiedlichster Konflikte, dass ich zutiefst davon überzeugt bin, dass es – fast – immer auch friedliche Wege zum Frieden geben kann. Die sind oft nicht einfach, und auch sie haben ihren Preis – aber eben einen, der weniger Tod, Leid und Zerstörung bedeutet. Drei Viertel aller kriegerischen Konflikte in den vergangenen Jahrzehnten endeten mit einem Friedensabkommen.[2]

An Beispielen aus der ganzen Welt lässt sich zeigen, wie Friedensgespräche funktionieren und was es braucht, damit sie überhaupt beginnen. Welche Rolle kann ein Land wie Deutschland spielen, um Friedensprozesse in anderen Teilen der Welt zu unterstützen? Was lässt sich tun, um Konflikte gar nicht erst eskalieren zu lassen und Kriege schon im Ansatz zu stoppen? Dieses Buch schaut zurück in die Geschichte, auf den Erfolg und Misserfolg unterschiedlichster Friedensprozesse. Und nach vorn, auf die vielen Wege zu einer friedlicheren Konfliktlösung.

Neueste Erkenntnisse der Friedensforschung werden mit Geschichten aus der Praxis verwoben. Auch aus meinen persönlichen Erfahrungen. Seit einem Vierteljahrhundert arbeite ich nun zu Abrüstung und Friedensthemen – etwas ungewöhnlich für einen Biologen. Das kam so: Seit Beginn meines Studiums habe ich mich mit den Risiken der Gentechnik befasst, in all ihren Variationen. Darüber habe ich an der Universität geforscht und bei Greenpeace Kampagnen organisiert. In dieser Zeit kam immer wieder die Frage auf, ob Gentechnik auch kriegsrelevant ist, weil sie biologische Waffen noch gefährlicher machen könnte. Eine Frage, die in der öffentlichen Diskussion praktisch keine Rolle spielte. Auch ich habe sie immer wieder ignoriert – bis mir 1999 das Buch »The Cobra Event« von Richard Preston in die Hand fiel, in dem ein gentechnisch verändertes Supervirus die Menschheit bedroht. Maßlos übertrieben, aber rasant geschrieben, ich hatte meinen Spaß. Wenige Monate später entstand daraus mit einem US-amerikanischen Kollegen zusammen die Idee, sich doch mal intensiver mit solchen Risiken auseinanderzusetzen. In einem kleinen Restaurant in New York City entwickelten wir die Idee einer kleinen Nichtregierungsorganisation, dem *Sunshine Project*, das in den Folgejahren den einen oder anderen Skandal rund um Gentechnik und Biowaffen recherchierte.

Damit war ich mittendrin in Abrüstungsfragen, die mich seitdem in vielen Variationen beschäftigten und in denen ich den unterschiedlichsten Mitteln und Wegen einer friedlichen Konfliktlösung begegnete: Als Biowaffeninspektor bei den Vereinten Nationen konnte ich hautnah erleben, welche friedlichen Alternativen zur militärischen Gewalt es hätte geben können, damals 2003 im Irak. Und wie politische und wirtschaftliche Interessen manchmal ganz bewusst einen friedlicheren Weg zur Lösung eines Konfliktes verstellen. In meiner Zeit bei *Greenpeace International* habe ich an Initiativen zur atomaren Abrüstung im Nahen Osten mitgearbeitet, und als Abgeordneter im Deutschen Bundestag konnte ich mir direkt in verschiedenen Konfliktregionen ein Bild von der Situation – und möglichen Lösungen – machen. Ob nun lokale Initiativen zur zivilen Krisenprävention im Südsudan, die Untersuchungen der *Internationalen Atomenergie-Organisation* zum iranischen Atomprogramm, deutsche Waffenlieferungen in Kriegsgebiete oder ein Untersuchungsausschuss des Bundestages zum Bombenangriff von Kundus in Afghanistan: Überall bin ich auf friedliche Alternativen und zivile Möglichkeiten der Konfliktbeilegung gestoßen, die leider nur allzu oft an den Machtinteressen oder Ideologien einzelner Akteur:innen gescheitert sind. Auch an denen Deutschlands.

Dieses Buch zeichnet an Beispielen nach, wie Kriege endeten, wie ein neues Aufflammen von Gewalt verhindert wurde und ein dauerhafter Frieden erreicht werden konnte – und schaut dabei auch auf die Rolle Deutschlands in vielen Konflikten dieser Welt. Denn ob und wie die reichen Länder agieren, hängt allzu oft davon ab, was ihnen und ihrer Wirtschaft nützt. Wenn Rohstoffe billig und der Zugang zu fossilen Energien sicher sein sollen, dann bleiben die Menschenrechte und der Frieden oft auf der Strecke, der Einmarsch eines Staates in ein Nachbarland ist dann schnell verziehen. Wenn Fluchtrouten weit vor dem Mittelmeer unterbrochen werden sollen, dann werden auch schon mal die schlimmsten Übeltäter zu »Partnern«. Wenn schmutzige Geschäfte mit Waffenlieferungen geschmiert werden, dann muss man damit rechnen, dass die Waffen auch eingesetzt werden. Als die ganze Welt schon wusste, dass die Assad-Regierung in Syrien in großen Mengen Sarin als Chemiewaffe produzierte, haben deutsche Firmen trotzdem noch die Ausgangschemikalien nach Syrien geliefert – womöglich, weil man den syrischen Geheimdienst im »Kampf gegen den Terror« für unverzichtbar hielt.

Diesem Zynismus – manche nennen es »Realpolitik« – stellen sich die vielen Held:innen des Alltags entgegen, die unermüdlich in ihrer Gemeinde, in ihrem Land und auf ihrem Kontinent ganz »real« daran arbeiten, den Frieden sicherer zu machen oder ihn überhaupt erst wieder herzustellen. Die mit zivilen Mitteln Konflikte lösen, in Kriegen vermitteln, die versöhnen und erinnern, die Ungerechtigkeiten bekämpfen, gegen Straflosigkeit vorgehen oder sich unter größten Risiken gegen die vermeintlichen Lösungen der Waffengewalt stellen. Dies ist auch ein Buch über und für sie. Mögen sie uns Anregung und Inspiration sein, selbst einen Beitrag zu einer friedlichen und gerechten Welt zu leisten.

# Was braucht es für den Beginn von Friedensverhandlungen?

Der syrische Bürgerkrieg hätte schon 2012 zu Ende sein können. Aber leider gibt im Krieg der Stärkere meistens nicht nach. Und Klügere gibt es viel zu selten.

Anfang 2011 war der Arabische Frühling auch in Syrien angekommen, mit großen Demonstrationen gegen das Regime von Bashar al-Assad. Als im März dann Polizisten auf friedliche Demonstrant:innen schossen, gab es viele Tote. Sehr schnell eskalierte die Gewalt, Syrien befand sich mitten in einem blutigen Bürgerkrieg. Zehntausende Soldaten desertierten und bildeten die »Freie Syrische Armee«. Das westliche Ausland – und viele andere – unterstützte die Rebellen, Bashar al-Assad geriet immer mehr unter Druck. 2012 sah es so aus, als ob er militärisch kaum noch eine Chance hätte.

In dieser Situation schlug Assad einen friedlichen Machtwechsel vor: Er selbst würde 2014 zurücktreten und den Weg für eine neue Regierung frei machen.[1] Wie ernst er das meinte und welche Hintertürchen er sich vielleicht erhoffte, werden wir nie wissen. Aber es war zumindest ein erstes Angebot für einen friedlichen Wandel, ein erster Schimmer der Hoffnung für die Menschen in Syrien. Ich erinnere mich noch allzu gut daran, wie dieser Vorschlag in Deutschland aufgenommen wurde. Als Mitglied des Bundestages saß ich im Auswärtigen

Ausschuss und musste mir anhören, wie über diesen Vorschlag gelacht wurde. Von wegen 2014 – jetzt sofort muss er gehen, und wenn er nicht will, dann wird die Revolution in Syrien ihn hinwegfegen. Assad wurde ausgelacht, weil man sich auf der Siegerstraße wähnte. Und glaubte, irgendeine Art von Kompromiss, Gespräch oder Verhandlung gar nicht nötig zu haben.

Ähnliches berichtete der frühere finnische Präsident Martti Ahtisaari, der für seine vielen Friedensvermittlungen 2008 den Friedensnobelpreis bekommen hatte. Er war 2012 in Gespräche zur Beendigung des syrischen Bürgerkrieges eingebunden. Dabei habe Russland als Schutzmacht Syriens angeboten, dass Assad nach einem Friedensschluss die Macht abgeben würde, aber die USA, Frankreich und Großbritannien hätten das abgelehnt, weil sie so davon überzeugt waren, dass der Sturz Assads kurz bevorstand.[2]

Welch ein Irrtum. Mit Hilfe aus dem Iran und Russland gewann schon ein Jahr später das Regime in Syrien wieder die Oberhand. Schiitische Milizen und russische Kampfflugzeuge brachten den militärischen Erfolg, im Gleichschritt mit einer unfassbar brutalen Kriegsführung des Regimes gegen die eigene Bevölkerung. Es wurde offensichtlich, dass die bewaffnete Opposition dem Assad-Regime nicht standhalten konnte. In dieser Situation war es dann der Westen, der laut über mögliche Friedensverhandlungen nachdachte. Und jetzt war es Assad, der lachte, da er sie nun nicht mehr nötig hatte.

Der syrische Bürgerkrieg dauert bis heute an. UNICEF schätzt, dass bisher über eine halbe Million Menschen starben. Weil Assad mit größter Brutalität seinen Vernichtungsfeldzug gegen jeglichen Widerspruch fortführt – aber auch, weil in entscheidenden historischen Momenten keine Seite bereit war, aus einer Position der Stärke heraus einen friedlichen Weg zu suchen.

## Jedes Zugeständnis ein Verrat

Lazaro Sumbeiywo, ein kenianischer General, der im sudanesischen Bürgerkrieg über Jahre Friedensgespräche moderierte, hat das zentrale Problem von Friedensverhandlungen einmal sehr treffend auf den Punkt gebracht: »*Verhandlungen sind die Fortsetzung des Krieges auf einem anderen Schlachtfeld.*«[3] Ein fast schon brutal nüchterner Satz, in dem all die Schwierigkeiten komprimiert sind, mit denen Friedensgespräche zu kämpfen haben. Denn mit den Verhandlungen beginnt ja kein Frieden, sondern zunächst einmal wird der Kampf mit anderen Mitteln, mit Worten – und mit offenem Ausgang – weitergeführt. Da begegnen sich erbitterte Feinde, die mitunter brutalste Verbrechen begangen haben, die sich zutiefst verachten und seit Jahren den anderen mit jeder nur erdenklichen Hassrede verunglimpft haben. Da wird um jeden Millimeter gekämpft, da kostet jede diplomatische Floskel enorme Überwindung, jedes freundliche Wort wird als Schwäche empfunden und jedes Zugeständnis als Verrat.

In dieser Situation sollen sich die Gegner an einen Tisch setzen und miteinander reden. Eine Seite hat den Krieg ja aus Gründen begonnen. Sie wussten von Anfang an, dass der Krieg grausam wird, dass er auch auf ihrer Seite viele Menschenleben kosten wird und dass sie wirtschaftlich leiden werden. Und doch haben sie den Krieg angefangen. Warum sollten sie ihn jetzt wieder beenden, solange sie auch nur den Hauch einer Chance auf einen militärischen Sieg sehen? Die Bereitschaft zum Verhandeln gibt es meistens nur, wenn man sich in der Position der Schwäche sieht.

Genau in solchen Momenten bräuchte es einen Klügeren, der nachgibt. Auch im Angriffskrieg gegen die Ukraine gab es im Herbst 2022 eine ähnliche Situation, in der sich ein Fenster für Verhandlungen hätte öffnen können, aber dazu mehr am Ende dieses Buches. Es wäre für eine friedlichere Zukunft in dieser Welt schon sehr viel gewonnen, wenn in einem Krieg die militärisch stärkere Seite auch die klügere wäre. Die Friedensforschung hat in den letzten Jahrzehnten allerdings sehr gut herausgearbeitet, dass es in der Regel erst dann zu Friedensverhandlungen kommt, wenn ein Konflikt »reif« dafür ist, weil er beiden Seiten gleichzeitig sehr wehtut und sie nichts mehr zu gewinnen haben.

## Es muss allen Seiten wehtun

Hier liegt eines der größten Probleme für eine friedliche Beendigung von Kriegen: die nicht vorhandene Gleichzeitigkeit des Friedenswillens. Denn nur selten gibt es einen »Klügeren«, der nachgibt. Eine Kriegspartei wird nicht verhandeln, solange sie glaubt, noch etwas gewinnen zu können. Oder sich wenigstens zu einer besseren Verhandlungsposition schießen zu können. Das ist ein trauriges Faktum, das sich in so vielen gewalttätigen Konflikten wieder und wieder gezeigt hat.

Solange ein Krieg nicht »reif« ist für Verhandlungen, ist jeder Versuch einer diplomatischen Lösung zum Scheitern verurteilt. Dieser Begriff der »Reife« wurde von William Zartman geprägt, der viele Jahre als Friedensforscher an der Johns Hopkins University in Baltimore gearbeitet hat. Er geht davon aus, dass es mindestens zwei Faktoren braucht, um Verhandlungen überhaupt erst möglich zu machen: auf der militärischen Ebene eine schmerzhafte Pattsituation und auf der politischen Ebene einen »way out«, die Vorstellung einer möglichen Lösung.[4]

Solange eine Seite glaubt, ihr Ziel ohne Verhandlungen erreichen zu können, wird sie nicht verhandeln, das zeigt der Fall Syrien, wo erst der Westen und dann Assad Friedensgespräche ablehnten, weil sie sich jeweils auf der Siegerstraße wähnten. Die Situation ändert sich, wenn sich militärisch eine Pattsituation ergibt, auf Englisch »Stalemate« genannt: Im Frontverlauf passiert nur noch wenig, über längere Zeit gibt es keine Durchbrüche der einen oder anderen Seite, und auch subjektiv hat keine Seite mehr das Gefühl, noch etwas gewinnen zu können. Wenn dieses Patt dann auch noch richtig wehtut, dann steigen die Chancen für Friedensgespräche. Der Schmerz kann vielfältig sein: weil viele Menschen sterben, weil der Krieg viel zu viel Geld kostet und die eigene Wirtschaft in den Ruin treibt oder weil die Unterstützung in der Bevölkerung nachlässt und damit die Machtposition im eigenen Land gefährdet ist. Wenn dies für beide Seiten im Konflikt gilt, dann spricht man von einem »Mutually Hurting Stalemate«, einem Patt, das allen Seiten wehtut und nach William Zartman die zentrale Voraussetzung für Friedensverhandlungen ist.

Wenn der Krieg mehr zu kosten droht, finanziell und/oder politisch, als er am Ende einbringen kann, dann lohnt er sich nicht mehr. Erst wenn das für beide Seiten gilt, werden sie anfangen, über mögliche Verhandlungslösungen nachzudenken. Zartman nannte das eine »Lose-lose-Situation«: Alle verlieren, niemand gewinnt. Das ist sehr rational gedacht, aber tatsächlich folgen die meisten Kriege rationalen Überlegungen. Vielleicht nicht immer eine Rationalität, die wir von außen verstehen können, und schon gar keine, die wir richtig finden würden – aber auch Diktatoren und Kriegsverbrecher folgen meist einer gewissen rationalen Logik, und sei es nur die des eigenen Machterhaltes.

Wie ein Mutually Hurting Stalemate aussieht, lässt sich sehr gut am Beispiel des Iran-Irak-Krieges zeigen. 1980 hatte der Irak unter Saddam Hussein das Nachbarland überfallen, um lange schwelende Grenzkonflikte militärisch zu seinen Gunsten zu klären. Zunächst konnte der Irak größere Gebiete des Iran erobern und besetzen, dann kam der Iran immer stärker in die Offensive, gewann alles Land zurück und versuchte seinerseits, in den Irak einzufallen. Es entbrannte ein Abnutzungskrieg, in dem immer mal wieder die eine oder andere Seite militärisch leichte Gewinne zu machen schien. Es war ein äußerst brutaler Krieg, in dem der Irak begann, Chemiewaffen einzusetzen, und in dem beide Seiten jeweils auch zivile Wohngebiete in den Großstädten bombardierten. Erst acht Jahre – und über 500 000 Tote – später waren beide Seiten endlich zu einem Waffenstillstand bereit, nachdem sich die Erkenntnis durchgesetzt hatte, dass keine Seite gewinnen, sondern beide nur noch verlieren konnten. Das Fatale daran ist, dass der Waffenstillstand von 1988 zu ziemlich exakt den gleichen Bedingungen erreicht wurde, die bereits 1982 vorgeschlagen waren – aber vor 1988 dachte offenbar immer mindestens eine Seite, sie könnte noch irgendetwas in diesem Krieg gewinnen.[5]

Ähnlich war es auch im Bosnienkrieg. Im Sommer 1992 entbrannte ein brutaler Krieg zwischen den verschiedenen ethnischen Gruppen in Bosnien, mit massenhaften ethnisch motivierten Morden an muslimischen Bosniak:innen, von denen sich vor allem der Genozid von Srebrenica im Sommer 1995 ins Weltgedächtnis eingebrannt hat.

1995 wurde der Krieg zwar immer noch mit voller Brutalität geführt, aber es gab ein gewisses Gleichgewicht der Kräfte, und keine Seite konnte noch größere Geländegewinne erwarten. Hinzu kam, dass Slobodan Milošević sich seiner Position als Präsident Serbiens nicht mehr sicher sein konnte, denn die Sanktionen durch die Vereinten Nationen setzten der serbischen Wirtschaft massiv zu, und sein Rückhalt in der Bevölkerung bröckelte stark. Diese Situation war ein klassisches militärisches Patt, das für beide Seiten schmerzhaft war, ganz besonders für den Aggressor Milošević. Und genau daraus ergab sich dann auch die Möglichkeit für Friedensverhandlungen, die mit dem Abkommen von Dayton abgeschlossen wurden.

Hier ein kurzer Exkurs: Bis heute hält sich die Legende, dass erst die NATO-Luftangriffe auf serbische Stellungen den Frieden ermöglicht hätten. Diese Lesart lässt der frühere schwedische Ministerpräsident Carl Bildt, einer der Chefunterhändler für das Dayton-Abkommen, nicht gelten. Er hat in einem Hintergrundartikel festgehalten, dass selbst die CIA später klipp und klar festgestellt habe, dass »militärisch gesehen der Effekt der NATO-Luftangriffe gegen null ging« und dass »es noch weniger Anzeichen dafür gibt, dass es diese Luftangriffe waren, die die bosnischen Serben an den Verhandlungstisch in Dayton gebracht haben«. Tatsächlich, so das CIA-Memo, hatte die serbische Seite die Verhandlungen schon vor dem NATO-Angriff akzeptiert.[6]

Ganz ähnlich wie in Bosnien war einige Jahre später dann auch die Lage in Kolumbien, wo seit vielen Jahrzehnten ein blutiger Bürgerkrieg tobte, mit verschiedenen bewaffneten Rebellengruppen, allen voran die »Fuerzas Armadas Revolucionarias de Colombia« (FARC). Dort hatte sich Anfang der 2000er-Jahre auch ein Mutually Hurting Stalemate eingestellt. Die FARC hatte nie eine realistische Chance auf einen militärischen Sieg, genauso wenig wie die Regierung, obwohl diese unfassbar aufgerüstet hatte. Gleichzeitig hatte der Krieg gegen die FARC einen hohen politischen Preis für die politischen Machthaber in Kolumbien, denn er ging mit massiven Menschenrechtsverletzungen einher. Willkürliche Morde, Vertreibungen, Vergewaltigungen und Folterungen durch Militär, Geheimdienste oder staatsnahe Paramilitärs fanden auf Dauer in einem Land, das sich als älteste Demokratie Lateinamerikas rühmt, keine Unterstützung. So kam es, dass auch dieser Konflikt schließlich reif für Verhandlungen war,[7] die 2016 in einem Friedensabkommen endeten, das aus vielen Gründen als beispielhaft gilt – aber dazu im nächsten Kapitel mehr.

Die Theorie vom gleichzeitigen schmerzhaften Patt hört sich recht einfach an, ist in der Praxis aber deutlich komplizierter. Die objektive Einschätzung, dass keine Seite mehr etwas gewinnen kann, reicht nicht. Vielmehr müssen die Kriegsparteien es selbst so sehen. Und das ist gerade im Krieg nicht so einfach. Irgendwann fällt man auf die eigene Propaganda herein und glaubt an den totalen Sieg, an den Durchbruch in der nächsten Frühjahrsoffensive oder an den Aufstand der gegnerischen Bevölkerung. Manchmal dauert es Jahre, bis sich die Erkenntnis durchsetzt, dass sich im Stellungskrieg an der Front eigentlich gar nichts mehr bewegt und man nur noch Verluste verzeichnet.

Die gute Nachricht ist, dass sich in einer solchen Situation viele Möglichkeiten einer *friedlichen* Intervention von außen ergeben. Die Friedensforschung weist die Vorstellung zurück, dass andere Akteure nach Zartmans Modell einfach auf den reifen Moment warten müssen, um dann unterstützend einzugreifen. Im Gegenteil, in jedem Stadium eines Konfliktes sollten Dritte nach Möglichkeiten suchen, um einen reifen Moment herbeizuführen.[8] Im besten Falle könnten auch wirtschaftliche Sanktionen die Kosten-Nutzen-Rechnung bei den Kriegsparteien deutlich verschieben.

Hier kommt die *Kriegsmüdigkeit* ins Spiel: Wenn breite Bevölkerungskreise den Krieg nicht mehr aushalten, ihn nicht mehr wollen, wenn selbst unter den Soldat:innen der Glaube an den Sieg schwindet, dann spricht man von Kriegsmüdigkeit. Sie gefährdet die Machtpositionen der Führungseliten und kann so ganz entscheidend zum schmerzhaften Patt beitragen und den Weg zu Verhandlungen ebnen. Das Wissen um diesen Mechanismus bestimmt leider häufig genug die Kriegsführung. Raketenangriffe auf Wohngebiete oder auf die Stromversorgung haben oft genau das Ziel, eine Kriegsmüdigkeit unter der gegnerischen Bevölkerung zu erzeugen.

## Das Licht am Ende des Tunnels muss sichtbar sein

Der Schmerz allein reicht aber nicht, es braucht auch die Einsicht, dass ein Ausweg möglich ist. Dabei geht es gar nicht darum, dass die letztgültige Lösung schon klar umrissen ist – das ist sie zu Beginn von Friedensverhandlungen so gut wie nie. Darauf werden wir später noch zu sprechen kommen. Es ist tatsächlich immer wieder überraschend, wie bei Friedensverhandlungen am Ende die Lösungen aussehen. Aber die Vorstellung, dass es überhaupt nichtmilitärische Lösungswege geben könnte, ist eine unabdingbare Voraussetzung für den Beginn von Verhandlungen – und hier kann auch die internationale Gemeinschaft aktiv eingreifen.

Ein gutes Beispiel sind wieder die Friedensverhandlungen

am Ende des Bosnienkrieges. Wolfgang Ischinger, der frühere Leiter der Münchner Sicherheitskonferenz, hat das kürzlich in einem Gastbeitrag im *Tagesspiegel* anschaulich geschildert. Mit Blick auf mögliche Friedenslösungen im Russland-Ukraine-Krieg forderte er ein »Raus aus der Schockstarre« und die Vorbereitung möglicher Friedenslösungen.[9] 1995, vor den Verhandlungen in Dayton, hatten die US-Amerikaner eine Vielzahl von möglichen Lösungsvorschlägen erarbeitet und sich auf alle nur denkbaren Eventualitäten vorbereitet, so Ischinger. Sogar eine Verfassung für Bosnien-Herzegowina hatten sie entworfen, ebenso wie Vereinbarungen zur Rüstungskontrolle, selbst sehr konkrete Vorstellungen für eine mögliche Währung gab es. An jedes Detail war gedacht worden. Auch wenn niemand vorhersehen konnte, wie eine Vereinbarung am Ende wirklich aussehen würde – allein die Tatsache, dass Möglichkeiten auf dem Tisch lagen, dass ein *Ausweg sichtbar* wurde, hat maßgeblich zum Beginn der Verhandlungen beigetragen. Nichts davon zeichnete das Ergebnis der Verhandlungen vor, es wurden nur viele mögliche Optionen zusammengetragen, die am Anfang den Ausweg zeigten und im weiteren Verlauf die Verhandlungen unterstützen konnten.

Das Beispiel Bosnien gibt uns eine wichtige Lehre mit auf den Weg: Auch Außenstehende können einen wichtigen Beitrag für den Beginn von Friedensverhandlungen leisten, zum Beispiel, indem sie mögliche Auswege skizzieren, eine internationale Debatte über Lösungswege anstoßen oder gar, wie beim Dayton-Abkommen, die Details akribisch vorbereiten. Das kann – wenn eine Situation denn reif ist – den entscheidenden Anstoß geben.

Das gilt auch für den letzten Schritt: Wenn ein Konflikt reif ist für Verhandlungen und wenn Auswege aus der Gewalt möglich erscheinen, dann muss diese Gelegenheit am Schopf gepackt werden. Dann helfen externe Vermittler, die zwischen den Kriegsparteien hin und her pendeln und sie langsam, aber sicher über die Ziellinie führen. Deshalb sind all die Vermittlungsangebote und die Pendeldiplomatie rund um den Ukrainekrieg, vom Vatikan bis nach Brasilien, so wichtig – selbst wenn sie im ersten Moment keinen Erfolg zu haben scheinen, weil die Situation eben noch nicht reif ist für Verhandlungen. Am Ende könnten sie verhindern, dass der richtige Moment verschlafen wird.

## Der große Bruder

Die Theorie von der Reife eines Konfliktes beschreibt für viele Auseinandersetzungen in der Vergangenheit recht gut, wann und warum Friedensgespräche möglich wurden. Wir sollten uns allerdings hüten, sie als einfaches Rezept zu begreifen: warten, bis es beiden Seiten ordentlich wehtut, und ab in die Verhandlungen. Das wäre viel zu passiv und würde in vielen Kriegen das Leiden über Jahre verlängern. Tatsächlich gibt es noch andere Möglichkeiten, von außen einzugreifen und den Weg zu einer friedlichen Lösung zu ebnen.

Ganz wichtig waren in der Vergangenheit starke Verbündete der einen oder anderen Kriegspartei, die einen gewissen Druck in Richtung Verhandlungen ausgeübt haben. Auch hier ist der Bosnienkrieg wieder ein sehr gutes Beispiel, denn dort waren die großen Partnerländer der jeweiligen Seiten sich einig, dass der Krieg schnellstmöglich beendet werden sollte. Russland spielte als enger Verbündeter Serbiens eine wichtige Rolle und machte Druck, Serbien an den Verhandlungstisch zu bekommen. Gleiches galt andersherum auch für die USA und die EU als Verbündete der bosnischen Seite.

Solche Situationen, in denen ein »großer Bruder« Druck ausübt – oder zumindest tatkräftige Überzeugungsarbeit leistet –, gibt es häufiger in Kriegssituation. Bei dem viel gelobten Friedensprozess im kolumbianischen Bürgerkrieg spielte zum Beispiel Venezuela eine ganz wichtige Rolle, indem es immer wieder auf die Rebellengruppe der FARC einwirkte, trotz aller Probleme weiter an den Verhandlungen teilzunehmen. Übertragen auf den Russland-Ukraine-Krieg würde das Prinzip des großen Bruders bedeuten, China für eine Vermittlerrolle zu gewinnen, doch dazu später mehr.

## Stolpersteine

Im Krieg geht es immer auch um den »Schwarzen Peter«. Die Schuld muss immer bei der anderen Seite liegen, denn wir sind die Guten, wir wollen ja Frieden. Deswegen wird in den seltensten Fällen eine Kriegspartei Verhandlungen rundheraus und öffentlich ablehnen. Der einfache Ausweg ist die Formulierung von Vorbedingungen: Wir sind zu Verhandlungen bereit, jederzeit – aber nur, wenn ihr dieses oder jenes tut. Wenn ihr euch hinter diese oder jene Linie zurückzieht, wenn ihr dauerhaft auf euren Anspruch auf diese oder jene Territorien verzichtet, wenn ihr unsere finanziellen Forderungen anerkennt – was auch immer.

Manchmal sind das sogar richtige und wichtige Forderungen, aber so richtig sie auch sein mögen: Ihre Erfüllung kann immer nur *Ergebnis* von Verhandlungen sein und nicht ihr *Ausgangspunkt*. Denn meist haben beide Seiten Kriegsziele, die in der Regel unvereinbar sind, sonst wäre der Krieg nicht begonnen worden. Eine Lösung für diese widerstreitenden Ziele kann nur in Verhandlungen gefunden werden, nicht vorher. Deshalb gilt die einfache Grundregel: Wer Vorbedingungen stellt, möchte gar nicht verhandeln.

Ein anderes Hindernis für Verhandlungen ist oft die vorhergegangene innenpolitische Propaganda. Jede Kriegspartei muss sich beständig die Zustimmung der eigenen Bevölkerung sichern und produziert dazu unablässig Kriegspropaganda. Dazu gehört immer auch die Verteufelung des Gegners: Monster, Kindermörder, Verbrecher, Verrückte. Das kann irgendwann echte Probleme bereiten, denn wie erkläre ich meinen Leuten, dass ich mit skrupellosen Schwerverbrechern verhandeln will?

Auch objektiv gibt es hier ein Problem, denn oft haben beide Seiten tatsächlich schlimmste Kriegs- und Menschenrechtsverbrechen begangen. Es fällt dem gesunden Menschenverstand und der Weltgemeinschaft schwer, Gespräche mit Schwerverbrechern zu akzeptieren. Aber ohne Gespräche kein Frieden, ohne Gespräche noch mehr Verbrechen, Tote und Leid auf allen Seiten. Deshalb muss der Grundsatz gelten, dass mit allen, wirklich allen Kriegsparteien geredet werden muss. Gerade in Bürgerkriegen wird immer wieder die Frage gestellt, ob man mit »Terroristen« überhaupt reden dürfe. Im Nahostkonflikt ist das eine ständige und immer wiederkehrende Frage, die in der Vergangenheit sehr unterschiedlich beantwortet wurde. In den 1990er-Jahren gab es einen Dialog, der damalige PLO-Chef Jassir Arafat wurde vom »Terroristen« zum Friedensnobelpreisträger. »Terrorist« ist allzu häufig nur ein Kampfbegriff, um die jeweils andere Seite zu diskreditieren. Auch Nelson Mandela galt mal als »Terrorist«, und wie gut, dass am Ende mit ihm geredet wurde. Das Gleiche gilt für Nordirland, Kolumbien, Sudan und so viele andere Bürgerkriege, in denen am Ende ein Friedensschluss mit früheren »Terroristen« gefunden wurde. Allerdings ist vollkommen klar, dass nach dem unfassbar brutalen Massaker der Hamas vom 7. Oktober 2023 ein echter Dialog in nächster Zeit schwer vorstellbar ist.

## Gesprächskanäle offen halten

Als ich zum ersten Mal vom russisch-ukrainischen Getreideabkommen hörte, stimmte es mich optimistisch. Im Sommer 2022, mitten im Krieg, vereinbarten Russland und die Ukraine die sichere Passage von Getreideschiffen im Schwarzen Meer. Da redeten zwei Kriegsgegner miteinander und fanden eine gemeinsame Lösung für ein Problem. Das, so mein Gedanke, könnte doch der Nukleus von weitergehenden Gesprächen und am Ende vielleicht sogar Friedensverhandlungen sein. Das war leider ein großer Irrtum.

In sehr vielen Kriegen und Konflikten gibt es Gespräche über ganz praktische Dinge. Der Austausch von Gefangenen ist ein gängiges Beispiel. Das liegt daran, dass beide Seiten ein Interesse daran haben, die eigenen Kämpfer zurückzubekommen und im Gegenzug die Gefangenen loszuwerden, denn die kosten ja nur Geld. Beim Getreidedeal war es ähnlich: Beide Seiten hatten aus sehr unterschiedlichen Gründen ein Interesse an einem ungehinderten Getreideexport in alle Welt. Die Ukraine vor allem aus finanziellen Gründen, Russland nicht zuletzt auch wegen seiner Bündnispartner in Afrika und Asien, die unter hohen Getreidepreisen ächzten.

Gespräche über Themen in beiderseitigem Interesse sagen leider sehr wenig über die Möglichkeit von Friedensgesprächen aus. Sie halten allerdings Gesprächskanäle offen, und das ist schon ein Wert an sich. Aber ohne den politischen Willen der zentralen Akteure wird es keine Friedensgespräche geben, egal wie viele Gefangene ausgetauscht werden.

## Es gibt viel zu tun

Das klingt jetzt alles sehr ernüchternd – und ist es gerade dann, wenn die Kriegsparteien sich selbst überlassen werden. Auf der anderen Seite zeigt sich aber, dass es viele Möglichkeiten gibt, von außen zu intervenieren und die Chancen auf den Beginn von Friedensverhandlungen zu verbessern. Hier gibt es viel zu tun, für Außenstehende, für die EU, für die Bundesregierung. Wir haben einige ganz praktische Dinge gesehen, mit denen die Wahrscheinlichkeit von Friedensverhandlungen deutlich erhöht werden könnte: Besonderen Einfluss können die Länder nehmen, die die Rolle »großer Brüder« oder zumindest enger Verbündeter innehaben. Diplomatische Bemühungen Dritter, wie die der Afrikanischen Union oder die von chinesischen Sondergesandten im Russland-Ukraine-Krieg, könnten von anderen Akteuren öffentlich unterstützt und aufgewertet werden. Mögliche Auswege aus dem Konflikt können durch Außenstehende vorbereitet werden. Die Kosten-Nutzen-Rechnung einer Kriegspartei kann auch von außen beeinflusst werden, sei es durch Sanktionen, die ein Patt immer kostspieliger machen, oder aber auch durch das Versprechen auf künftige Kooperationen. Wenn ein Friedensschluss mehr Gewinn verspricht als der Kriegsausgang, liegt der Frieden deutlich näher.

Vor allem aber braucht es langfristig die Überzeugung, besonders in den Zentren der Macht, auch hier in Deutschland, dass eine noch so kurzfristige Situation der Stärke sofort für mögliche Friedensverhandlungen genutzt werden sollte. Niemals wieder sollten wir uns im Siegestaumel so sicher sein wie in Syrien 2012.

# Friedensverhandlungen

*Ein guter Kompromiss ist einer, der alle Seiten gleichermaßen unglücklich macht*[1]

Wenn die Kriegsparteien endlich bereit sind zu Verhandlungen, ist es noch ein weiter Weg zu einem dauerhaften Frieden, oft gepflastert mit Rückschlägen, Umwegen und immer neuen Anläufen. Die wissenschaftliche Literatur ist voll mit Berichten und Analysen zu den unterschiedlichsten Friedensverhandlungen der Vergangenheit, eine Schatztruhe an Erfahrungen und Blaupausen für alle künftigen Konflikte. Auch wenn natürlich jeder Konflikt anders und jede Lösung einzigartig ist, drei Dinge gilt es immer zu bedenken: Erstens ist die Lösung eines Konfliktes ein *langer Prozess*, nicht alles wird in einem Abkommen gelöst. Nach den Verhandlungen beginnt die eigentliche Arbeit der Umsetzung. Zweitens gibt es nur dann eine Chance auf dauerhaften Frieden, wenn möglichst *viele Betroffene mit eingebunden* werden und nicht einfach nur zwei Oberchefs etwas hinter verschlossenen Türen aushecken. Und drittens: *Ohne gegenseitiges Vertrauen geht es nicht*, und es braucht viel Zeit, um dieses Vertrauen nach einem Krieg wiederherzustellen.

## »Peace is not a product, but a process«[2]

Frieden ist kein Endergebnis, sondern ein Prozess. Das klingt nach einer eher banalen Lebensweisheit, die handgestickt über dem Kamin hängt. Tatsächlich aber ist es die harte Realität von Friedensverhandlungen. Die Vorstellung, dass sich die Kriegsparteien an einen Tisch setzen, einen Kompromiss aushandeln, ihn unterschreiben und dann bis ans Ende ihrer Tage glücklich miteinander leben, ist naiv. Tatsächlich ziehen sich Verhandlungen oft über Jahre hin, immer wieder bricht Gewalt aus, werden sie unter- oder sogar abgebrochen, immer neue Verhandlungsansätze werden ausprobiert. Und wenn es endlich einen fertigen Text gibt, dauert es oft noch Jahre, bis die vielen Facetten eines solchen Abkommens auch umgesetzt sind.

Dieser Prozess, der lange Weg zum Frieden, hört weder mit Friedensverhandlungen auf, noch beginnt er damit. Oft gibt es lange Phasen mit Vorgesprächen, in denen die unterschiedlichsten Vermittler:innen bei den Kriegsbeteiligten ausloten, was gehen könnte. So war und ist es auch im Russland-Ukraine-Krieg: Immer wieder neue Initiativen aus Brasilien, aus China, aus der Schweiz und einigen anderen Staaten versuchen, mit einer Pendeldiplomatie zwischen allen Beteiligten Ansätze für Friedensverhandlungen zu finden.

Auch wenn viele solcher Versuche versanden und die meisten hinter verschlossenen Türen stattfinden, sind sie doch wichtiger Bestandteil eines Friedensprozesses, denn in ihnen kristallisieren sich langsam die Eckpunkte möglicher Gespräche heraus: Wer soll überhaupt verhandeln? Wer sitzt mit am Tisch, wer soll vermitteln und moderieren? Und was könnte überhaupt Inhalt der Gespräche sein: ein Waffenstillstand, ein langfristiger detaillierter Friedensvertrag oder irgendetwas dazwischen? Solche Vorgespräche sind immer wichtig, allerdings werden sie auch oft missbraucht, um echte Verhandlungen zu verhindern. Man redet übers Reden, ohne wirklich zu reden.[3] Eine Gelegenheit, sich als Friedenstaube darzustellen, ohne ernsthaft ein Ende des Krieges anzustreben.

## Mut zur Lücke!

Wie gesagt: Frieden ist ein langer Prozess. Aber das meint nicht nur die Zeit der Vorgespräche und Verhandlungen bis zur feierlichen Unterzeichnung, sondern vor allem auch *die Zeit danach*. Die Friedensforschung sieht einen Friedensvertrag nicht als Endpunkt, sondern als Zwischenschritt in einem längeren Prozess. Ein Friedensvertrag muss vor allem dafür sorgen, den Prozess am Laufen zu halten. Diese Erkenntnis nimmt Druck aus den Verhandlungen. Nicht alles muss gleich entschieden werden, einiges darf auch auf die Phase der Implementierung verschoben werden, in der Hoffnung, dass die Umsetzung der ersten Schritte eines Abkommens die Folgeschritte erleichtert oder überhaupt erst ermöglicht.

Die weltweit wohl anerkannteste Autorität für die Zeit nach einem Friedensschluss ist der Franzose Jean Arnault. Er hat für die Vereinten Nationen die unterschiedlichsten Friedensprozesse geleitet und bereits vor rund zwanzig Jahren ein Grundsatzpapier zu den Möglichkeiten und Problemen bei der Umsetzung – »Implementation« – von Friedensabkommen publiziert, das bis heute als Standardwerk gilt. Für Arnault ist ein Friedensprozess »die schrittweise Anpassung zwischen einem Friedensabkommen und der

Realität vor Ort«.[4] Nur so, in einem langsamen Wechselspiel mit der wirklichen Welt, könne dauerhafter Friede erreicht werden.

Ein eindrückliches Beispiel dafür ist das Friedensabkommen für Burundi aus dem Jahr 2000, nach zwölf Jahren sehr blutigen Bürgerkriegs. Dieses Abkommen hatte große Leerstellen, einige bewaffnete Gruppen saßen gar nicht mit am Tisch, und es gab zu mehreren Punkten keine Einigung zwischen den Verhandelnden. Trotz aller Defizite wurde die Vereinbarung geschlossen, um den Friedensprozess überhaupt auf den Weg zu bringen. Man hoffte, dass die ersten Schritte, auch wenn sie noch sehr wacklig waren, die nächsten ermöglichen würden. So wurden fast alle Führer der Opposition an der neuen Regierung beteiligt in der Hoffnung, dass sie dadurch sehr viel motivierter sein würden, das Abkommen umzusetzen, und von einigen ihrer Maximalforderungen in der Umsetzungsperiode Abstand nehmen würden. Die alten, ethnisch geprägten Konfliktlinien konnten damit tatsächlich befriedet werden, auch wenn Burundi heute wieder unter einem autoritären Regime leidet und politische Gewalt an der Tagesordnung ist.

Leerstellen in einem Abkommen oder »konstruktive Zweideutigkeiten«[5] sind ein gern genutztes Stilmittel in Verhandlungen, um einen Stillstand oder gar Abbruch zu vermeiden. Das funktioniert auch oft, allerdings dürfen diese Leerstellen dann nicht die vitalen Interessen der Verhandlungsparteien betreffen, schreibt Jean Arnault. Wenn diese ohne klare Regelung auf die spätere Umsetzungsphase verschoben werden, dann werden die jeweiligen Kriegsparteien sich nicht vorbehaltlos hinter das Abkommen stellen und sich die militärische Option weiter offenhalten.

Auch andersherum kann es Probleme geben: Wenn versucht wird, im Friedensabkommen alles lückenlos zu regeln, kann das für die Umsetzung eine Überforderung sein, die zum Scheitern des Prozesses führt. Ein Beispiel dafür ist das Abkommen von Guatemala, das sich auf dem Papier ganz wunderbar anhört, aber so gut wie gar nicht realisiert wurde. Nach 36 Jahren Bürgerkrieg war 1996 endlich ein Friedensschluss gelungen, wir werden später noch darauf zurückkommen. Das Friedensabkommen sah weitreichende Reformen vor, um auch die tiefer liegenden Ursachen des Konfliktes anzugehen. Umgesetzt wurde davon bis heute kaum etwas, auch die Haupttäter der Diktatur kamen straflos davon.

Jedes Friedensabkommen hat ein Problem: Es ist ein Kompromiss. Als ich bei den Vereinten Nationen in New York gearbeitet habe, gab es dort ein geflügeltes Wort: Ein guter Kompromiss ist einer, der alle Seiten gleichermaßen unglücklich macht. Im ersten Moment muss man schmunzeln, nettes Bonmot, haha. Im wirklichen Leben kann das allerdings zu einem Problem werden, das gar nicht so einfach zu lösen ist. Denn der Kompromiss muss am Ende ja von der Breite der Bevölkerung getragen werden. Nach Jahren der Gewalt und der Kriegspropaganda ist sie oft nicht bereit, Zugeständnisse zu machen und lange angestrebte Ziele aufzugeben.

Während also die jeweiligen Spitzen der Regierungen oder Gruppierungen am Verhandlungstisch nach und nach von Maximalforderungen Abstand nehmen, verbleibt die breite öffentliche Meinung eher in den Extremen. Dazu kommt als verstärkendes Problem, dass die Führungen der Kriegsparteien durch einen Friedensschluss ihren Einfluss in der Gesellschaft verlieren. Die Bekämpfung des Feindes als einigendes Moment fällt weg. Nach einem Bürgerkrieg, schreibt Jean Arnault, verschwindet die Bipolarität. Aber sie wird nicht durch Konsens, sondern durch Multipolarität ersetzt, weil auf beiden Seiten Zerfallsprozesse eintreten, Abspaltungen und damit mehrere Pole entstehen. Damit ist die Zustimmung für einen Kompromiss in der eigenen Anhängerschaft schwerer durchzusetzen.

## Alle müssen mit am Tisch sitzen

Der Erfolg von Friedensgesprächen hängt sehr davon ab, wer mit am Tisch sitzt und wer nicht. Die naheliegendste Logik scheint zu sein: Friedensverhandlungen sind *politische* Gespräche, militärische Expertise ist da nicht gefragt. Die Militärs haben den Krieg geführt, den Frieden verhandeln andere.

Erfahrene Mediator:innen sagen jedoch, dass auch die militärischen Führungen mit verhandeln sollten. So argumentiert Jean Arnault, es sei essenziell, dass zwischen den militärischen Führungen der Kriegsparteien Vertrauen entsteht, denn sie sind diejenigen, die sich am Ende gegenseitig Sicherheit zusichern müssen und / oder ihre Waffen abgeben sollen. Um dieses Vertrauen – sowohl zum Gegenüber als auch in den Friedensprozess selbst – überhaupt möglich zu machen, sollten auch die Militärführungen mit am Tisch sitzen.

Nun funktionieren Friedensverhandlungen jedoch keineswegs so, dass die Anführer der kriegsführenden Parteien einen Vertrag aushandeln, die Waffen niederlegen lassen und damit den Krieg beenden. Denn es waren ja nicht nur zwei Armeen im Krieg, sondern ganze Gesellschaften. Sehr viele Menschen auf beiden Seiten waren vom Krieg betroffen, sie waren Opfer oder Täter:innen, oft beides. Der Hass sitzt tief, und die Wunden brauchen Zeit zu heilen, damit der Frieden eine Chance bekommt.

Deshalb sollte ein möglichst breiter Querschnitt durch die Zivilgesellschaft am Verhandlungstisch sitzen. Nur wenn es *ihr* Friedensvertrag ist, werden die Menschen ihn im Alltag auch verteidigen und seine Umsetzung einfordern. In einigen Fällen war die Inklusivität bei Friedensverhandlungen deshalb sehr weitreichend. Im Friedensprozess von Burundi waren zum Beispiel 19 politische Parteien beteiligt. In Nordirland wurden extra Wahlen abgehalten, und die zehn erfolgreichsten Parteien nahmen dann an den Verhandlungen teil.

Vor allem aber müssen Frauen mit verhandeln. Als Feminist freut mich der faktische Beleg, dass Friedensabkommen deutlich erfolgreicher sind, wenn Frauen mit am Tisch saßen.

Eine Forschungsarbeit aus dem Jahr 2014 hat 156 Friedensabkommen seit Ende des Kalten Krieges statistisch ausgewertet und kommt zu einem klaren Befund: Die Wahrscheinlichkeit, dass innerhalb eines Jahres die Gewalt aufhört, steigt um 24,9 Prozent, wenn Frauen mit verhandelt haben. Das war statistisch signifikant und kein bloßer Zufall. Diese höhere Erfolgsquote gab es allerdings nur, wenn Frauen aus den Konfliktgesellschaften am Verhandlungstisch saßen. Die Teilnahme von Frauen aus dritten Ländern änderte nichts am Erfolg des Abkommens. Noch weniger Erfolg versprechend ist es, einfach nur ein paar Textpassagen zu Frauenrechten in den Vertrag mit aufzunehmen – dann sinkt sogar die Wahrscheinlichkeit für Frieden. Ein bisschen Rhetorik macht noch keinen Frieden, wohl aber die aktive Beteiligung von betroffenen Frauen.[6]

Diese Forschungsarbeit ist auch deshalb so wichtig, weil

es die Beteiligung von Frauen aus einer Wohlfühlecke herausholt, irgendwie ganz nett, aber muss das sein? Bis heute ist die Beteiligung von Frauen nicht selbstverständlich. Frauen werden noch immer oft mit der Begründung ausgeschlossen, dass es in dieser oder jener Kultur nicht üblich sei, Frauen an formalen Prozessen zu beteiligen. Auch in Nordirland sollten die Frauen ausgeschlossen bleiben. Daraufhin haben sie extra eine eigene Frauenpartei gegründet, um bei den Wahlen anzutreten und sich so einen Platz am Verhandlungstisch zu sichern. Damit waren sie erfolgreich und mit Sicherheit ein weiterer Baustein, der zum Frieden in Nordirland beigetragen hat.

## Ohne Vertrauen geht es nicht

Wenn wir im zivilen Leben einen Vertrag abschließen, dann vertrauen wir darauf, dass unser Gegenüber sich daran hält – oder dass ein regelbasiertes System das sicherstellen kann. Wir gehen ja auch deshalb auf dem Wochenmarkt zum Gemüsehändler unseres Vertrauens, weil wir viele Jahre lang die Erfahrung gemacht haben, dass wir da nicht betrogen werden. Und im Zweifelsfall können wir unser Recht vor Gericht einklagen. Das ist jedoch selten nötig. Meist funktioniert es, Verträge auf der Basis gegenseitigen Vertrauens abzuschließen. Vertrauen, das am Beginn von Friedensverhandlungen nicht einmal im Ansatz vorhanden ist.

Denn wie gesagt, »Verhandlungen sind die Fortsetzung des Krieges auf einem anderen Schlachtfeld«,[7] wo soll das Vertrauen in dem Moment herkommen? Russland hat gerade einen Nachbarn überfallen und dabei internationales Recht mit Füßen getreten, also Verträge gebrochen. Wie könnte heute irgendwer dem Kreml vertrauen, wenn bei

Friedensverhandlungen Zusagen gemacht werden? Das gilt auch in Bürgerkriegen. Sie werden meist mit einer noch viel größeren Brutalität und mit deutlich höheren Opfern unter der Zivilbevölkerung ausgetragen als Kriege zwischen zwei Staaten. Viele Konflikte eskalieren überhaupt erst deshalb, weil ein Teil der Gesellschaft kein Vertrauen mehr in das herrschende System hat. Nach vielen Jahren Krieg, Vernichtung und Verlust ist das Vertrauen dann auf dem absoluten Tiefpunkt.

Hier liegt die größte Schwierigkeit bei Friedensverhandlungen: Wie lässt sich Vertrauen nach all der Gewalt und den – auch seelischen – Verletzungen im Krieg langsam wieder aufbauen? Wie kann der schwächeren Seite garantiert werden, dass sie am Ende nicht alles verliert? Ohne Vertrauen kann es nicht funktionieren. Jean Arnault, der vor allem in innerstaatlichen Konflikten als Mediator gearbeitet hat, geht so weit, zu sagen, dass ein Friedensabkommen ohne grundlegendes Vertrauen zwischen den Parteien keine Aussicht auf Erfolg hat. Dann könnten auch die Vereinten Nationen nicht helfen.

Zu Beginn von Verhandlungen unterstellen sich beide Seiten oft, dass die jeweilige Gegenseite nur aus taktischen Gründen am Tisch sitzt und kein wirkliches Interesse an einer gemeinsamen Lösung hat. In einer solchen Situation, sagt Arnault, mache es als Vermittler überhaupt keinen Sinn, die Gespräche schon auf konkrete gemeinsame Interessen zu lenken. Als Allererstes braucht es vertrauensbildende Maßnahmen. Wie das aussehen kann, zeigt ein Beispiel aus Guatemala. Nach über 30 Jahren Bürgerkrieg – der seinen Ursprung in einem von den USA orchestrierten Putsch hatte, das schauen wir in einem späteren Kapitel noch einmal genauer an – schickten die Vereinten Nationen 1994 eine große

Mission zur Überprüfung der Menschenrechtssituation ins Land, mit Zustimmung der guatemaltekischen Regierung. Mit dem Zulassen unabhängiger Kontrollen signalisierte die Regierung den Rebellen unmissverständlich, dass sie den aktuellen Bürgerkriegszustand ernsthaft beenden wollte.

Auf der anderen Seite hatten die Rebellenorganisationen zugestimmt, dass diese UN-Mission auch technische Unterstützung für den Polizei- und Justizapparat leisten durfte. Der verhasste Sicherheitsapparat, gegen den sie immer gekämpft hatten und der für massive Menschenrechtsverletzungen verantwortlich war. Damit anerkannten die Rebellen indirekt die Autorität des Staates. Diese ersten, vorsichtigen Demonstrationen eines Willens zu Veränderungen auf beiden Seiten trugen Früchte. Ein Jahr später nahm die Guerilla indirekt an den nationalen Wahlen teil. Die Regierung unterließ Repressionen gegen die mit ihnen verbundenen Kandidat:innen, und der Friedensprozess konnte seinen Lauf nehmen. Am Ende entstand ein umfangreiches Friedensabkommen – das dann allerdings aus den unterschiedlichsten Gründen in vielen Teilen nicht umgesetzt wurde.

Schon vor dem Beginn von Verhandlungen können vertrauensbildende Maßnahmen helfen und den Weg für eine künftige Konfliktlösung zwischen zwei Staaten ebnen. So gab es zum Beispiel zwischen Guatemala und Belize schon seit Kolonialzeiten Grenzkonflikte. Ende der 1990er-Jahre eskalierte das so weit, dass auf beiden Seiten der Grenze Truppen aufzogen. An dem Punkt schaltete sich die Organisation Amerikanischer Staaten (OAS) – der Zusammenschluss aller Staaten auf dem Kontinent – ein und initiierte eine ganze Reihe an Maßnahmen, um das Vertrauen zwischen beiden Staaten langsam wieder aufzubauen, darunter eine enge Zusammenarbeit bei Naturkatastrophen, direkte

Kontakte zwischen lokalen Gemeinden und zwischen den jeweiligen Militärs oder auch die gemeinsame Bekämpfung illegaler Aktivitäten in der Grenzregion. Überwacht wurde das alles von der OAS. Am Ende konnte eine Eskalation des Konfliktes vermieden werden, heute liegt die Klärung des Grenzverlaufes beim Internationalen Gerichtshof.[8]

## Über Zwiebeln und andere Bedürfnisse

2017 hatte ich die Gelegenheit, an einem Training des Auswärtigen Amtes teilzunehmen, in dem Bundestagsabgeordnete mit den Grundzügen internationaler Friedensmediation vertraut gemacht wurden. Dahinter stand das Ziel der Bundesregierung, künftig stärker Friedensprozesse zu unterstützen. Zu diesem Zweck sollte Expertise unter deutschen Politiker:innen aufgebaut werden. Dieses Training war tatsächlich eines der besten, das ich kennengelernt habe. Es kamen sehr erfahrene Mediator:innen von den Vereinten Nationen, die viele Details aus den unterschiedlichsten Friedensbemühungen in aller Welt verrieten.

Im Grunde genommen, das war die Erkenntnis aus diesem Seminar, folgen Friedensgespräche klassischen Verhandlungsmodellen, wie es sie auch in der freien Wirtschaft gibt. Es gibt ganze Handbücher und unzählige Seminare zu Strategien und Taktiken bei Wirtschaftsverhandlungen. Vieles davon lässt sich auch auf Friedensprozesse übertragen. Zum Beispiel das Zwiebelmodell, das auf der Annahme basiert, dass es einen Unterschied zwischen den sichtbaren Positionen an der Oberfläche und den zentralen Bedürfnissen im Innersten einer Verhandlungspartei gibt. Das Modell geht von drei Schichten aus: außen die Forderungen, darunter die Interessen und ganz innen das Unabdingbare.

Die äußere Schicht der Zwiebel ist das Sichtbare, die öffentlich erhobenen Forderungen. Das, was das Ziel einer Verhandlungspartei zu sein scheint. Manchmal ist es das auch. Nicht jede Forderung ist nur eine taktische Ablenkung, sie ist oft genug auch ernst gemeint. Aber sie muss nicht unbedingt den Kern des Interesses berühren.

Die eigentlichen Interessen, also das, was die jeweiligen Parteien wirklich wollen, wird oft nicht sofort preisgegeben. Das gehört zur Verhandlungstaktik. Hier liegt die erste große Aufgabe einer Mediation: langsam, aber sicher Schicht um Schicht unter den öffentlichen Forderungen freizulegen und zu verstehen, welche Interessen darunter liegen, was ihr eigentliches Verhandlungsziel ist.

Das reicht aber nicht, denn oft widersprechen sich die Interessen der verschiedenen Parteien, und es müssen Abstriche gemacht werden. Hier kommen wir an die dritte und letzte Schicht, an den Kern des Kompromisses: die fundamentalen Bedürfnisse einer jeden Seite, Dinge, die sie auf jeden Fall haben muss oder auf die sie auf keinen Fall verzichten kann. Die große Kunst der Mediation und Friedensfindung liegt darin, die absolut zwingenden Bedürfnisse aller Seiten herauszuarbeiten und daraus eine Lösung zu schmieden.

Dabei müssen wir uns klar sein, dass vor Beginn der Verhandlungen vielleicht nicht einmal die Beteiligten selbst wissen, was für sie verzichtbar ist und was nicht. Wer hätte gedacht, dass es in Nordirland eine Friedenslösung geben kann ohne eine territoriale Veränderung, ohne eine Fusion mit der Republik Irland? Am Ende lag der Kern der Lösung in der sozialen Frage, im Status der irisch-katholischen Bevölkerung Nordirlands. Am Ende dieses Kapitels werden wir noch näher auf die Hintergründe in Nordirland eingehen, hier nur so viel: Die Zugehörigkeit zur Republik Irland war zwar ohne Frage ein starkes Interesse, aber es war ganz offensichtlich nicht das zentrale und unabdingbare Bedürfnis der katholisch-irischen Seite in den Verhandlungen.

Die fundamentalen Anliegen, die in Friedensverhandlungen an die Oberfläche kommen, sind bisweilen kurios. In Bosnien zum Beispiel drohten die Gespräche daran zu scheitern, dass kein Name für die serbische Entität in Bosnien gefunden wurde, der für alle Seiten akzeptabel war – bis man sich am Ende auf »Republika Srpska« einigen konnte. Hört sich absurd an, aber tatsächlich war das, so der schwedische Unterhändler Carl Bildt, einer der wichtigsten Durchbrüche während der Verhandlungen.[9] Vermutlich war es deshalb so eine schwierige Frage, weil der Name Fragen der Identität berührte und damit eines der zentralen Bedürfnisse der Parteien im Bosnienkrieg.

## Nicht zu früh über das mögliche Ende sprechen

Eine wichtige Erfahrung aus vergangenen Friedensverhandlungen ist: Was am Ende als Lösung gefunden wird, ist am Anfang noch völlig unklar. Es müssen ergebnisoffene Prozesse sein, wenn sie überhaupt eine Chance auf Erfolg haben sollen. Der Österreicher Wolfgang Sporrer, der zahlreiche Verhandlungen im Rahmen der OSZE begleitet hat, warnt mit Blick auf die Ukraine deshalb davor, überhaupt mögliche Ergebnisse vorab zu thematisieren: »Alle denkbaren Endszenarien werden zu diesem Zeitpunkt zurückgewiesen werden«, schreibt er.[10]

Schon gar nicht sollten wir uns in Deutschland anmaßen, vorab anzusagen, was denn unbedingte Voraussetzung für einen Frieden zwischen der Ukraine und Russland sein müsse. Auch die ständigen Hinweise, dass es ja gar keinen Frieden geben könne, weil sowohl Moskau als auch Kiew in ihren Verfassungen einen Anspruch auf die Gebiete im Donbas verankert hätten, sind Unsinn. Irland hat es vorgemacht: Auch in der irischen Verfassung war festgeschrieben, dass die gesamte Insel ihr Staatsgebiet sei. Dieser Anspruch auf die Gebiete Nordirlands hatte zwar Verfassungsrang, war aber am Ende nicht unveräußerlich. Als Teil des Friedensprozesses hat Irland diesen Anspruch aufgegeben und mit einer Volksabstimmung eine Verfassungsänderung beschlossen.

## Sicherheitsgarantien

Einer der schwierigsten Punkte in Friedensprozessen – in den Verhandlungen, aber auch in den Jahren danach, während der Implementierung – ist die Frage der Sicherheit, gerade wenn das gegenseitige Vertrauen noch ein zartes Pflänzchen ist. Vor allem nach Bürgerkriegen ist das Problem der Sicherheit besonders groß. Denn auf der einen Seite wird der Staat auf seinem Gewaltmonopol bestehen, das heißt, die Rebellengruppen müssen ihre Waffen abgeben und sich in die zivile Gesellschaft integrieren. Auf der anderen Seite sind die Waffen das einzige Faustpfand, das die Rebellen haben. Sie werden sich nur entwaffnen lassen, wenn sie sicher sein können, dass die Gegenseite sich auch danach noch an die Verabredungen halten wird. Die Lösung, schreibt Jean Arnault, liegt darin, das Gleichgewicht der Kräfte, das die Friedensverhandlungen erst ermöglicht hat, in die Implementierungsphase hinüberzuretten. Eventuelle Ungleichgewichte müssen vorhergesehen und ausgeglichen werden. Nur so kann sichergestellt werden, dass auch der schwächere Verhandlungspartner an der Übereinkunft festhält.

Ein solcher Ausgleich könnte das »Power Sharing« sein, also die Beteiligung aller bisherigen Kriegsparteien an der künftigen Regierung. Die Machtbeteiligung ist auch deshalb so wichtig, so Jean Arnault, weil gerade Rebellengruppen oft ihren Einfluss überschätzen und ohne Beteiligung an der künftigen Regierung ihre Aufgaben aus dem Abkommen gar nicht erfüllen könnten. Schwächere Parteien werden eher bei der Stange bleiben, wenn sie bereits Teil der neuen Regierung sind und folglich Macht zu verlieren hätten, wenn sie das Abkommen aufkündigen würden, so Arnault.

Der Begriff der Sicherheit ist in den letzten dreißig Jahren deutlich geweitet worden, er meint nicht mehr nur die Sicherheit vor Gewalt. Heute wird stattdessen zunehmend von der »Menschlichen Sicherheit« (»Human Security«) gesprochen, hinter der sich ein breit gefasstes Konzept verbirgt. Die UN-Generalversammlung hat 2012 die menschliche Sicherheit einmal so definiert: »Das Recht der Menschen, in Freiheit und Würde zu leben, frei von Armut und Verzweiflung [...] Menschliche Sicherheit berücksichtigt gleichermaßen zivile, politische, ökonomische, soziale und kulturelle Rechte.«[11] Das ist ein wichtiger Aspekt für Friedensprozesse, denn sie werden am Ende nur erfolgreich sein, wenn den Menschen Sicherheit vor Ausbeutung und (staatlicher) Gewalt garantiert werden kann.

Der Begriff der menschlichen Sicherheit hängt eng mit der Idee eines »positiven Friedens« zusammen, die vom norwegischen Friedensforscher Johan Galtung vor über fünfzig Jahren entwickelt wurde. Dahinter steht die Erkenntnis, dass Frieden weit mehr ist als die Abwesenheit von Krieg. Positiver Frieden, so Galtung, schließt soziale und ökonomische Gerechtigkeit mit ein und strukturelle Gewalt aus. Denn nur, wenn die möglichen Kriegsursachen beseitigt sind, herrscht wirklich Frieden, so Galtung.

Gemeint ist damit immer der Schritt über die eigentliche Kriegsbeendigung hinaus: Die darunter liegenden Ursachen müssen angegangen werden, und die finden sich meist in sozialen Fragen und demokratischen Freiheitsrechten. Ungerechte Eigentumsverhältnisse oder ungeklärte Landrechte, mangelnde Gleichberechtigung, Willkür, Unterdrückung und Ausbeutung sind mit einem tragfähigen Frieden nicht vereinbar. Frieden ist definitiv mehr als die Abwesenheit von Krieg – und doch ist allein die Tatsache, dass die Waffen schweigen und niemand mehr erschossen wird, auch ein Wert an sich. Das Spannungsfeld zwischen einem schnellen Ende des Tötens und einem echten Frieden ist ein schwieriges, das nie einfach aufzulösen ist. Auch für die Ukraine nicht, denn zwischen einem Schweigen der Waffen und einem »gerechten Frieden« liegen gerade in diesem Fall Welten.

## Die zweischneidige Rolle von Waffenstillständen

Auf den ersten Blick scheint ein Waffenstillstand eine gute Sache zu sein: Die Waffen schweigen, Menschen werden nicht mehr getötet und humanitäre Korridore geöffnet. Rund um den Gaza-Krieg nach dem Massaker durch die Hamas vom 7. Oktober 2023 wurde weltweit immer wieder die Forderung nach einer Waffenruhe erhoben, um der Zivilbevölkerung in Gaza eine Verschnaufpause zu geben, Hilfslieferungen zu ermöglichen und Geiseln gegen Gefangene auszutauschen. Einmal, Ende November 2023, hatte es geklappt, danach scheiterten über viele Monate alle Vermittlungsversuche für einen erneuten Waffenstillstand. Für die

Menschen, die sich in einer akuten Kriegsregion befinden und nicht wissen, ob sie morgen noch am Leben sind, ist ein Waffenstillstand oder eine Waffenruhe ein Segen.

Auch langfristig können Waffenstillstände Konflikte entschärfen, manchmal sogar über Jahrzehnte. Zypern ist ein Beispiel dafür, dort gibt es seit Jahrzehnten keinen echten Friedensvertrag, noch immer ist der Norden von türkischen Truppen besetzt – aber der Waffenstillstand hält, es wird schon lange nicht mehr geschossen, und mithilfe der Vereinten Nationen lassen sich kleinere Konflikte schnell entschärfen.

Nicht ganz so gut funktioniert der Waffenstillstand in Korea. Da ist der Konflikt noch ganz und gar nicht entschärft, ständiges Säbelrasseln, Raketentests und Atomdrohungen bestimmen die Nachrichtenlage. Und doch hat der Waffenstillstand es seit 1953 geschafft, einen heißen Krieg zwischen Nord- und Südkorea zu verhindern. Heute ist der Koreakrieg fast vollständig aus dem öffentlichen Bewusstsein verschwunden, aber er brachte seinerzeit die Welt bis an die Grenze eines Atomkrieges und hat in nur drei Jahren zwischen 1950 und 1953 vier Millionen Todesopfer gefordert. Er begann mit einem Angriff des Nordens auf den Süden, innerhalb eines Jahres wanderte die Front einmal bis ganz in den Süden, wieder hoch in den Norden, um 1951 in einem grauenvollen Abnutzungskrieg entlang der alten Grenze weitergeführt zu werden. Auch hier dauerte es noch einmal zwei Jahre eines furchtbaren Krieges, bis es endlich eine Einigung auf einen Waffenstillstand und eine entmilitarisierte Zone entlang der Grenze gab.[12] Bis heute gibt es keinen Friedensvertrag, und die ständigen Drohgebärden aus dem Norden machen gar keinen friedlichen Eindruck – und doch hat dieser über 70 Jahre währende Waffenstillstand mit Sicherheit viele Menschenleben gerettet und dem Süden – allerdings nur diesem – eine Entwicklung ermöglicht.

Hier ein kurzer Exkurs zu den Begrifflichkeiten: Waffenruhe und Waffenstillstand sind nicht ganz klar voneinander abzugrenzen. In der Regel wird mit *Waffenruhe* oder Feuerpause eine kurze Unterbrechung von Kampfhandlungen bezeichnet, meist nur mündlich vereinbart und oft mit einem sehr konkreten Zweck, zum Beispiel humanitäre Hilfen, und einer klaren zeitlichen Begrenzung. Die Vereinbarungen zwischen Israel und der Hamas im November 2023 und Frühjahr 2024 waren eine solche Waffenruhe, nur für wenige Tage und mit dem konkreten Ziel des Gefangenenaustausches und der Hilfslieferungen. Von einem *Waffenstillstand* spricht man dagegen eher bei einer vertraglichen Vereinbarung zwischen den Kriegsparteien, für einen längeren Zeitraum keine Kampfhandlungen zu unternehmen. Die Grenzen sind allerdings fließend, auch zwischen Israel und der Hamas wurde wochen- oder gar monatelang verhandelt und alle Modalitäten wurden im Detail festgehalten. Insofern gab es hier natürlich auch eine vertragliche Grundlage, andererseits war es nur für einen kurzen Zeitraum mit einem konkreten Ziel, deshalb hat sich dafür eher der Sprachgebrauch der Waffenruhe – oder englisch »Ceasefire« – durchgesetzt.

Auch wenn eine Waffenruhe aus Sicht der Menschen in den umkämpften Gebieten natürlich sehr erstrebenswert ist: In der Friedensforschung wird sie auch kritisch gesehen, aus ganz unterschiedlichen Gründen. Einfach nur öffentlich anzusagen, wir schießen ab morgen nicht mehr, wird in den meisten Situationen kaum etwas verändern. Ein falscher Schuss zur falschen Zeit, ein Missverständnis, eine kleine abtrünnige Einheit, und schon ist die Waffenruhe vorbei. Wirkliche Verlässlichkeit inklusive Planungssicherheit für humanitäre Hilfe und Ruhe für die Zivilbevölkerung vor Ort gibt es nur, wenn das Schweigen der Waffen auf einer ausgehandelten Vereinbarung beruht, in der Mechanismen für die Überwachung festgelegt sind ebenso wie Kommunikationswege, um Missverständnisse auszuräumen.

Ein Problem mit Waffenstillständen ist auch, dass kurz vorher die Kämpfe noch mal eskalieren können, weil alle Seiten das Kräfteverhältnis oder die Landgewinne so weit wie möglich zu den eigenen Gunsten verschieben wollen, um die eigene Verhandlungsbasis für künftige Gespräche zu verbessern. Ein kurz bevorstehender Waffenstillstand kann also für die Menschen in den betroffenen Gebieten erst mal auch extrem bedrohliche Konsequenzen haben.

Sabine Kurtenbach vom German Institute for Global and Area Studies (GIGA) in Hamburg hat viele Jahre zum Bürgerkrieg in Kolumbien geforscht und sagt, dass »Waffenstillstände durchaus ambivalent und in vielen Fällen problematisch«[13] sind. In Kolumbien wurde ein umfassender Waffenstillstand Ende der 1990er-Jahre von beiden Seiten benutzt, sich neu zu organisieren. Danach explodierte die Gewalt in einem Ausmaß, das es selbst in Kolumbien so noch nicht gegeben hatte. Es ist ein Irrtum, dass mit einem Waffenstillstand immer die Gewalt aufhört, so Sabine Kurtenbach. Manchmal verlagere die Gewalt sich nur, und die Zivilbevölkerung habe dann besonders darunter zu leiden.

Aufgrund dieser Erfahrung haben die Verhandlungen in Kolumbien zwischen 2012 und 2016 ausdrücklich ohne Waffenstillstände stattgefunden. Das führte zu einigen Krisen in dem Prozess, weil beide Seiten weiter spektakuläre Aktionen gegeneinander durchführten. Die Entscheidung wurde dennoch von beiden Seiten getragen, um die fürchterliche Erfahrung des früheren Waffenstillstandes nicht zu wiederholen – und auch, um Druck auf die Gespräche auszuüben.[14]

Waffenstillstände können Friedensverhandlungen sogar erschweren. Wenn die Waffen schweigen, tut ein militärisches Patt, also ein festgefahrener verlustreicher Kriegszustand, nicht mehr so weh, und die Bereitschaft zu ernsthaften Verhandlungen sinkt massiv. In der jüngeren Friedensforschung gibt es mittlerweile den Ansatz, dass zu Beginn von Friedensverhandlungen durchaus Waffenstillstände vereinbart werden können, allerdings sollten sie zeitlich begrenzt sein, um den Druck auf die Verhandlungen aufrechtzuerhalten.[15] Bei den Vereinten Nationen wird zwischen vorläufigen und endgültigen Waffenstillständen unterschieden. Ein Beispiel dafür ist der Krieg zwischen Äthiopien und Eritrea. Dort wurde im Jahr 2000 eine vorübergehende Waffenruhe vereinbart, um den Konflikt erst mal einzufrieren und damit Zeit für die Verhandlung eines weitreichenden Waffenstillstandes zu gewinnen.[16]

## Zwei Beispiele: Die Wirrungen und Irrungen auf dem Weg zum Frieden

Auf den Philippinen dauerten die Friedensverhandlungen am Ende nicht weniger als 17 Jahre, bevor es 2014 eine Einigung gab. Der Friedensforscher Kristian Herbolzheimer hat diesen Prozess über einige Jahre begleitet und im Detail dokumentiert.[17] Seit 1969 wütete auf Mindanao, der südlichsten Insel der Philippinen, ein Bürgerkrieg zwischen der dortigen muslimischen Bevölkerung und der Zentralregierung des sehr katholisch geprägten Landes. Erst 1997 begannen ernsthafte Friedensverhandlungen.

Dreimal standen die Gespräche praktisch vor dem Aus,

2000, 2003 und 2008. Jedes Mal fanden die Parteien jedoch einen Weg, um dem Prozess wieder Leben einzuhauchen. Beim ersten Mal konnte durch die Hinzuziehung des Nachbarlandes Malaysia als Vermittler der Stillstand überwunden werden. Beim zweiten Mal wurde eine internationale Kontrollgruppe zur Überwachung des Waffenstillstandes eingerichtet. 2009 wurde diese Gruppe noch einmal erweitert.

Zur Lösung des Konfliktes führte letztlich vor allem die Gründung einer neuen selbstverwalteten Region mit dem Namen Bangsamoro in dem vorwiegend von Muslim:innen bewohnten Gebiet. Das Abkommen ist sehr komplex und regelt detailliert zum Beispiel die Übergangsprozesse sowie finanzielle Fragen. Eine der größten Herausforderungen war die »Normalisierung«, der Übergang von einer Infrastruktur des Bürgerkrieges zu friedlichen Gemeinschaften. Dazu gehörten auch die Entwaffnung und Demobilisierung der Kämpfer:innen und die Klärung von Sicherheitsfragen. Es wurden sozioökonomische Maßnahmen und der Ausbau des Schul- und Gesundheitswesens vereinbart. Für die Mitglieder der bewaffneten Gruppen gab es Amnestien, wenn keine schweren Verbrechen vorlagen, und es wurde ein Programm zur Vergangenheitsbewältigung aufgelegt, auf das wir in einem der nächsten Kapitel noch zurückkommen werden.

Die Sicherheitsfrage war in den Verhandlungen zentral. Auf der einen Seite wurde der staatliche Sicherheitsapparat reformiert, auf der anderen Seite wurden die Mitglieder der Rebellenarmee und ihre Waffen registriert. Die Rebellen stimmten der kompletten Entwaffnung zu, allerdings in einer schrittweisen Abfolge. Zunächst wurden die Waffen unter gemeinsamer Kontrolle von Regierung und ehemaligen Rebellen und mithilfe einer internationalen Koordination aufbewahrt.

Entscheidend für den relativen Erfolg des Abkommens war die Einsicht auf beiden Seiten, dass die jeweiligen Bevölkerungen es mittragen mussten. Um die Einbindung und Zustimmung der Bevölkerung sicherzustellen – um es zu *ihrem* Friedensabkommen zu machen –, wurden auf Rebellenseite mehrere Hunderttausend Anhänger:innen in öffentlichen Veranstaltungen über den Verlauf der Verhandlungen informiert, um die Unterstützung für die Regelungen des Abkommens sicherzustellen.

Mein zweites Beispiel für schwierige und langwierige Friedensverhandlungen ist Nordirland, wo am Karfreitag des Jahres 1998 ein Friedensabkommen geschlossen wurde, das bis heute hält – und in aller Welt als Blaupause für erfolgreiche Verhandlungen hoch geschätzt wird. Für diejenigen, die bei Irland eher an Guinness-Bier denken und mit dem Bürgerkrieg nicht so vertraut sind: Die grüne Insel war viele Jahrhunderte lang ein Teil Großbritanniens. Erst 1922 wurde Irland unabhängig, allerdings verblieb der Nordteil der Insel, wo überwiegend Protestant:innen leben, bei Großbritannien. Diese Abspaltung von Nordirland wurde von der irisch-katholischen Bevölkerung im Rest der Insel nicht akzeptiert. Die Ablehnung von allem Britischen saß bei den katholischen Ir:innen sehr tief, gespeist aus Jahrhunderten der Unterdrückung und Armut. Die große Hungersnot von 1845, bei der eine Million Menschen in Irland starben und zwei Millionen auswanderten, ist tief in das kollektive Gedächtnis eingebrannt, bis heute. Nach der Unabhängigkeit Irlands 1922 entwickelte sich ein jahrzehntelanger Bürgerkrieg in Nordirland, in dem die Irisch-Republikanische Armee IRA gegen die britische Besatzung kämpfte. Der

Konflikt war auch religiös überlagert, das katholische Irland gegen die Protestant:innen britischer Abstammung.

Über die Jahrzehnte scheiterten mehrere Anläufe für einen Friedensprozess, bis es im Jahre 1993 dann zu ersten tragfähigen Vorgesprächen kam, sowohl zwischen den nordirischen Konfliktparteien selbst als auch zwischen den Regierungen in London und Dublin. Diese Vorgespräche ebneten den Weg zu einem einseitigen Waffenstillstand der IRA im August 1994, dem kurz danach die bewaffneten protestantischen Gruppen beitraten. 1995 begannen die Verhandlungen.

Corinna Hauswedell, eine der renommiertesten Friedensforscherinnen Deutschlands, hat einige umfassende Analysen zum Nordirland-Konflikt veröffentlicht.[18] Sie streicht heraus, dass die aktive Beteiligung der USA an dem Prozess von zentraler Bedeutung war. Die USA entsandten mit George Mitchell einen hochrangigen Politiker als Vermittler. Sein Beitrag gilt bis heute als entscheidend für das Gelingen der Friedensverhandlungen. Außerdem gab es eine regelrechte Investitionsoffensive US-amerikanischer Firmen, die zwischen 1993 und 1998 eine beachtliche Anzahl an industriellen Arbeitsplätzen in Nordirland schufen.

Corinna Hauswedell schreibt, dass die »Abrüstung in den Köpfen« eine wichtige Voraussetzung für den Friedensprozess war. Es ging ja nicht nur um eine militärische Auseinandersetzung, IRA gegen die Briten, sondern um einen jahrhundertelangen Konflikt, der »überideologisiert« war und »auf beiden Seiten mit ideologischen Bandagen und Scheuklappen geführt« wurde. In einer solchen Situation gibt es keinen einfachen, pragmatischen Weg zu einem gemeinsamen Miteinander oder wenigstens friedlichen Nebeneinander. Der Hass sitzt zu tief, und die Abgrenzung ist allgegenwärtig.

Dazu eine kleine Anekdote: Bei einer Wanderung mit irischen Freund:innen im Herzen der Republik Irland fragten wir einen alten Bauern nach dem Weg. Es entwickelte sich ein freundliches, nettes Gespräch. Als wir weitergingen, murmelte eine irische Freundin in sich hinein: »Church of England«. Soll heißen: Abkömmling britischer Einwanderer, möglicherweise schon vor Hunderten von Jahren, aber immer noch »Church of England« und nicht Ire, kein Katholik, keiner von ihnen, sondern Besatzer, Kolonialist und Mitverursacher der großen Hungersnot von 1845. »Church of England« als völlig normale, alltägliche Zuschreibung, von einem progressiven Menschen im Jahre 2018, zwanzig Jahre nach dem Karfreitagsabkommen. Da erst wurde mir klar, wie viel Zeit die mentale Abrüstung in den Herzen und Köpfen braucht und wie lange es dauert, echten Frieden zu erreichen.

Ein Friedensschluss wie das Karfreitagsabkommen kann das nicht leisten. Hier geht es um die *materielle Abrüstung*. Wie immer war auch in Irland die Frage der Sicherheit eine der schwierigsten im Friedensprozess und führte mehrfach fast zum Scheitern. Es fing damit an, dass die britische Seite die Ansage machte, sie verhandele nur mit solchen Gruppen, die ihre Waffen abgegeben hätten. Sie machte also nicht nur einen Waffenstillstand, den es ja seit 1994 gab, sondern die sofortige totale Abrüstung der Gegenseite zur Vorbedingung für Verhandlungen. Der US-Vermittler Mitchell wies das klar zurück und etablierte das Prinzip, dass bewaffnete Gruppen auch ohne Abgabe der Waffen mitverhandeln dürfen – allerdings nur, solange sie den Waffenstillstand einhielten.[19] Das führte dazu, dass im Laufe der nächsten Jahre immer wieder mal die eine oder andere Verhandlungsseite am Tisch fehlte, weil sie den Waffenstillstand gebrochen hatte. Zum Ende hin allerdings, in den Tagen vor Ostern 1998, waren dann alle mit dabei, und die Verhandlungen konnten erfolgreich abgeschlossen werden.

Darin war die Sicherheitsfrage folgendermaßen geregelt: Die gesamte Polizei, die vor dem Friedensabkommen fast ausschließlich mit Protestant:innen besetzt war, sollte umgebaut werden und so auch den Katholik:innen ein Gefühl von – und reale – Sicherheit bieten. Auf der anderen Seite hat die IRA schrittweise ihre Waffen abgegeben. Was hier umgesetzt wurde, entspricht dem, was Corinna Hauswedell beschreibt als »ein Verständnis von Gegenseitigkeit, den allmählichen Aufbau eines gemeinsamen, überparteilichen Sicherheitsverständnisses«. Dabei kam als weitere Schwierigkeit die starke ideologisch-symbolische Überfrachtung der IRA-Waffen hinzu, auf beiden Seiten. Für die IRA waren die Waffen das Symbol des irischen Freiheitskampfes, für die britische Seite das Symbol des Terrors. Erst als infolge des Karfreitagsabkommens die der IRA nahestehende Partei Sinn Féin bei den Wahlen außerordentlich gut abschnitt, ließ die IRA sich auf die Abrüstung ihrer Waffen ein. Das geschah dann, so Hauswedell, »aus einer Position der Stärke und war im republikanischen Bewusstsein nicht länger mit Niederlage oder Unterwerfung verbunden«.

Die Einbindung der breiten Bevölkerung gelang in Nordirland über zwei Mechanismen. Zum einen wurde schon am Verhandlungstisch eine größtmögliche Inklusivität sichergestellt durch die Teilnahme der zehn stärksten Parteien, zum anderen würde über das Karfreitagsabkommen im Mai 1998 in einem Referendum abgestimmt, um so möglichst viele Menschen hinter dem Friedensschluss zu vereinen.

All diese Beispiele aus früheren Friedensverhandlungen, von Korea und Iran-Irak über die Philippinen bis nach Bosnien und Nordirland, zeigen vor allem zwei Dinge: Es ist möglich – und es ist kompliziert.

Ja, es ist möglich, gleichzeitig zu kämpfen und zu verhandeln. Auch in scheinbar aussichtslosen Situationen lassen sich erste Schritte für eine friedliche Lösung anbahnen, das gilt für innerstaatliche Kriege wie für zwischenstaatliche. Die meisten Beispiele für Verhandlungslösungen stammen aus Bürgerkriegen. Das liegt schlicht und einfach daran, dass die Zahl der Kriege zwischen Staaten seit dem Zweiten Weltkrieg deutlich abgenommen hat, die ganz große Mehrheit der gewalttätigen Konflikte war seitdem innerstaatlich. Aber nicht alle, seit dem Ende des Zweiten Weltkrieges wurden fast zwanzig Kriege zwischen zwei oder mehr Staaten mit Verhandlungen befriedet, von kleinen Grenzscharmützeln wie in Guatemala-Belize bis hin zu den ganz großen Konflikten in Korea, zwischen Iran und dem Irak oder zwischen Indien und Pakistan.[20]

Aber natürlich sind Verhandlungslösungen kompliziert. Sosehr ich davon überzeugt bin, dass Worte und nicht Waffen der einzige Weg zu einem sicheren, dauerhaften Frieden sind, so muss man aber auch anerkennen, dass das kein einfacher Weg ist. Rückschläge bleiben nicht aus, es kann Jahre dauern, und mit einem Friedensvertrag fängt die eigentliche Arbeit erst an. Aber wenn die Alternative ein dauerhafter Krieg ist, unendlich viel Zerstörung, Tod und Leid – dann müssen wir alles daransetzen, eine friedliche Verhandlungslösung zu versuchen und von außen zu unterstützen, mit allen unseren Möglichkeiten.

# Die Wunden schließen – Gerechtigkeit für die Opfer

*When the war ends, a woman's fight begins!*

Nach dem Krieg ist vor dem Krieg – wenn die Verbrechen der Vergangenheit nicht aufgearbeitet und die Opfer nicht, soweit möglich, angemessen entschädigt werden. Wenn die tiefer liegenden Ursachen für den Krieg nicht beseitigt werden und die Wunden aus dem Krieg keine Chance auf Heilung haben. In der Friedensforschung nennt man den Prozess der Aufarbeitung Transitional Justice. Eine wörtliche Übersetzung ist schwierig, am ehesten kann es mit dem Begriff »Vergangenheitsarbeit« umschrieben werden. Bei der Verhandlung von Friedensabkommen und für die dauerhafte Lösung von Konflikten spielt Transitional Justice mittlerweile eine ganz zentrale Rolle, denn ohne eine gute Aufarbeitung der Vergangenheit werden die Konflikte weiter schwelen und können immer wieder aufbrechen. Wie das in der Praxis aussehen kann, habe ich von Lian Gogali gelernt, einer Friedensaktivistin aus Indonesien. Die Gründerin und Leiterin des Instituts Mosintuwu, das sich der Friedensförderung in der Region Poso verschrieben hat, stieß dort vor vielen Jahren einen Versöhnungsprozess an und kann beeindruckende Erfolge vorweisen.

## »You killed my husband!«[1]

Die Geschichte begann Weihnachten 1998 in der kleinen Stadt Poso im Zentrum der indonesischen Insel Sulawesi. Aus einem lokalen Streit entwickelte sich ein Bürgerkrieg in der gesamten Region entlang religiöser Linien. Christliche und muslimische Gruppen bekämpften sich mit äußerster Brutalität, es gab viele Tote. Dabei, so Lian Gogali, gab es in der Geschichte von Poso bis dahin kaum Religionskonflikte. Vor Ausbruch des Bürgerkriegs waren Christentum und Islam in Poso beide sehr moderat. Es gab sogar einen Imam, der mit einer Christin verheiratet war, ohne dass sich jemand ernstlich daran störte. Man lebte friedlich Haus an Haus. Das ungeschriebene Gesetz war immer, dass der Bürgermeister aus der einen Religionsgruppe kommt, der Stellvertreter aus der jeweils anderen.

Dass aus einem lokalen Streit zwischen zwei Jugendgangs ein Religionskrieg werden konnte, hatte allein mit Macht und Geld zu tun. Es standen Wahlen an. Der amtierende Bürgermeister drohte wegen eines Korruptionsskandals abgewählt zu werden und mobilisierte die Religion, um seinen Posten zu retten. Es ging dabei um viel Geld: Ein halbes Jahr zuvor hatte der langjährige indonesische Diktator Suharto abdanken müssen, die Regionen hatten eine weitgehende Autonomie gewonnen – und konnten selbst über Investitionen entscheiden. In Poso gibt es umfangreiche Gold- und Nickelvorkommen, da kann ein korrupter Politiker im Bürgermeisteramt sehr schnell viel Geld scheffeln.

Außerdem wurde der regionale Konflikt auch noch von landesweiten Entwicklungen befeuert. Das Militär hatte nach dem Fall von Suharto massiv an Einfluss verloren und sah in dem Konflikt in Sulawesi die Chance auf eine neue

Rolle. In den darauffolgenden Jahren nahm die Gewalt kein Ende. Ganze Dörfer wurden niedergebrannt, mehr als ein Drittel der Menschen in der Region war auf der Flucht. 2001 gab es eine Art Friedensschluss, aber organisierte Gruppen verübten weiterhin Terroranschläge in der Region.

Lian Gogali ist in Poso aufgewachsen, zum Studium verließ sie die Insel. Erst für ihre Masterarbeit kehrte sie zurück, sie wollte Interviews mit Frauen in Poso führen, um ihre Erinnerungen aus der Zeit des Bürgerkriegs festzuhalten. Schnell wandelte sich das akademische Projekt in politische Arbeit, denn Lian Gogali musste feststellen, dass gerade die ärmeren Frauen nicht gehört wurden. Für ihre Geschichte war kein Platz im herrschenden Diskurs. Sie hatten fast schon ihre eigene Erinnerung verloren, sagt Gogali. Da fing sie an, die Frauen zu organisieren. »*When the war ends, a woman's fight begins*«, sagt sie.

Gogali ging von Haustür zu Haustür und sprach mit Arbeiterinnen und Hausfrauen, vorwiegend Frauen mit wenig Bildung. Diese Frauen haben den Krieg damals sehr direkt erlebt, sie mussten in den Dschungel fliehen und dort lange überleben. Nach dem Krieg hatten sie keine Stimme, keine Lobby. Mit ihnen gemeinsam entwickelte Gogali das Konzept der Friedensschulen, in denen die Frauen ihre Geschichte teilen konnten. Am Anfang kamen viele Frauen, um ihre Wut loszuwerden: »You killed my husband!« Alle Frauen sahen sich als Opfer, auch wenn ihre Männer zu den Tätern im Krieg gehörten. Dann trafen sie die Frauen der anderen Seite, die auch Opfer waren, deren Männer aber zu den Tätern der Gegenseite gehörten.

Auf dieser Basis konnten die Frauen von Poso ein Verständnis dafür entwickeln, dass sie alle etwas verloren hatten. Erinnerungsarbeit, die die Verschiedenheit der Erinnerungen anerkennt und begreiflich macht, ist echte Friedensarbeit. Daraus entsteht Solidarität und vor allem: Zukunft. Die Frauen von Poso brauchten nicht mehr in der Vergangenheit und ihren Verlusten gefangen zu bleiben, sie konnten wieder über die Zukunft sprechen. Und sie aufbauen.

Als die Friedensschulen 2009 starteten, waren die verschiedenen Religionsgruppen in Poso infolge des Bürgerkrieges noch sehr getrennt, es gab rein muslimische und rein christliche Dörfer, ganz anders als früher. Die Menschen hatten Angst voreinander. So viele waren im Namen der Religion getötet worden. Heute leben die Religionen wieder weitgehend friedlich miteinander, die Trennung verschwindet langsam. Ein Erfolg, an dem die Friedensschulen und die Anerkennung der gegenseitigen Verletzungen sicherlich einen großen Anteil haben.

Zu Ende ist die Arbeit allerdings noch lange nicht, denn auch heute gibt es wieder Politiker, die sich nicht scheuen, die Religionen in Poso für ihre eigenen, auch finanziellen, Interessen zu mobilisieren. In der Region gibt es einen großen Industriepark, dort wird vor allem Nickel gefördert. Nickel, das auch in Grünheide im deutschen Brandenburg verarbeitet werden soll, in der dortigen Tesla-Fabrik. Für die Stromversorgung des Industrieparks in Poso ist ein Staudamm geplant, der Inhaber der Betreiberfirma ist der frühere Vizepräsident Indonesiens, der schamlos die alten Traumata benutzt, um das Projekt durchzupeitschen. Wenn Anwohner:innen protestieren gegen den Staudamm werden sie als Christ:innen diffamiert, die Unruhe schüren würden, wie früher. Die Region, die gerade dabei war, zu einem friedlichen Miteinander zurückzukehren, wird aufs Neue aufgewühlt. »Wir zahlen hier den Preis für das Nickel, das in euren Autos verbaut wird«, sagt Lian Gogali.

## Vergangenheitsarbeit – »Transitional Justice«

Die Arbeit der Friedensschulen von Poso ist eines von vielen Beispielen auf der Welt, wie gute Vergangenheitsarbeit dazu beitragen kann, Konflikte wieder zu entschärfen und einen dauerhaften Frieden zu ermöglichen. Das Konzept der Transitional Justice ist ursprünglich in einem völlig anderen Kontext entstanden, im Lateinamerika der 1990er-Jahre, nach dem Ende der Diktaturen in vielen Ländern. Die Aufarbeitung des begangenen Unrechts und die Strafverfolgung der Verantwortlichen waren damals wichtige Schritte im Übergang zur Demokratie in den Ländern Mittel- und Südamerikas.

International bekannt wurde die Idee dann durch Südafrika. Nach dem Ende der Apartheid setzte der neue Präsident Nelson Mandela 1996 die »Truth and Reconciliation Commission« (TRC) ein, die Wahrheits- und Versöhnungskommission. Sie wurde weltberühmt als Beispiel dafür, wie ein friedlicher Übergang zu einer neuen Gesellschaftsform organisiert werden kann, um die alten Wunden zu schließen. Keine Siegerjustiz, kein neues Unrecht durch neue Massaker an den früheren Täter:innen, sondern Aufklärung von Verbrechen und Dialog zwischen den Bevölkerungsgruppen.

In der ursprünglichen Idee von Transitional Justice stand die strafrechtliche Verfolgung der Täter:innen im Mittelpunkt, in Anlehnung an die Nürnberger Prozesse gegen die führenden Köpfe des Naziregimes 1945/46. Mittlerweile ist deutlich geworden, dass juristische Prozesse zwar ein wichtiger Baustein der Versöhnungsarbeit sind, aber allein zu kurz greifen. Vor allem aber werden Gerichtsprozesse meist von einem Teil der Gesellschaft als Siegerjustiz wahrgenommen und können eine echte Versöhnungsarbeit sogar erschweren. »You killed my husband« kann entweder im geschützten Raum von Frau zu Frau ausgesprochen werden und dazu führen, dass beide ihre gleichzeitige Rolle als Mitglied einer Täter- und Opfergemeinschaft anerkennen. Oder aber »you killed my husband« wird vor Gericht ausgehandelt, mit einem Urteil am Ende, das die Rollen der Täter:innen und Opfer schwarz-weiß festschreibt. Beides gleichzeitig, gemeinsame Erinnerungsarbeit und Strafjustiz, ist schwierig.

Mittlerweile hat Transitional Justice einige Wandlungen vollzogen und arbeitet mit einem mehrgleisigen Ansatz, wie Natascha Zupan von der renommierten Berghof-Stiftung berichtet.[2] Sie ist eine der versiertesten Kennerinnen des Themas und hat viel über die Möglichkeiten und Grenzen der Transitional Justice veröffentlicht. Während das Konzept seinen Ursprung im demokratischen Umbruch von Gesellschaften nach Diktatur oder Apartheidsregime hatte, spielt es seit Ende der 1990-Jahre auch eine wichtige Rolle in Friedensprozessen, in der friedlichen Transformation von Nachkriegsgesellschaften, so wie im Beispiel von Lian Gogali in Indonesien.

Die Vereinten Nationen arbeiten deshalb auch intensiv in diesem Bereich, es gibt dort eine Gruppe von Expert:innen, die bei Friedensprozessen überall auf der Welt hinzugezogen werden, um die Fragen von Aussöhnung und neuer Gerechtigkeit von vornherein mitzudenken bei der Aushandlung eines Friedensabkommens. Im Jahr 2023 haben die Vereinten Nationen dazu ein umfassendes Rahmenpapier vorgelegt, in dem die vier zentralen Ziele von Vergangenheitsarbeit ausformuliert sind: erstens die *Wahrheitsfindung*, zweitens *Gerechtigkeit*, drittens *Reparation* und viertens die *Verhinderung eines Rückfalls* in den Bürgerkrieg oder die Diktatur.[3]

Mit welchen Mitteln eine Wiederholung der Gräueltaten verhindert werden kann, hängt stark vom Charakter des vorangegangenen Unrechts ab. Nach Diktaturen gehört auf jeden Fall eine Reform des Justiz- und Sicherheitsapparates dazu, die in der Regel entscheidende Träger von Diktaturen sind. Funktionsträger:innen, die maßgeblich am Unrecht beteiligt waren – ob nun in einer Diktatur oder in einem Bürgerkrieg –, müssen auf jeden Fall ihren Posten räumen, wenn eine Wiederholung des Unrechts ausgeschlossen werden soll. Aber auch informelle Schritte sind zentral. Gerade nach einem Bürgerkrieg braucht es eine Versöhnung der gespaltenen Gesellschaft, es muss neues Vertrauen aufgebaut und Unrecht wiedergutgemacht werden.

Vor allem aber müssen die tiefer liegenden Ursachen für den jeweiligen Konflikt angegangen werden. Oft sind das soziale Ungerechtigkeiten, deren Lösung besonders komplex ist, rühren sie doch oft an die Grundfesten einer kapitalistisch organisierten Gesellschaft. Eine zentrale Ursache für den Bürgerkrieg in Kolumbien waren beispielsweise die fehlenden Landrechte für die armen Bauernfamilien. Im Friedensprozess wurde deshalb eine Landreform vereinbart, bei der drei Millionen Hektar an Kleinbäuer:innen verteilt werden. Land, das der Staat den Landbesitzer:innen in einem gemeinsam vereinbarten Prozess abkauft – so, und nur so, konnte die eine Kriegsursache beseitigt werden, ohne gleichzeitig durch eine Enteignung eine neue zu schaffen. Das ist ein sehr konkreter und viel beachteter Versuch, eine Wiederholung des Gewaltkonfliktes zu verhindern.

## Internationale Gerichtsbarkeit

Auch wenn Transitional Justice heute vor allem Vergangenheitsarbeit ist: Eine juristische Aufarbeitung der vergangenen Verbrechen ist trotzdem notwendig, um die Straflosigkeit zu beenden. Straflosigkeit ist ein ganz großes Problem, denn wenn die Täter und Täterinnen von vornherein damit rechnen können, dass sie ungeschoren davonkommen, dann werden sie völlig ungehemmt die schlimmsten Verbrechen begehen. Nur wenn die Straflosigkeit ein Ende hat, kann die Gewalt eingehegt werden.

Allerdings ist die nationale Justiz in Kriegen oder Bürgerkriegen oft nicht gewillt oder nicht in der Lage, Verbrechen aus den eigenen Reihen zu verfolgen. Und nach einem Konflikt besteht immer die Gefahr, dass eine nationale Rechtsprechung von einer Seite als Siegerjustiz wahrgenommen wird. Deshalb gibt es die internationale Gerichtsbarkeit, um schwerste Verbrechen aufzuklären und die Täter:innen vor Gericht zu stellen.

Die beiden wichtigsten internationalen Gerichte sind der Internationale Gerichtshof und der Internationale Strafgerichtshof. Klingt sehr ähnlich, beide sitzen auch in Den Haag, sind aber zwei völlig unterschiedliche Gerichte – die beide immer wieder für Schlagzeilen sorgen.[4]

Fangen wir beim Internationalen Gerichtshof IGH an. Den gibt es seit 1945, seit der Gründung der Vereinten Nationen, und es ist ein Organ der Vereinten Nationen, so wie der UN-Sicherheitsrat zum Beispiel. Hier können Staaten andere Staaten verklagen, aber nicht Einzelpersonen. Außerdem erstellt der IGH Rechtsgutachten auf Bitten eines Staates oder auf Anfrage der Vereinten Nationen. Viele Fälle vor dem IGH drehen sich zum Beispiel um Grenzstreitigkeiten. In solchen Fällen war der Gerichtshof ein sehr wichtiges Mittel zur friedlichen Konfliktlösung, denn in der Geschichte haben Grenzstreitigkeiten mehr als einmal zu großen Kriegen geführt. In die Schlagzeilen geriet der IGH dann allerdings eher mit juristischen Entscheidungen von großer politischer Tragweite, zum Beispiel einem Gutachten von 2004, in dem der IGH den Bau der israelischen Mauer auf besetztem Gebiet im Westjordanland für illegal erklärte. 1996 stellte das Gericht fest, dass jegliche Androhung und erst recht der Einsatz von Atomwaffen völkerrechtswidrig sei.

Und ganz aktuell steht der IGH wieder im Blickpunkt der Weltöffentlichkeit, weil Südafrika dort Ende 2023 Klage gegen Israel eingereicht hat, weil es einen Genozid im Gazastreifen befürchtet. In einer Eilentscheidung hat das Gericht zum Vorwurf des Genozides noch nicht Stellung genommen – das wird sicherlich erst in zwei oder mehr Jahren geschehen –, aber es hat Israel verpflichtet, jetzt verschiedene Maßnahmen zu unternehmen, um einen Genozid zu verhindern.[5] Südafrika geht es in diesem Fall auch ausdrücklich nicht nur um eine Bewertung – Genozid ja oder nein –, sondern vor allem um Prävention, um die Verhinderung eines möglichen Genozides.

Der IGH hat eine sehr wichtige rechtsetzende Funktion, aber einzelne Täter:innen kann er nicht verfolgen. Dafür wurde 1998 der Internationale Strafgerichtshof gegründet, auf englisch »International Criminal Court« oder ICC. Er ist kein Organ der Vereinten Nationen, sondern wurde mit einem Internationalen Vertrag gegründet, dem sogenannten Rom-Statut. Dem sind mittlerweile über 120 Staaten beigetreten. Die üblichen Verdächtigen sind leider nicht dabei: Russland, USA oder China weigern sich bis heute, sich der internationalen Gerichtsbarkeit auszusetzen.

Der ICC hat seine Wurzeln im ehemaligen Jugoslawientribunal. Das wurde 1993 angesichts der schwersten Menschenrechtsverbrechen in den Jugoslawienkriegen vom UN-Sicherheitsrat gegründet und hatte die Aufgabe, die wichtigsten Täter:innen aller Seiten vor Gericht zu stellen. Mit großem Erfolg, in rund 15 Jahren seiner Existenz hat das Gericht über 160 Verdächtige angeklagt und über achtzig verurteilt, darunter auch die zentralen Täter wie den ehemaligen Präsidenten Serbiens, Slobodan Milošević. In Sachen Transitional Justice war das Jugoslawientribunal ein ganz wichtiges Element, um das klare Signal auszusenden: Niemand soll ungestraft davonkommen, wer heute Kriegsverbrechen begeht, kann morgen dafür belangt werden.

Um dieses Signal auch auf künftige Kriege übertragen zu können, wurde 1998 der ICC gegründet, der seitdem gute Arbeit leistet. Im März 2023 hat der ICC zum Beispiel Haftbefehl gegen Wladimir Putin erlassen, wegen der Deportation ukrainischer Kinder nach Russland. Im Mai 2024 hat der Chefankläger des ICC Haftbefehle gegen die Hamas-Führer und den israelischen Premierminister Benjamin Netanyahu beantragt, wegen Verbrechen gegen die Menschlichkeit.

So gut und richtig eine Institution wie der ICC ist: Er ist natürlich sehr eingeschränkt in seinen Mitteln und kann nur einen Bruchteil aller Kriegsverbrechen selbst verfolgen. Die über achtzig Verurteilungen für Verbrechen in den Jugoslawienkriegen sind natürlich nicht einmal die Spitze des Eisberges. Für dieses Problem gibt es jedoch eine ganz ungewöhnliche Lösung mit einem grandiosen Namen: das »Weltrechtsprinzip«. Dahinter verbirgt sich eine recht einfache Sache: Ein Staat kann Völkerrechtsverbrechen verfolgen, auch wenn er selbst davon in keiner Weise direkt betroffen ist, wenn also weder Staatsbürger:innen noch das eigene Territorium davon berührt sind. In Deutschland ist das im Völkerstrafgesetzbuch festgelegt, das sich im Grunde genommen an das Rom-Statut des ICC anlehnt.

Damit können auch in Deutschland Verfahren gegen Folterer und Völkermörder in anderen Ländern geführt werden. Ein Beispiel dafür ist das sogenannte Al-Khatib-Verfahren vor dem Oberlandesgericht in Koblenz.[6] Dort wurden zwei syrische Geheimdienstler angeklagt, die in einem syrischen Foltergefängnis für unfassbare Gräueltaten verantwortlich waren und sich dann in Deutschland aufhielten. Am Ende wurden sie mithilfe des Weltrechtsprinzips verurteilt, einer von ihnen zu lebenslanger Freiheitsstrafe, abzusitzen in einem deutschen Gefängnis. Ihre Opfer konnten vor dem Gericht als Zeugen aussagen und zum Teil auch als Nebenklägerinnen auftreten. Keine Straffreiheit für niemand, nirgendwo auf der Welt – dafür ist das Al Khatib-Verfahren ein ganz wunderbares Beispiel.

## Den Opfern eine Stimme

So wichtig die strafrechtliche Aufarbeitung von (Kriegs-) Verbrechen auch sein mag, sie hat im Sinne der Transitional Justice ein grundsätzliches Problem: Gerichtsverfahren beschäftigen sich vor allem mit den Täter:innen. Die Opfer tauchen hier allenfalls als Zeug:innen auf, doch um ihre Geschichte geht es eigentlich nicht. Das war auch einer der Kritikpunkte der südafrikanischen Wahrheitskommission, in der vor allem die Täter:innen ihre Wahrheit schildern konnten. Viele andere Wahrheiten blieben ungehört.

Echte Versöhnung ist aber nur möglich, wenn auch die Opfer eine Stimme bekommen. Opfer gibt es oft auf mehreren Seiten des Konfliktes. So wie in Poso, wo die Frauen

Opfer waren, aber aus Familien, Dörfern oder Religionsgemeinschaften kamen, in denen gleichzeitig Täter:innen lebten. Aber auch wenn die verschiedenen Gruppen verfeindet waren, hatten sie eines gemeinsam: Der Bürgerkrieg hat sie alle auch zu Opfern gemacht. Viele haben geliebte Menschen verloren und selbst Gewalt erlebt. Das ist der Kristallisationspunkt, an dem Opferarbeit zu echter Versöhnung führen kann.

Weltweit finden sich Organisationen, die den Opfern eine Stimme zu geben versuchen, um so die unendliche Spirale von Gewalt und Gegengewalt zu durchbrechen. Eine hat es mir besonders angetan, weil sie das Prinzip »den Opfern eine Stimme geben« sehr wörtlich genommen hat. 2009, als Lian Gogali in Indonesien mit ihren Friedensschulen an den Start ging, gründeten 10 000 Kilometer entfernt mehrere junge Afghan:innen in Kabul die »Afghanistan Human Rights and Democracy Organisation« (AHRDO). In ihr organisierten sich vor allem Verletzte und Hinterbliebene des Krieges in Afghanistan. Ein Krieg, der schon viele Jahrzehnte das Land verwüstete, angefangen mit dem Einmarsch der Sowjetunion 1979, mit so vielen wechselnden Koalitionen, Warlords und Milizen, dass viele Menschen in Afghanistan voneinander dachten, sie seien zutiefst verfeindet. Um dann aber festzustellen, dass sie alle etwas sehr Grundlegendes gemeinsam haben: nämlich, dass sie Opfer sind. Es gibt kaum eine Familie in Afghanistan, die nicht den gewaltsamen Tod mindestens eines Familienangehörigen zu beklagen hätte. Und genau das verbindet sie: die Trauer um geliebte Menschen und das Leben in ständiger Angst.

Die Methode, die die AHRDO wählte, um die Geschichten der Opfer sprechbar zu machen, war das Theater. Sie entwickelten Theaterstücke über die Gewalt und das Leid des Krieges, nicht am Schreibtisch oder mit professionellen Schauspieler:innen, sondern mit den Betroffenen, die am Ende auch auf der Bühne standen. Unterstützung bekam AHRDO unter anderem von der deutschen Organisation »medico international«, die in vielen ihrer Projekte konkrete humanitäre Hilfe mit einer langfristigen politischen Arbeit kombiniert. Hadi Marifat, einer der Gründer von AHRDO, hat das Prinzip dieser Arbeit einmal in einem Interview mit medico so beschrieben: »Die Übungen und Spiele schaffen eine vertrauensvolle Atmosphäre, sodass die Menschen schließlich bereit sind, ihre Geschichten und Probleme zu teilen. Das ist sehr wichtig in einem Land, in dem eine lange Geschichte von Kriegen und Konflikten das Fundament des Vertrauens nachhaltig zerstört hat.«[7]

AHRDO verfolgte ein einfaches Prinzip: Die Geschichte der Kriege in Afghanistan zu erzählen bedeutet nicht, Heldengeschichten niederzuschreiben, sondern die *Geschichten der Opfer* zur Geltung zu bringen. In diesem Sinne eröffnete AHRDO auch ein Museum in Kabul, ein Kriegsmuseum, das zugleich ein Friedensmuseum war. Es erinnerte an die Opfer der verschiedenen Kriege in Afghanistan und brachte die Hinterbliebenen zusammen. In sogenannten »Memory Boxes« konnten sie Erinnerungsstücke an getötete Familienangehörige ausstellen. Ein Museum, das in einem zutiefst verwundeten Land eine leise Ahnung von Frieden und Heilung aufkommen ließ.

Mit der erneuten Machtübernahme der Taliban im Sommer 2021 fand die Arbeit von AHRDO ein jähes Ende. Keiner dieser mutigen Menschen hat es in ein deutsches Evakuierungsflugzeug geschafft, viele konnten sich über Land zunächst nach Pakistan durchschlagen und leben jetzt in Kanada im Exil. Von dort aus dokumentieren sie weiter die

Gewalt, unter der die Menschen in Afghanistan derzeit leben. Nachdem sie ihr Museum in Kabul aufgeben mussten, eröffneten sie Ende 2023 ein virtuelles Museum, das »Afghanistan Memory Home«, als Hommage an die Opfer und Überlebenden der jahrzehntelangen kriegerischen Auseinandersetzungen in Afghanistan.[8]

Mittlerweile hat Opferarbeit einen zentralen Platz im Konzept der Transitional Justice. Auch Reparationen gehören dazu, denn Entschädigungszahlungen für die Opfer sind wichtig, weil sie materieller Ausdruck davon sind, dass die Opfer als solche anerkannt werden – und die Täter:innen identifiziert sind. Nicht immer muss es dabei um Geldzahlungen gehen. Natascha Zupan berichtet vom Friedensprozess in Kolumbien, in dem Täter:innen als Reparation Sozialdienste in betroffenen Dörfern ableisten mussten. Das hat viel mit Anerkennung von Schuld und einer Art symbolischer Wiedergutmachung zu tun und weniger mit hart kalkuliertem Schadensersatz.

## Gerechtigkeit oder Frieden? Die Quadratur des Kreises

Opferarbeit ist von zentraler Bedeutung für Friedensprozesse. Sie stößt aber oft auf ein ganz praktisches Problem: Bei Friedensverhandlungen sitzen in der Regel diejenigen am Verhandlungstisch, die Krieg geführt haben. Und wer Blut an den Händen hat, wird kaum einem Friedensvertrag zustimmen, der dazu führt, dass sie für ihre Verbrechen ins Gefängnis müssen. Ohne Straffreiheit werden Kriegsverbrecher daher kaum einem Friedensvertrag zustimmen – ohne Gerechtigkeit und damit Strafverfolgung wird es aber umgekehrt keinen dauerhaften Frieden geben.

Das ist keine theoretische Gedankenspielerei, sondern ein ganz realer Zielkonflikt: *Frieden oder Gerechtigkeit*? In Situationen, in denen der Krieg weitertobt, in denen geschossen und gestorben wird, rettet jeder Tag, den es früher zu einem Friedensschluss kommt, Leben. Wer kann – und will – es sich in einer solchen Situation leisten, am Verhandlungstisch auf Strafverfolgung, Reparationen und sozialer Gerechtigkeit zu beharren? Auf der anderen Seite ist in einem schlechten Friedensvertrag der nächste Konflikt bereits angelegt. Nach dem Krieg ist vor dem Krieg, wenn es keine solide Transitional Justice gibt. Eine Quadratur des Kreises, die in jeder einzelnen Friedensverhandlung aufs Neue mit viel Fingerspitzengefühl gelöst werden muss, so gut es geht.

Verhandlungsführende in solchen Prozessen beziehen sich gern auf die südafrikanische Wahrheitskommission und fordern eine Amnestie für sich selber. Tatsächlich gab es in Südafrika eine Amnestieklausel, die aber sehr viel begrenzter war, als gemeinhin berichtet wird.[9] Die Grundidee lautete: Straffreiheit gegen Wahrheit. Wer also ein komplettes Geständnis ablegte, konnte dafür Amnestie beantragen. Das galt jedoch nur für politisch motivierte Straftaten und musste dem Grundsatz der Verhältnismäßigkeit folgen. Wahllose Bombenattentate auf Zivilist:innen fielen beispielsweise nicht darunter. Am Ende wurden fast neunzig Prozent der Amnestiegesuche in Südafrika abgelehnt. Ob diese Amnestieklausel überhaupt eine gute Idee war, wird bis heute kritisch diskutiert. Sie hat einerseits sicherlich geholfen, ein umfassendes Bild über die Gräueltaten des Apartheidregimes zu bekommen, andererseits gerieten die Rechte der Opfer dadurch in den Hintergrund, und Grundprinzipien einer demokratischen Strafjustiz wurden außer Kraft gesetzt.

Natascha Zupan sagt, dass in jüngerer Zeit die Frage nach Transitional Justice in Friedensprozessen meist mit der Formel gelöst wird, dass die *Hauptverantwortlichen* belangt werden (»the most responsible will be held accountable«). Wie weit das gehen kann, komme immer auf die Machtkonstellation am Verhandlungstisch an. Insofern sei jede Wahrheitskommission und jeder Versöhnungsprozess immer ein Kompromiss und nie perfekt. Bei den Vereinten Nationen wird aktuell darüber diskutiert, ob Minimalstandards für Wahrheitskommissionen und klare Kriterien für mögliche Amnestien eine gute Grundlage wären, um in künftigen Friedensprozessen einen zu einfachen Ausweg für Täter:innen am Verhandlungstisch zu verhindern.

## Es braucht eine starke Zivilgesellschaft

Eine Erkenntnis lässt sich aus den Erfahrungen der letzten Jahrzehnte auf jeden Fall gewinnen: Aussöhnungsprozesse müssen von unten kommen, sie brauchen eine starke Zivilgesellschaft, die eine Auseinandersetzung mit der Vergangenheit einfordert und sich ganz aktiv an der Aufarbeitung beteiligt. Nach den Kriegen auf dem Gebiet des ehemaligen Jugoslawien gab es zum Beispiel eine Initiative für eine Wahrheitskommission, die jedoch auf der ganzen Linie gescheitert ist, weil die Zivilgesellschaft zu schwach und fragmentiert war.

Natascha Zupan nennt als anderes, älteres Beispiel auch Spanien. Der Spanische Bürgerkrieg Ende der 1930er-Jahre war einer der blutigsten in Europa. 1975 kamen dann das Ende der Diktatur unter General Franco und der Übergang zu demokratischen Wahlen. Die demokratische Transformation, so Zupan, habe gut funktioniert. Doch auf gesellschaftlicher Ebene gebe es noch heute eine tiefe Spaltung zwischen Frankist:innen und Republikaner:innen, und die Gräuel des Krieges seien noch lange nicht aufgearbeitet. Noch immer begehen die Faschist:innen alljährlich und in aller Öffentlichkeit Francos Todestag, während auf der anderen Seite über 100 000 Opfer der Diktatur noch immer anonym verscharrt in Massengräbern liegen, die erst jetzt langsam geöffnet werden. Die juristische Aufarbeitung der Diktatur wurde dadurch erschwert, dass 1977 ein Amnestiegesetz beschlossen wurde. Vor allem aber fehlt es bis heute an einer entschlossenen zivilgesellschaftlichen Anstrengung, den Bürgerkrieg und die Diktatur aufzuarbeiten.

Das positive Gegenbeispiel für eine gute Einbindung der Zivilgesellschaft ist Gambia. Das kleine Land in Westafrika wurde 22 Jahre brutal von dem Diktator Yahya Jammeh regiert. Erst 2017 musste er – unter massivem, auch militärischem Druck des großen Nachbarn Senegal – zurücktreten. Es folgten demokratische Wahlen, und die neue demokratische Regierung unternahm gleich mehrere Schritte im Sinne einer Transitional Justice, darunter die Erarbeitung einer neuen Verfassung und die Einrichtung einer Wahrheitskommission zur Aufarbeitung der Verbrechen unter der Diktatur. Die Kommission hielt an unglaublichen 872 Tagen öffentliche Anhörungen ab und vernahm insgesamt 393 Zeug:innen, alles live über Fernsehen, Radio und YouTube bis in den letzten Winkel des Landes übertragen.

Am Ende sprach die Wahrheitskommission über 200 Empfehlungen aus, die fast alle Bereiche des öffentlichen Lebens betrafen: von der Strafverfolgung und/oder Entfernung von Täter:innen aus dem Staatsdienst über Gesetzesänderungen zur Pressefreiheit bis zur Einrichtung von Gedenktagen und der finanziellen Entschädigung von Opfern. Fast alle Empfehlungen wurden von der gambischen Regierung angenommen.[10]

Möglich wurde diese tiefgreifende Veränderung in Gambia durch die Beteiligung sehr vieler Menschen an dem Prozess. Mobilisiert durch die öffentlichen Anhörungen der Wahrheitskommission und unterstützt von internationalen Geldgebern, entstanden auf lokaler Ebene viele Initiativen. Ähnlich wie einst in Kabul entstand auch in Gambia ein Museum, das »Memory House«, mit dem Ziel, »das Unsichtbare sichtbar zu machen«, wie die Leiterin des Museums es nennt.[11]

Die Rolle der internationalen Gemeinschaft in Aufarbeitungsprozessen ist umstritten. Unter Fachleuten wird oft die Kritik geäußert, dass externe Player oft an den tatsächlichen Verhältnissen eines Landes oder einer Gesellschaft vorbei agieren. Und es stimmt: Ohne ein genaues Wissen um die feinen Schattierungen in den jeweiligen Gesellschaften und um tiefer liegende Konflikte können von außen initiierte Prozesse völlig an den Menschen vorbeigehen. Eine nachhaltige Aussöhnung kann nur funktionieren, wenn die Auseinandersetzung mit der Vergangenheit aus der Mitte der Gesellschaft kommt. Internationale Akteure können helfen, Prozesse finanzieren, Erfahrungen aus anderen Nachkriegsgesellschaften anbieten, aber sie sollten immer nur Unterstützende und nicht Motor eines Versöhnungsprozesses sein.

## Aufarbeitung braucht Zeit

Der Begriff Transitional Justice deutet eine zeitliche Begrenzung an, ein Konzept für den Übergang von der einen Gesellschaftsform in eine andere oder von einem Krieg in eine neue Friedensordnung. Es gibt tatsächlich einige formale Schritte, die schnell umgesetzt werden können und müssen. Aber ein klar definiertes Ende finden solche Übergänge kaum. Selbst bei vorbildlichen Aussöhnungsprozessen dauert es, bis die tiefen Wunden der Vergangenheit eine Chance auf Heilung haben. Es braucht viel Zeit, um verlorenes Vertrauen wieder aufzubauen. Und es dauert in der Regel viele Jahre, bis eine Kultur des Schweigens durchbrochen werden kann, bis eine Gesellschaft überhaupt bereit ist, sich den Gräueltaten der eigenen Geschichte zu stellen.

Auch in Deutschland dauerte es mehr als zwanzig Jahre. Es waren die Kinder der Tätergeneration, die Ende der 1960er-Jahre aufbegehrten und unbequeme Fragen stellten. Bis dahin gab es Kontinuitäten an der Spitze von Politik und Sicherheitsapparat, hochrangige Nazischergen durften weiter Richter oder sogar Ministerpräsident werden. Kontinuitäten, die bis in die heutigen Tage hineinwirken. Wenn wir an den Völkermord der Deutschen an den Herero und Nama in Namibia denken, dann dauerte es sogar hundert Jahre, bevor erste zaghafte Versuche einer Aufarbeitung überhaupt denkbar wurden – und auch das erst nach starkem Druck aus der Zivilgesellschaft.

Auch wenn es lange dauert: Wenn die Wunden nicht geschlossen und Gerechtigkeit nicht hergestellt wird, dann ist der nächste Krieg vorprogrammiert. Transitional Justice ist ein ganz wichtiger Baustein, um Konflikte in Nachkriegsgesellschaften zu entschärfen und einen dauerhaften, stabilen Frieden zu ermöglichen.

# Lokale Konfliktbearbeitung

Auch große Kriege fangen nicht selten klein an. Fehden zwischen Dorfgemeinschaften können einen Flächenbrand entfachen, wenn dahinter größere Konfliktlinien stehen. Deshalb sollte man sie nie unterschätzen und immer auch nach dem größeren Zusammenhang suchen, in dem sie möglicherweise stehen. Wenn es gelingt, die Konflikte früh genug zu erkennen und lokal beizulegen, dann könnte der Flächenbrand verhindert werden.

Am Beispiel des Südsudan konnte ich das einmal miterleben, fast in Echtzeit. Ende 2010 fuhren wir mit einer kleinen Gruppe von Bundestagsabgeordneten der Linksfraktion in den Südsudan, um uns ein Bild von der Lage vor Ort zu machen. Wobei es den Südsudan als eigenständiges Land damals noch gar nicht gab, seine Abspaltung vom Sudan stand erst kurz bevor, als Ergebnis eines umfassenden Friedensabkommens nach einem sehr langen, sehr blutigen Bürgerkrieg des christlich geprägten Südens gegen die muslimische, arabisch dominierte Zentralregierung. Im Juli 2011 war es dann so weit, Südsudan wurde unabhängig. Wir fuhren kurz zuvor dorthin, weil es weltweit die große Befürchtung gab, dass rund um den Unabhängigkeitsprozess der Krieg mit dem Norden wieder ausbrechen könnte.

Wir sprachen mit vielen Politiker:innen und Nichtregierungsorganisationen sowohl im Norden wie im Süden – und kamen mit einer völlig anderen Befürchtung zurück:

Der Krieg drohte gar nicht so sehr zwischen Nord und Süd, sondern vor allem innerhalb des Südsudan. Dort standen alle Zeichen auf Sturm, ein weiterer Bürgerkrieg, diesmal im neuen Land, drohte. Alle Konflikte und Widersprüche innerhalb des Südens waren lange übertüncht worden vom gemeinsamen Kampf gegen die verhasste Zentralregierung in Khartum. Mit der Gründung des eigenen Staates gab es keinen äußeren Feind mehr, der lange als Kitt gedient hatte für die eigene Gesellschaft. Einer Gesellschaft, in der nach über zwanzig Jahren Bürgerkrieg voller Gewalterfahrungen die Schwelle zur Gewaltanwendung sehr, sehr niedrig lag. Und in dem praktisch jeder Haushalt über Schusswaffen verfügte.

Viele der Konflikte im Südsudan haben ihren Ursprung im Lokalen, existieren schon seit Langem und gehen auf Probleme lange vor dem Bürgerkrieg zurück. Oft zwischen unterschiedlichen ethnischen Gruppen, häufig geht es dabei um Land, Vieh oder existenzielle Ressourcen wie Wasser. Oder auch um Macht und Einfluss in der Gemeinde. Traditionell konnten solche Konflikte mit gut eingespielten Mechanismen gelöst werden, mithilfe der Dorfältesten zum Beispiel. Im Zuge des Bürgerkrieges waren diese Mechanismen vielerorts zerstört worden oder nur noch eine vage Erinnerung, ersetzt durch den schnellen Griff zur Waffe als Mittel einer vermeintlichen Problemlösung.

Aber es hat sie einmal gegeben, diese althergebrachten Konfliktlösungsmechanismen – und genau hier können Konzepte der zivilen Konfliktbearbeitung ansetzen und sie wiederbeleben und weiterentwickeln. Ein Beispiel dafür, wie das gut funktionieren kann, hörten wir vor Ort von der Organisation »Nonviolent Peaceforce«. Sie ist weltweit eine der wichtigsten Organisationen im Bereich der zivilen Konfliktbearbeitung, vor deren Arbeit ich bis heute allergrößte Hochachtung habe.

In einer sehr armen Region des Südsudan, Western Equatoria, gab es seit Langem Konflikte zwischen der Ackerbau betreibenden Gruppe der Mundri und den nomadischen Viehhaltern der Mundari. Diese Konflikte waren früher eher saisonal aufgetreten. Nach dem Bürgerkrieg flammten sie immer häufiger auf und wurden sehr viel gewaltvoller ausgetragen. Daraufhin wandte sich eine kleine sudanesische Organisation an die Nonviolent Peaceforce mit der Bitte um Hilfe. Innerhalb von zwei Monaten gelang es, Vertreter der Mundri und der Mundari an einen Tisch zu bringen. Nach langer Diskussion einigten sich die beiden Gruppen und traten gemeinsam vor ihre Dorfgemeinschaften, um für eine friedliche Koexistenz zu werben. Ermöglicht wurde die Mediation von afrikanischen Fachkräften, die durch Nonviolent Peaceforce ausgebildet worden waren.

Eine sehr ähnliche Geschichte spielt ganz im Süden des Südsudan in der Kleinstadt Yei, kurz vor der Grenze zur Demokratischen Republik Kongo. Dort in Yei arbeitet die Organisation Reconcile mit ganz ähnlichen Prinzipien wie die Nonviolent Peaceforce. Die Leiterin, Milcah Lalam, schilderte uns den drastischen Fall zweier Dörfer, bei denen sie gerade – erfolgreich – einen Friedensprozess abgeschlossen hatten. Seit Jahrzehnten hatten die Dorfgemeinschaften in enger Feindschaft nebeneinandergelebt. Immer wieder war es zu gegenseitigen Angriffen gekommen, wurden Vieh, Kinder und Frauen geraubt. Auch das war schon ein unvorstellbarer Zustand, der dann aber extrem eskalieren sollte. Die Männer des einen Dorfes überfielen das Nachbardorf und töteten dort 93 Frauen und Kinder. Das hatte es vorher noch nicht gegeben. Es drohte ein Rachefeldzug und damit eine nicht endende Spirale der Gewalt. In dieser Situation baten die Frauen des einen Dorfes Reconcile um Hilfe. Sie brachten die Frauen beider Dörfer zusammen und schafften es im Laufe eines Jahres, eine Versöhnung der ehemals verfeindeten Dorfgemeinschaften zu erreichen. Ein weiteres Beispiel dafür, welche wichtige Rolle Frauen in Friedensprozessen spielen.

## Frieden mit der Yogamatte

Es gibt so viele wunderbare Beispiele dafür, wie die zivile Konfliktbearbeitung auf der lokalen Ebene Erfolge erzielen kann. Dahinter stehen sehr durchdachte Konzeptionen, die von Organisationen wie »Nonviolent Peaceforce« oder auch den »Peace Brigades International« weltweit entwickelt, propagiert und eingesetzt werden. In der Fachliteratur wird das heute als »ziviles Peacekeeping«, »Unarmed Civilian Protection« oder »lokale Konfliktbearbeitung« bezeichnet. Das Prinzip basiert auf einer simplen Erkenntnis: Konflikte gibt es immer und überall. Sie sind unvermeidbar und auch gar nicht unbedingt schlecht. Im besten Fall können sie sogar produktiv sein. Es kommt nur darauf an, sie gewaltfrei zu bearbeiten.[1]

Das Konzept der zivilen Konfliktbearbeitung wird auch von der Bundesregierung unterstützt, die mit dem Zivilen Friedensdienst (ZFD) und dem Zentrum für Internationale Friedenseinsätze (ZIF) gleich zwei Einrichtungen finanziert, die Friedensarbeiter:innen ausbilden und international einsetzen. Obwohl das Konzept mittlerweile im Herzen der Macht angekommen ist, wird es dort gern immer wieder lächerlich gemacht. Im politischen Berlin gibt es leider einige, die bei dem Ruf nach zivilen Wegen der Konflikttransformation schnell den Spruch raushauen, dass man mit einer Yogamatte unterm Arm den Islamischen Staat auch nicht vom Frieden überzeugen könne. Hahaha, alles lacht – und redet nur noch über Waffen. Ziel erreicht, auf Kosten eines wirklich wertvollen Instrumentes der Friedensförderung. Wer Konflikte nur noch militärisch sehen kann, hält alles andere für Voodoo oder naiv.

Im Kern stimmt der Witz natürlich: Mit einer Yogamatte unterm Arm würde ich mich auch nicht zum IS oder zu Wladimir Putin begeben. Diese böse Pointe übersieht jedoch eines: Jeder Konflikt ist anders, jeder Krieg oder Bürgerkrieg, jede Gewalteskalation hat ihre jeweils eigenen Gründe und damit auch ihre jeweils eigenen Lösungen. Es gibt nicht *die eine* Zauberformel, nicht *den einen* allumfassenden Ansatz der zivilen Konflikttransformation, mit dem alle Konflikte angegangen werden könnten, kein one-size-fits-all. Im Russland-Ukraine-Krieg ergibt ein lokaler Ansatz überhaupt keinen Sinn, im Südsudan hingegen schon. Ich bin fest davon überzeugt, dass es in – fast – jedem Konflikt Möglichkeiten gibt, mit zivilen Mitteln eine Gewaltspirale zu stoppen. Dieses Buch ist voll mit Beispielen, wie es gehen könnte, mal im Großen und mal im Kleinen. Welche Möglichkeiten das im Einzelfall sind, dafür bedarf es einer sehr genauen Analyse der jeweiligen Situation und darauf abgestimmter Maßnahmen, um wirklich erfolgreich sein zu können.

Ein wesentliches Merkmal der zivilen lokalen Konfliktbearbeitung ist ihr präventiver Charakter: Sie versucht, einen konkreten Konflikt vor Ort zu deeskalieren und damit den Ausbruch von Gewalt zu verhindern. Wenn sie erfolgreich ist, bekommt das in der Regel kaum jemand mit, denn Frieden ist keine Nachricht, leider. Während der Corona-pandemie haben wir alle diesen Satz gelernt: »There is no glory in prevention«, erfolgreiche Vorsorge bringt dir keinen Ruhm, denn niemand bekommt es mit, egal wie viele Menschenleben du vielleicht dadurch gerettet hast. Das gilt leider auch für die zivile Konfliktbearbeitung und Krisenprävention. »There is no glory in civilian crisis prevention.«

## Was heißt hier zivil?

Die Konzepte der lokalen Konfliktbearbeitung haben Einzug in staatliche Programme gehalten, trotz aller Yogamatten-Häme. Allerdings gibt es dort auch einen gewissen Etikettenschwindel, und manchmal wird das »zivil« nur draufgeklebt, um militärische Ansätze für die Öffentlichkeit etwas abzumildern. Seit vielen Jahren verfolgt die Bundesregierung in ihrer Sicherheitspolitik einen »vernetzten« Ansatz mit einer engen zivil-militärischen Zusammenarbeit, in der Auslandseinsätze der Bundeswehr, zivile Konfliktbearbeitung und auch Entwicklungshilfe eng aufeinander abgestimmt werden. Das Verwischen dieser Grenze zwischen zivil und militärisch ist gefährlich, nicht nur für die politische Debatte und die Entwicklung sinnvoller Konfliktlösungen, sondern auch ganz praktisch vor Ort: Wenn eine Mediatorin oder ein Entwicklungshelfer als verlängerter Arm einer Armeeoperation gesehen werden, verlieren sie ihre Glaubwürdigkeit und können auch schnell ins Fadenkreuz bewaffneter Milizen geraten.

Über die Frage, was denn alles »zivil« sei und was nicht, gibt es sehr verschiedene Auffassungen. Die einen würden sogar noch eine Militärausbildung darunter fassen, die anderen den Begriff einzig und allein auf Nichtregierungsorganisationen beschränken. In pazifistischen Kreisen hat sich eine sehr klare Definition durchgesetzt, die auch aus meiner Sicht die einzig sinnvolle ist: Zivil heißt gewaltfrei. Militär ist damit per se ausgeschlossen.

## Von Chicago bis auf die Philippinen

Wie das dann vor Ort genau aussieht, welche Methoden tatsächlich funktionieren, das hängt wie gesagt sehr von dem jeweiligen Konflikt ab, wie uns die folgenden zwei Beispiele aus ganz unterschiedlichen Weltgegenden zeigen sollen. Zwei Mutmachgeschichten, die das große Potenzial der lokalen Konfliktbearbeitung aufzeigen. Für solche Beispiele müssen wir auch gar nicht immer auf den globalen Süden schauen. In den USA zum Beispiel sind Verwundungen durch Schusswaffen die häufigste Todesursache für Kinder und Jugendliche. Im Jahre 2023 wurden 17 297 Menschen in den USA erschossen.[2] In benachteiligten Stadtvierteln sind die Gangs erstarkt und liefern sich blutige Revierkämpfe. Auch wieder mit der Logik Auge um Auge, jede:r Tote wird gerächt und zurückgerächt. Um diesen Teufelskreis zu durchbrechen, wurde vor gut zwanzig Jahren in Chicago »CeaseFire« gegründet, heute unter dem Namen »Cure Violence« bekannt. Sie arbeiten nach einem einfachen Prinzip: Ihre Mitarbeitenden waren früher selbst Gangleader, viele saßen auch länger im Knast. Und sie kommen direkt aus den Vierteln, in denen sie arbeiten. Sie haben das, was man »Street Credibility« nennt, die Glaubwürdigkeit auf der Straße. Sie sind auch von den harten Jungs geachtet, sie sprechen ihre Sprache, haben eine ähnliche Geschichte. Ihr Ziel ist es, die Normen zu verschieben, weg von einer Normalisierung der Gewalt hin zu einer Ächtung. Sie arbeiten mit der Methode der direkten Intervention: Wenn es in ihrem Viertel eine Schießerei gibt, sind sie da. Sie schauen, wer war dabei, wer denkt jetzt an Rache, bei wem könnte eine Intervention die Gewaltspirale hier und jetzt durchbrechen. Ihr Fokus liegt auf dem einen Ziel: Gewalt zu ächten, Tote zu reduzieren. Und die Statistiken geben ihnen recht, das National Institute of Justice stuft ihre Arbeit als »vielversprechendes« Programm ein.[3]

Das zweite Beispiel kommt aus Asien. Auf der Insel Mindanao im Süden der Philippinen gab es seit Jahren militante Auseinandersetzungen zwischen der muslimischen Minderheit und den Regierungstruppen, über hunderttausend Menschen haben in dem Konflikt ihr Leben verloren. Im Kapitel über Friedensverhandlungen haben wir uns den Konflikt auf Mindanao schon näher angeschaut. »Nonviolent Peaceforce« (NP) ist dort seit Jahren aktiv und von allen Seiten als eine neutrale Kraft akzeptiert und respektiert. Trotz des Friedensabkommens von 2014 flammt bis heute die Gewalt im Süden Mindanaos immer wieder auf. NP hat einen Beobachterstatus im Friedensprozess und in verschiedenen Orten der Insel ein Frühwarnsystem aufgebaut, um schnellstmöglich auf lokale Gewalttätigkeiten reagieren zu können.

Eines frühen Morgens im August 2021 erreichte sie die Nachricht, dass Dorfbewohner:innen rund hundert Bewaffnete entdeckt hätten, die sich auf ihr Dorf zubewegten. Ein NP-Team machte sich auf den Weg, um die Situation vor Ort einzuschätzen. Dahinter stand offenbar ein Konflikt zwischen zwei lokalen Kommandeuren der ehemaligen Aufständischen, die jeweils einzelne Dörfer der Region kontrollierten, sich aber immer wieder gegenseitig Land abspenstig machen wollten. Es kam tatsächlich zu einem Feuergefecht am Rande des Dorfes, viele Zivilpersonen waren zwischen die Fronten geraten. Da Nonviolent Peaceforce über die Jahre mit allen Akteuren der Region ein Vertrauensverhältnis aufgebaut hatten, konnten sie sich mitten hinein in das Gefecht begeben und eine sichere Evakuierung der Zivilbevölkerung erreichen. Anschließend waren sie Teil einer lokalen Waffenstillstandskommission, um künftige Eskalationen in der Region zu vermeiden.[4]

Das ist nur eine von vielen Geschichten aus Mindanao, wo Nonviolent Peaceforce seit Beginn seiner Arbeit im Jahre 2007 einen ganz entscheidenden Anteil daran hatte, dass es zu einem Friedensschluss kam und dass er bis heute stabil bleibt.

## Eine Frage der Gerechtigkeit

Im letzten Kapitel hat das Beispiel aus Poso in Indonesien gezeigt, wie eng lokale Konflikte am anderen Ende der Welt manchmal mit unserer Lebensweise hier in Deutschland verknüpft sind. Die aktuellen Konflikte dort haben viel mit dem Hunger der Autoindustrie auf Nickel zu tun – und das wiederum mit dem Hunger des Kapitalismus nach Wachstum und unserem Hunger nach Autos. Das gilt sicherlich für sehr viele als »lokal« gesehene Konflikte. Streitigkeiten um Landnutzung haben ihre Ursache oft darin, dass internationale Konzerne sich die besten Böden unter den Nagel gerissen haben und für die lokale Bevölkerung nur noch klägliche Reste übrig bleiben. Oder im ausbleibenden Regen infolge des Klimawandels, der wiederum maßgeblich von den reichen Industriestaaten ausgelöst wurde. Im Kapitel »Krieg beginnt hier« werden wir uns die Konflikt- und Kriegsursachen, die ihren Ursprung hier bei uns in Deutschland und Europa haben, noch näher anschauen.

Auch hier gilt wieder: Wer Frieden bewahren will, muss für *Gerechtigkeit* sorgen. Andernfalls bleiben alle Versuche einer lokalen Konfliktbearbeitung reine Trostpflaster, die schon im Ansatz scheitern müssen. Wobei es falsch wäre, einen Gegensatz zwischen lokalen und globalen Ansätzen zur Lösung von Konflikten aufzubauen. Es braucht beides und kann sich im Idealfall gegenseitig befruchten und ergänzen. Die lokale Konfliktbearbeitung ist eine kurzfristige Intervention, um akute Gewalt zu verhindern. Sie ist wichtig und notwendig, um konkret und schnell Leben zu retten und ein friedliches Zusammenleben zu ermöglichen. Dabei geht es nicht um die grundsätzliche Verhinderung von Konflikten – Konflikte sind immer und überall, sie sind nicht das Problem. Sie werden erst dann zum Problem, wenn sie nicht bearbeitet werden und in Gewalt eskalieren. Insofern steht die Deeskalation im Zentrum der lokalen Krisenprävention.

Gleichzeitig wird eine Lösung lokaler Konflikte nur von Dauer sein, wenn auch die *strukturellen* Konfliktursachen beseitigt werden, auch die globalen. Gerechte Rohstoffpreise, gerechte Arbeitslöhne, weniger Autos und Klimagase – dafür zu streiten und dafür auch hier bei uns zu streiten, im Herzen der Macht, kann ein wichtiger Beitrag für den Frieden in der Welt sein. Eine politische Eskalation, die am Ursprung der Konflikte ansetzt. Um es ganz konkret zu machen: Im indonesischen Poso ist es richtig und für viele Menschen überlebenswichtig, die lokalen Konflikte zu deeskalieren. Aber einen dauerhaften Frieden wird es in Poso erst geben können, wenn die Nickelminen keine Konfliktursache mehr darstellen. Hier in Europa sitzen wir nicht alle im gleichen Boot und haben das gleiche Interesse an einer friedlichen Lösung in Indonesien – die Autoindustrie hat dieses Interesse nicht, sie hat Interesse am Nickel und sie bezeichnet Indonesien ausdrücklich als »strategischen Punkt«. Da haben wir hier einen Konflikt mit der Autoindustrie. Um ihren Einfluss einzuschränken, müssten wir diesen Konflikt bei uns in Deutschland wohl offensiv führen.

Auf Nickel kommen wir übrigens später noch einmal zurück, und das ist kein Zufall. Im Kapitel über Sanktionen gehen wir der Frage nach, warum nun ausgerechnet der größte Nickelproduzent Russlands nicht sanktioniert wird. Die Antwort wird Sie nicht überraschen: Auch in diesem Fall sind Nickel und die Interessen der Autoindustrie wichtiger als eine friedliche Lösung.

## Prävention beginnt hier

Wenn die Ursachen für Krieg und gewaltförmige Konflikte oftmals hier bei uns liegen, dann liegt auf der Hand, dass der Frieden auch von uns ausgehen muss. Manchmal kann das sehr konkret sein. Wir haben die absurde Situation, dass die Bundesregierung in bestimmten Ländern Maßnahmen der zivilen Krisenprävention finanziert – und gleichzeitig Waffenexporte in eben diese Länder genehmigt. Panzerwaffen nach Peru, Panzer nach Indonesien, Panzerteile nach Ägypten – das alles wurde in der Vergangenheit genehmigt, während in diesen Ländern gleichzeitig auch die zivile Konfliktbearbeitung finanziert wurde. Ein Zustand, der sich auch unter der aktuellen Regierung nicht geändert hat. Im Dezember 2023 musste die Bundesregierung zum Beispiel zugeben, in Pakistan mit vielen Millionen Euro die zivile Krisenprävention zu unterstützen und gleichzeitig Rüstungsexporte in Höhe von 2,4 Millionen Euro nach Pakistan genehmigt zu haben.[5] Auf der einen Seite Waffen liefern und auf der anderen zu glauben, die damit befeuerten Konflikte ließen sich mit lokaler Friedensarbeit wieder einfangen – das kann nicht funktionieren. Ein recht naheliegender und simpler Weg der zivilen Konfliktbearbeitung wäre es, schlicht und einfach keine Waffen mehr in Konfliktgebiete zu exportieren.

Damit die lokale Konfliktbearbeitung überhaupt eine Chance auf Erfolg hat, braucht es ausgebildete Expert:innen mit Kenntnis der lokalen Gegebenheiten, und davon sehr viel, für all die kleinen Orte mit ihren lokalen Konflikten. Im Sudan fanden wir damals leider genau das Gegenteil: Es gab einen Mitarbeiter des deutschen Zivilen Friedensdienstes in einem kleinen Dorf in den Nuba-Bergen an der Grenze zwischen Sudan und Südsudan. Er hat dort fünf Jahre gelebt und in dieser Zeit ein vertrauensvolles Verhältnis zur Dorfgemeinschaft aufgebaut – eine wesentliche Voraussetzung für jegliche Zusammenarbeit. Nach und nach konnte er durch Gespräche mit den Dorfautoritäten und den verschiedenen ethnischen Gruppen dazu beitragen, dass gewaltfreie Konzepte der Konfliktbearbeitung entwickelt und Konflikte gelöst wurden, bevor sie weiter eskalierten und gewalttätig wurden. Lokale Konfliktbearbeitung at its best.

Leider war er einer von nur insgesamt fünf (in Zahlen: 5!) ZFD-Kräften im Land – die alle zudem abgezogen werden sollten, aus Kostengründen. In einer Situation, in der der kommende Bürgerkrieg an jeder Ecke zu spüren war, war der Bundesregierung die Finanzierung der letzten fünf Friedensfachkräfte zu teuer. Das ist so ziemlich das komplette Gegenteil einer friedensorientierten Außenpolitik.

Allerdings: Damals hätte es nicht fünf oder fünfzig gebraucht, sondern Hunderte. Mindestens. Die wiederum erst mal ausgebildet werden müssen. Menschen aus der Region für die Region. Es ist dringend und wichtig, entsprechende

Ausbildungskapazitäten in den konfliktreicheren Regionen aufzubauen, und zwar in großer Anzahl. Natürlich bilden Organisationen wie Nonviolent Peaceforce und viele andere auch aus, sonst könnten sie ihre Arbeit in den verschiedenen Regionen gar nicht durchführen. Aber das reicht bei Weitem nicht aus. Auch im Sudan hatte es nicht gereicht. Es dauerte dann tatsächlich nicht lange, bis nach der Unabhängigkeit 2011 im Südsudan ein Bürgerkrieg ausbrach, der das vom Krieg schon so gebeutelte Land noch weiter in den Abgrund zog. Hätten viele, viele, viele Friedensfachkräfte, in jedem Dorf und jeder Provinz, das verhindern können? Ich weiß es nicht – doch eine Chance wäre es gewesen. Eines weiß ich aber sicher: Die dort stationierten Bundeswehrsoldaten haben den Krieg nicht verhindert.

Neben den lokalen Friedensfachkräften braucht es immer wieder auch internationale Akteure, je nach Situation. Eine Organisation im Südsudan schilderte uns dafür ein ganz drastisches Beispiel: Im Bürgerkrieg dort wurden und werden viele Frauen von Milizionären vergewaltigt, wenn sie den Schutz des Dorfes verlassen, um Holz zu holen. Kein Holz zu holen, ist aber auch keine Option, da sie und ihre Familien sonst verhungern. Eine Lösung bestand einfach darin, dass die Frauen beim Holzholen von internationalen, hier ausdrücklich weißen Frauen begleitet wurden. Ihre bloße Anwesenheit suggerierte internationale Beobachtung und reichte aus, die Milizionäre von Angriffen abzuhalten. Schutz durch Präsenz – das ist seit Jahrzehnten das Konzept von Peace Brigades International in vielen Ländern der Welt, die damit auch Menschenrechtsverteidiger:innen vor staatlicher Gewalt beschützen.

Hier zeigt sich, wie die Wirksamkeit der gewaltfreien Friedensarbeit auf ganz unterschiedlichen Faktoren beruht.

Einer davon ist »die Welt schaut zu«. Für politisch motivierte Gewalttäter hat ihr Ansehen in der Welt eine zentral wichtige Bedeutung, denn aus ihrer Sicht stehen sie ja für das Gute und Richtige. Sie scheuen daher oft davor zurück, Gewalttaten vor den Augen der Weltöffentlichkeit zu begehen. Deshalb ist es richtig und wichtig, auch den deutschen Zivilen Friedensdienst massiv auszubauen, so wie es Anfang 2023 das »Forum Ziviler Friedensdienst« gefordert hat. Das Forum ist ein Zusammenschluss vieler größerer und kleinerer Organisationen, der sich sowohl politisch engagiert als auch eigene Projekte durchführt. Das Forum schlug vor, in den kommenden Jahren den Zivilen Friedensdienst von rund 400 auf 1000 Friedensfachkräfte auszubauen und auch an den deutschen Botschaften entsprechende Stellen einzurichten.[6]

# UN-Blauhelme: Wenn das Vertrauen auf dem Nullpunkt ist

»Diese Tragödie wird die Geschichte der Vereinten Nationen für immer verfolgen.«[1] Das sagte niemand Geringerer als der frühere UN-Generalsekretär Kofi Annan. Und er hatte recht. Die Rede ist von Srebrenica und den UN-Blauhelmsoldaten, die die ihnen anvertrauten Menschen nicht schützen konnten. Am Ende waren 8000 Menschen tot, vor allem Jungen und Männer.

Das Drama nahm 1992 seinen Lauf. Nach dem Zusammenbruch Ex-Jugoslawiens entbrannte der Bosnien-Krieg. Auf der einen Seite die Aggressoren, bosnische Serb:innen, unterstützt von der serbischen Republik unter Slobodan Milošević, auf der anderen Seite muslimische Bosniak:innen, die militärisch hoffnungslos unterlegen waren. 1993 beschlossen die Vereinten Nationen, Schutzzonen für die bosnische Bevölkerung einzurichten, um die »ethnischen Säuberungen« zu verhindern. Eine davon war in Srebrenica, ganz im Osten Bosniens, eine Enklave inmitten serbisch kontrollierter Gebiete. Eine Enklave, die bald zu einem tödlichen Kessel werden sollte.

Bis zum Juli 1995 hatten sich mehrere Zehntausend Bosniak:innen dorthin geflüchtet. Zu ihrem Schutz waren gerade mal 400 UN-Blauhelme abgeordnet. Aber leider reichten in dieser Situation die Augen der Weltöffentlichkeit nicht aus, um die Gewalttäter abzuschrecken. Als die bosnischen Serben im Juli 1995 die Stadt angriffen, gab es keine Verteidigung, keinen Schutz. Die vollkommen unterlegenen Blauhelme hatten dem Ansturm nichts entgegenzusetzen und mussten mit zusehen, wie die serbischen Truppen 8000 muslimische Jungen und Männer selektierten und abtransportierten. Sie wurden später alle systematisch umgebracht. Ein Völkermord, wie später das Internationale Kriegsverbrechertribunal befand.

Ikonisch ist das Foto, auf dem der UN-Kommandeur und der Anführer der serbischen Mördertruppen sich mit einem Glas in der Hand gegenüberstehen.[2] Die UN als Kollaborateure beim Genozid, so war vielfach die Deutung. Die falsch ist, aber dazu später mehr. In jedem Fall ist Srebrenica ein UN-Einsatz, der so fatal gescheitert ist, dass durch ihn praktisch alle Blauhelmeinsätze der Vereinten Nationen in Verruf geraten sind. Zu Unrecht, wie ich finde.

## Die Anfänge der Blauhelme: Den Frieden sichern

Um das Scheitern der UN-Blauhelme in Srebrenica zu verstehen, müssen wir viele Jahre zurückgehen, bis ins Jahr 1948. Damals nahm die Geschichte der UN-Friedensmissionen ihren Anfang, und zwar im Nahen Osten.

Mit der Gründung des Staates Israel am 14. Mai 1948 kam es zu heftigen Kämpfen in der Region. Der UN-Sicherheitsrat nahm sich der Sache an und forderte alle Beteiligten zu einer sofortigen Waffenruhe auf. In Artikel 6 der Resolution Nummer 50 vom 29. Mai 1948 heißt es wörtlich: Der Sicherheitsrat »instruiert den UN-Mediator für Palästina, die Einhaltung dieser Resolution zu überwachen, und entscheidet, dass er mit einer ausreichenden Anzahl an Militärbeobachtern ausgestattet wird«.[3]

Das war die Geburtsstunde der UN-Friedensmissionen, an die bis heute international erinnert wird: An jedem 29. Mai wird der Internationale Tag der Peacekeeper begangen. Ihre erste Mission war noch vollkommen unbewaffnet. Es waren zwar Militärs, die auch uniformiert auftraten, aber das Mandat des Sicherheitsrates sah keinerlei Bewaffnung vor. Später wurde die Mission auf den Namen UNTSO getauft, die »UN Truce Supervision Organisation«, auf Deutsch UN-Waffenstillstands-Überwachungs-Organisation. Unter diesem Namen existiert sie noch heute, mit Sitz in Jerusalem und geleitet von einem schweizerischen General.

Wahrscheinlich war den Mitgliedern des UN-Sicherheitsrates damals gar nicht bewusst, welche bahnbrechende Erfindung sie gemacht hatten. Die UN-Charta kennt solche unbewaffneten Militäreinsätze *nach* einem Friedensschluss oder Waffenstillstand überhaupt nicht. UN-Militärs sind in der Charta nur als Zwangsmaßnahme vorgesehen, gegen einen Aggressor, der den internationalen Frieden bedroht.

Dabei liegt es in der Logik von Krieg und Gewalt, dass jede Art von Vereinbarung einer neutralen Kontrolle bedarf. Wer gerade noch aufeinander geschossen hat, wird nur schwerlich darauf vertrauen, dass das Gegenüber sich tatsächlich an alle Vereinbarungen hält. Wir haben in den vorherigen Kapiteln viel darüber gehört, wie Waffenstillstände oder Friedenschlüsse vereinbart werden können, aber damit ist ja immer nur der erste Schritt gemacht. Die Vereinbarungen müssen dann noch umgesetzt werden und halten, sie müssen kleinere und größere Provokationen überstehen, sie müssen vor Missverständnissen gefeit sein, und es muss verhindert werden, dass die eine oder andere Seite einen

Waffenstillstand dafür nutzt, neue Angriffe vorzubereiten. Dafür braucht es unabhängige Kontrollen und Garanten der Sicherheit – und wer wäre besser dafür geeignet als die Vereinten Nationen?

## Die drei goldenen Prinzipien des Dag Hammerskjöld

Was uns aus heutiger Sicht so naheliegend scheint, brauchte bei den Vereinten Nationen dann doch noch einige Jahre, bis Blauhelme als fester Baustein der UN-Friedenssicherung etabliert waren. Zu verdanken haben wir das einem charismatischen UN-Generalsekretär namens Dag Hammerskjöld. Der Schwede überraschte die Welt im Herbst 1956 mit einer Lösung für die Suez-Krise, die die Vereinten Nationen fast über Nacht von einem wenig beachteten Debattierklub zu einer wichtigen Akteurin der Weltpolitik katapultieren sollte.[4]

Die Suez-Krise begann mit der Verstaatlichung des Suez-Kanals durch den ägyptischen Präsidenten Gamal Abdel Nasser im Sommer 1956. In einer koordinierten Aktion griffen daraufhin Israel, Frankreich und Großbritannien Ägypten an. Israel besetzte den Gazastreifen und die Sinai-Halbinsel. Französische und britische Truppen landeten am Kanal. Alle Zeichen standen auf Krieg – nicht ums Öl, wie so oft in der Region, sondern um eine nicht minder wertvolle Ressource für die Weltwirtschaft: den schnellen Seeweg zwischen Europa und Asien.

Der Sicherheitsrat war gelähmt, denn zwei der Aggressoren, Großbritannien und Frankreich, hatten dort Vetorecht. Daraufhin nahm sich die UN-Generalversammlung in ihrer ersten außerordentlichen Sitzung der Sache an, und es schlug die Stunde des Dag Hammerskjöld. In einem wahren Krimi überschlugen sich in der ersten Novemberwoche 1956 die Ereignisse in der Generalversammlung.

Die Kriegsparteien wurden zu einem sofortigen Waffenstillstand und Rückzug aufgefordert. Dann drängten einige Staaten auf die Überwachung dieser Schritte durch eine Art Polizei. Die Generalversammlung forderte den Generalsekretär auf, einen entsprechenden Plan vorzulegen. Zur Überraschung der gesamten Welt legte Dag Hammerskjöld innerhalb weniger Stunden konkrete Vorschläge und Prinzipien für den Einsatz einer UN-Friedenstruppe vor, die bereits am 5. November 1956 von der UN-Generalversammlung als »United Nations Emergency Force« (UNEF-1) beschlossen wurde.

Ihre Aufgabe war es, den Rückzug der israelischen, französischen und britischen Truppen zu überwachen und danach als Puffer zwischen den ägyptischen und israelischen Militärs neue Eskalationen zu verhindern. Die Truppe war bewaffnet, das Mandat beschränkte den Einsatz der Waffen aber ausdrücklich auf reine Selbstverteidigung. Die UN-Blauhelme bewegten sich mit Zustimmung der ägyptischen Regierung die französischen und britischen Truppen waren nach Hause zurückgekehrt – entlang der Demarkationslinie zu Israel.

Und es klappte. UNEF-1 ist eines der besten Beispiele dafür, wie viel Potenzial in den UN-Friedensmissionen steckt, wie sie Kriege stoppen und viel Tod, Leid und Zerstörung verhindern können. Kaum auszumalen, was 1956 passiert wäre, wenn die Kriegsmaschinerie weitergerollt und die Regierung Nasser von außen gestürzt worden wäre.

Mit dieser Mission wurden ganz praktisch die Grundregeln der Blauhelmeinsätze etabliert, die später als die

Dag-Hammerskjöld-Prinzipien in die Geschichte eingehen sollten:[5] Erstens die Zustimmung aller beteiligten Seiten, zweitens die absolute Unparteilichkeit der UN-Truppe und drittens die Begrenzung der Gewaltanwendung auf reine Selbstverteidigung der Blauhelme.

Srebrenica hat gezeigt, dass diese Prinzipien nicht mehr gelten. Aber bis zum Ende des Kalten Krieges waren es die goldenen Regeln für UN-Friedensmissionen; die immer erst *nach* einem Friedensschluss oder Waffenstillstand eingesetzt wurden, wenn also nicht mehr gekämpft wurde, es eine Vereinbarung gab und eine neutrale Instanz gebraucht wurde, der beide Seiten vertrauen konnten. Sie werden umgangssprachlich als »klassische Blauhelmeinsätze« bezeichnet.

In den Folgejahren beschloss der UN-Sicherheitsrat noch viele weitere Missionen rund um den Globus, von der Dominikanischen Republik über Kongo und Jemen bis nach Pakistan und Indien. Der Waffenstillstand nach dem Iran-Irak-Krieg 1988 wurde auch von einer UN-Blauhelmmission überwacht, der UNIIMOG. Allein in den ersten zwei Monaten ihrer Arbeit bekamen sie – von beiden Seiten der Grenze – über tausend Beschwerden über angebliche Verletzungen der Waffenruhe. Alle wurden untersucht, meistens handelte es sich um Kleinigkeiten. Manchmal waren allerdings doch Schüsse gefallen oder Truppen entgegen den Verabredungen verlegt worden. In jedem einzelnen Fall konnte UNIIMOG erreichen, dass der Vorfall zur Zufriedenheit beider Seiten beigelegt wurde.[6] Auch in Europa gibt es einen Blauhelmeinsatz, der seit mittlerweile sechzig Jahren läuft und als beispielhaft für die klassische Art gilt: auf Zypern.

## Zypern: Die alltägliche Friedensmission

Schon 1964 beschloss der UN-Sicherheitsrat eine Blauhelmtruppe für Zypern, nachdem der Konflikt zwischen den türkisch-zypriotischen und griechisch-zypriotischen Bevölkerungsteilen immer weiter eskaliert war. 1974 folgte eine weitere Steigerung mit dem Einmarsch türkischer Truppen in Nordzypern, die rund ein Drittel der Insel besetzten. Danach wurden ein Waffenstillstand ausgehandelt und eine Pufferzone zwischen den beiden Regionen eingerichtet, die sich 180 Kilometer quer durch die Insel zieht. Diese Pufferzone oder auch »Grüne Linie« wird seitdem von UN-Blauhelmen kontrolliert. Bis heute.

Mittlerweile ist der griechisch-zypriotische Teil der EU beigetreten, der nördliche Teil hat sich als »Türkische Republik Nordzypern« selbstständig gemacht, sie wird völkerrechtlich allerdings nur von der Türkei und sonst niemandem auf der Welt anerkannt. Mehrere Zehntausend türkische Soldaten sind noch immer im Norden der Insel stationiert.

Seit sechzig Jahren fahren die Blauhelme Patrouille auf Zypern, seit fünfzig Jahren gibt es praktisch keine militärischen Kampfhandlungen mehr auf der Insel – da fragt man sich schon, ob diese Friedensmission nach so langer Zeit noch sinnvoll ist.

Einer, der diese Frage mit einem eindeutigen Ja beantwortet, ist Niyazi Kızılyürek.[7] Er stammt aus einer türkisch-zypriotischen Familie und ist seit vielen Jahrzehnten in der Friedensbewegung auf Zypern aktiv. Mittlerweile sitzt er im Europarlament, was auch schon ein Politikum an sich ist, denn das EU-Mitglied Zypern ist ja nur der südliche, fast ausschließlich von griechisch-zypriotischen Menschen bewohnte Teil der Insel.

Aus seiner Sicht gibt es zwei zentral wichtige Rollen für die UN-Blauhelme auf Zypern. Zum einen ist es die alltägliche Deeskalation. Immer wieder kommt es zu kleineren und größeren Konflikten entlang der Grünen Linie. Erst vor Kurzem wollte die türkisch-zypriotische Seite das einzige gemischte Dorf Pile / Pyla, das zum Teil in der Pufferzone liegt, mit einer Straße durch die neutrale Grüne Zone anbinden – ein absolutes No-Go für die andere Seite. Mit Baufahrzeugen wurden kurzerhand UN-Fahrzeuge beiseitegeschoben, Gewalt lag in der Luft. Ohne die Blauhelme als Puffer wären hier die Militärs aus Nord und Süd direkt aufeinandergetroffen. Wenn sich dann im Eifer des Handgemenges ein Schuss löste, wäre eine dramatische Eskalation kaum noch zu stoppen gewesen.

Zudem lauert im Hintergrund immer die Gefahr eines möglichen Stellvertreterkriegs auf der Insel. In den vergangenen Jahrzehnten standen die Türkei und Griechenland mehr als einmal kurz vor einer gewalttätigen Auseinandersetzung – die dann schnell auch auf die Insel hätte übergreifen können. Dass es in den vergangenen fünfzig Jahren nicht zu militärischen Kampfhandlungen gekommen ist, hat sicherlich auch damit zu tun, dass die beiden Parteien sanft, aber bestimmt voneinander getrennt wurden.

Zum Zweiten, so Niyazi Kızılyürek, sind die Blauhelme ganz praktische Unterstützer der zypriotischen Friedensbewegung. Auf beiden Seiten der Pufferzone gibt es Aktivist:innen, die seit Jahrzehnten für Versöhnung und Wiedervereinigung eintreten. Für eine Vielzahl von Aktivitäten braucht es die Blauhelme als praktische Unterstützung: Konferenzen, Konzerte und Begegnungen zwischen den Gruppen an der Grünen Linie wären kaum möglich ohne die Unterstützung durch die UN-Friedenstruppen.

Bei allen positiven Rollen, die den UN-Truppen auf Zypern zugeschrieben werden, ist doch eines völlig klar: Die Blauhelme lösen keine Probleme. Einen Frieden zwischen Nord und Süd werden sie nicht schließen, das können nur die beiden zypriotischen Parteien selbst tun. Aber die Blauhelme können ihnen den Raum und die Zeit dafür verschaffen.

Trotz alledem sind auch die klassischen Blauhelmeinsätze unter Pazifist:innen umstritten, denn am Ende sind es immer noch *militärische* Einsätze. Militär bleibt Militär, egal wie blau der Helm und wie friedlich die Absicht ist. Als grundsätzliche Position kann ich die Ablehnung der Blauhelme nachvollziehen. Doch in Anbetracht realpolitischer Möglichkeiten der Befriedung von Konflikten sieht die Sache für mich anders aus.

Wir reden ja nicht über eine perfekte Welt, sondern über einen Krieg, der auf Zypern tobte. Es wurde geschossen, gestorben und vertrieben, das hörte erst mit dem Waffenstillstand von 1974 auf, der zumindest am Anfang noch sehr fragil war. In einer solchen Situation eine Pufferzone zu haben, die neutral kontrolliert wird, damit die verfeindeten Militärs gar nicht mehr direkt aufeinandertreffen können – das hat das Leben der Menschen auf Zypern sicherlich friedlicher gemacht in den vergangenen fünfzig Jahren. Deshalb finde ich persönlich derartige klassische Blauhelmeinsätze in Einzelfällen wichtig und richtig – wir sollten nicht auf sie verzichten.

Allerdings muss gerade beim Beispiel Zypern die Frage erlaubt sein, ob die Grüne Linie wirklich von Soldat:innen kontrolliert werden muss. Könnten hier nicht auch zivile Blaumützen eingesetzt werden, ohne jegliche Bewaffnung? Gerade wenn der Konflikt deutlich abgekühlt ist, vielleicht auch die Gefahr eines Stellvertreterkriegs ausgeräumt und keine direkte militärische Gewaltanwendung mehr befürchtet werden muss, könnte aus meiner Sicht auf militärisches Personal verzichtet werden.

## Mit dem Ende des Kalten Krieges kamen die »robusten« Einsätze

Insgesamt gesehen sind die klassischen Blauhelmeinsätze ein echtes Erfolgsmodell. Allerdings heißen sie auch deshalb »klassisch«, weil derartige Einsätze heute praktisch nicht mehr neu beschlossen werden.

Mit dem Ende des Kalten Krieges fanden auch sie ein jähes Ende. Das ist aus heutiger Sicht kaum mehr nachzuvollziehen, aber damals gab es diese Stimmung vom »Ende der Geschichte«. Keine globale Konkurrenz, keine Blockkonfrontation mehr, die großen Probleme waren gelöst, man konnte sich jetzt auch anderen Problemen widmen. Übertragen auf die Kriege dieser Welt hieß das: Bürgerkriege. Nicht mehr UdSSR gegen USA, sondern jetzt, so die Idee, könne die Welt sich auch um die lokalen Konflikte kümmern. Die UN sollten dabei eine viel größere Rolle einnehmen: Nicht mehr die beiden Supermächte sollten die Kleineren einhegen, sondern das sollten jetzt die Vereinten Nationen in ihrer Gesamtheit übernehmen.

Es gab nur ein Problem: Bei Bürgerkriegen kommt das Konzept der Blauhelme ganz schnell an seine Grenzen. Denn die Hammerskjöld'schen Regeln funktionieren bei Bürgerkriegen nicht mehr: Wie soll es eine Zustimmung von allen Seiten geben, wenn die eine Seite eine informelle, natürlich von der Gegenseite nicht anerkannte Rebellengruppe ist? Wie kann es Neutralität geben, wenn nur eine

Seite zugestimmt hat? Und wenn die UN-Blauhelme nicht mehr neutral sind und nicht alle Kriegsparteien zustimmen – wie sollen die Blauhelme dann nichtmilitärisch oder nur zur Selbstverteidigung agieren können?[8]

So offensichtlich diese Fragen uns heute erscheinen mögen, sie wurden damals entweder gar nicht erst gestellt oder auf eine katastrophale Art und Weise beantwortet. Die Mitglieder des UN-Sicherheitsrates machten Druck, und der damalige UN-Generalsekretär Boutros Boutros-Ghali lieferte die »Agenda for Peace«, die leider alles andere war als ein Friedensplan. Darin waren ausdrücklich auch UN-Militäreinsätze unter Kapitel VII der UN-Charta vorgesehen, oft auch als »robuste« Einsätze bezeichnet.[9]

Hier braucht es jetzt einen kurzen Exkurs in die Charta der Vereinten Nationen, die in verschiedene Kapitel unterteilt ist. Kapitel VI ist überschrieben mit dem Titel »Die friedliche Beilegung von Streitigkeiten« – eine, wie ich finde, außerordentlich gelungene Kapitelüberschrift. Darin geht es um Diplomatie, um Verhandlungen, um kooperative Ansätze zur Vermeidung von Krieg und Gewalt. Sollte das alles scheitern, greift Kapitel VII. Darin geht es um »Maßnahmen bei Bedrohung oder Bruch des Friedens«. Auch da steht die Diplomatie ganz vorn, als nächster Schritt kommen mögliche Wirtschaftssanktionen, und wenn das alles nicht hilft, sieht das Kapitel VII der UN-Charta den Einsatz von Streitkräften »zur Wahrung oder Wiederherstellung des Weltfriedens« vor.

Das hat dann nichts mehr mit den klassischen Blauhelmeinsätzen zu tun. Hier ist militärische Gewalt vonseiten der UN als Mittel zur Beendigung eines Krieges vorgesehen – also UN-Soldaten auf einer Seite, um eine andere Seite militärisch zu besiegen. Keine Neutralität, keine Zustimmung aller Seiten. Das ist das sogenannte »robuste« Mandat, bei dem es einen echten Kampfauftrag gibt und keine Beschränkung mehr auf Selbstverteidigung.

Einen solchen Einsatz von UN-Militär nach Kapitel VII hatte es bis dahin nicht gegeben. Das Konzept war nicht neu – die Charta war damals ja schon 47 Jahre alt –, aber die Realität war neu. Die Blauhelme waren infolgedessen keine reinen »Peacekeeper« mehr wie noch in Israel, Suez oder Zypern. Denn nun ging es um Situationen, in denen es keinen Frieden gab, der erhalten werden konnte.

Quasi über Nacht wurde ein neues, sehr militärisches Element zu den Blauhelmeinsätzen hinzugefügt – und niemand war darauf vorbereitet, auf keiner Ebene. Der UN-Sicherheitsrat nicht und die truppenstellenden Staaten genauso wenig. Das zeigte sich sehr drastisch im Ernstfall Somalia.

Ende 1992 beschlossen die Vereinten Nationen zum ersten Mal einen Militäreinsatz nach Kapitel VII, um das nach dem Sturz des Langzeitdiktators Siad Barre völlig zerfallene Somalia zu stabilisieren. Am Ende dieses Einsatzes stand die Schlacht um Mogadischu, die einige noch aus dem Hollywood-Schinken »Black Hawk Down« kennen – bis heute ein Trauma für die USA, mit Blick auf die UN vor allem aber der Schlüsselmoment für die spätere Katastrophe in Srebrenica.

Die Mandate für den UN-Einsatz in Somalia wechselten ständig. Es fing an mit einem Waffenembargo, dann kam humanitäre Hilfe dazu, dann 500 »klassische« Blauhelme, dann ein Mandat nach Kapitel VII der UN-Charta. Geführt wurde dieser Militäreinsatz von den USA, die auch die meisten Soldat:innen stellten. Am 3. Oktober 1993 kam es schließlich zum Showdown in Mogadischu. Die US-Truppen versuchten, einen Milizenführer im Zentrum der

Stadt festzunehmen. Dabei stießen sie allerdings auf heftigen Widerstand, drei ihrer Kampfhubschrauber vom Typ »Black Hawk« wurden abgeschossen, und am Ende waren 18 US-Soldat:innen tot. Das war der höchste Verlust der US-Army in einem Kampf seit dem Vietnamkrieg. Die Bilder eines getöteten US-amerikanischen Soldaten, der durch die staubigen Straßen von Mogadischu geschleift wurde, zeigten Wirkung: Die USA zogen alle ihre Truppen ab, die Mission galt als gescheitert.

## Crossing the Mogadishu Line

Dieser Moment gilt in der Friedensforschung als »Mogadishu Line« – als Linie, die überschritten wird, indem man in einem fremden Konflikt selbst zur kriegsführenden Partei wird und deshalb auch mit großen Verlusten rechnen muss.

Diesen Begriff habe ich von Claudia Pfeifer gelernt, die beim schwedischen SIPRI zu den UN-Militäreinsätzen forscht. Das »Stockholm International Peace Research Institute« ist international eines der bedeutendsten Friedensforschungsinstitute, gerade im Bereich der Waffenexporte und der Abrüstung hat das SIPRI maßgeblich Standards gesetzt. Auch bei den UN-Friedensmissionen gibt es wohl kaum eine Institution, die mit so viel Erfahrung und Fachwissen aufwarten kann wie SIPRI.

Claudia Pfeifer hat mir eindrücklich geschildert, wie das Scheitern in Mogadischu zum Genozid von Srebrenica führte. Als die Lage um Srebrenica in Bosnien immer prekärer wurde und von den Truppen vor Ort Unterstützung angefordert wurde, hat der Kommandeur der UN-Truppen in Bosnien, General Sir Michael Rose, offenbar wörtlich gesagt, dass die Vereinten Nationen in Bosnien niemals die »Mogadishu Line« überschreiten würden, dass also seine Truppen auf keinen Fall direkt mit der serbischen Armee kämpfen würden.[10]

In diesem Satz steckt so viel drin. Die traumatischen Bilder aus Mogadischu, die Toten, die durch den Staub geschleift wurden, der Schock für die USA und die Weltgemeinschaft; und die Erkenntnis, dass es für eine echte Kriegsteilnahme, für den militärischen Kampf gegen einen Gegner eine vollkommen andere Truppe braucht als für die Kontrolle der Grünen Grenze auf Zypern. Natürlich war es eine nachvollziehbare Entscheidung des örtlichen Kommandeurs, mit 400 Blauhelmen nicht gegen eine ganze Armee kämpfen zu wollen, weil es schlicht unmöglich war. Der Fehler wurde viel früher gemacht.

Der UN-Generalsekretär hatte eine sehr viel größere Truppe für den Einsatz in Bosnien beantragt – er wollte 34 000 Soldat:innen haben, der Sicherheitsrat bewilligte nur einen Bruchteil. Am Ende wurden gerade einmal 4500 Soldat:innen in Bosnien eingesetzt. Damit lässt sich kein Krieg führen, niemand könnte damit die »Mogadishu Line« überschreiten.

Es wird deutlich, wie die Vereinten Nationen völlig unvorbereitet in diese robusten Einsätze gestolpert sind. Das eine Desaster – Mogadischu – führte zum nächsten in Bosnien. Es gab den politischen Druck der Mächte im Sicherheitsrat, dass die UN in Bürgerkriegen intervenieren sollten. Aber es fehlte jegliches Bewusstsein dafür, was die Teilnahme als Kriegspartei bedeuten würde. Was für ein unfassbares Ansinnen, erst Zehntausende Flüchtlinge in eine »sichere Zone« zu lotsen und dann zu glauben, sie ließe sich mit 400 Blauhelmen schützen!

Dabei spielte vielleicht auch eine psychologische Komponente eine Rolle. Damals, Anfang der 1990er-Jahre, galten die Vereinten Nationen als unantastbar. Alle früheren Militäreinsätze waren ja neutral gewesen, die UN-Truppen waren nie Teil der Kämpfe und hatten einen Status, der am ehesten mit dem des Roten Kreuzes vergleichbar war: Auf die schießt man nicht. Dieses Selbstverständnis lebte weiter und vermittelte ein völlig falsches Gefühl der Sicherheit. Umso größer der Schock, als die bosnisch-serbischen Truppen die UN-Truppe nicht schonten, sondern als das behandelten, was sie qua Mandat ja auch war: eine *gegnerische* kriegsführende Partei.

Ich selbst habe diesen Schock Jahre später noch gespürt. Anfang 2003 kam ich zu den Vereinten Nationen als Biowaffeninspektor für den Irak. In Bagdad waren alle UN-Einrichtungen im »Canal Hotel« untergebracht. Im August 2003 erschütterte eine gewaltige Explosion das Gebäude, ein Selbstmordattentäter riss 22 Menschen mit in den Tod. Ich selbst war damals nicht vor Ort, aber über viele Jahre war dieser Anschlag bei allen UN-Kolleg:innen sehr präsent, als Mahnung und Erinnerung, dass die Zeiten einer neutralen, von allen Seiten geachteten UN vorbei sind.

Der Einstieg in die robusten Mandate, der Abschied von der unbedingten Unparteilichkeit spielte dabei sicherlich eine zentrale Rolle. Seitdem ist das Risiko für UN-Personal, selbst zur Zielscheibe zu werden, massiv gestiegen. Eine Entwicklung, die heute wahrscheinlich nicht mehr zurückzudrehen ist, der Nimbus der Neutralität und Unantastbarkeit der UN-Blauhelme scheint unwiderruflich verloren.

## Scheitern auf der ganzen Linie

Mogadischu und Srebrenica waren die Katastrophen am Beginn der robusten Kampfeinsätze. Danach wurde es allerdings kaum besser. Wir blicken heute auf eine Welt, in der die UN-Blauhelme überall in Verruf geraten sind. Seit 2014 wurde kein einziger neuer Militäreinsatz beschlossen, einige der größten Einsätze sind mittlerweile beendet oder stehen kurz davor, weil die betroffenen Länder sie nicht mehr wollen.

Dahinter steht zum einen der Vorwurf der mangelnden Unparteilichkeit. In Mali zum Beispiel wurden die UN-Truppen zuletzt sehr kritisch gesehen. Seit 2013 war dort die MINUSMA unterwegs, die UN-Stabilisierungsmission für Mali. Mit rund 13 000 Soldat:innen eine der größten UN-Missionen – und auch eine der blutigsten, mehr als 300 MINUSMA-Angehörige sind in den letzten zehn Jahren getötet worden. Zwar galten die Blauhelme lange als die bessere Alternative zum nationalen französischen Militäreinsatz – Codename »Barkhane« –, der in Mali rein koloniale Interessen verfolgte. Im Laufe der Jahre verschwammen diese Grenzen zunehmend, und eine Mehrheit der Bevölkerung in Mali wollte *alle* ausländischen Truppen endlich loswerden. Im Sommer 2023 forderte dann die malische Militärregierung den Abzug aller UN-Truppen, der Abzug ist mittlerweile vollzogen.

Neben der Parteilichkeit sind es die vielen Verfehlungen, die den UN-Truppen vorgeworfen werden. Bei einem Einsatz in Haiti schleppten sie Cholera ein und lösten eine Epidemie aus, an der letztlich fast 10 000 Menschen starben.[11] Bei verschiedenen Einsätzen wurden ihnen massenhafte Vergewaltigungen nachgewiesen.[12] Truppenstellende Länder verfolgen immer wieder ihre eigenen egoistischen Interessen mit den Einsätzen. Brasilien wird nachgesagt, eine Zeit lang massiv Soldaten für UN-Einsätze bereitgestellt zu haben, um einen Sitz im Sicherheitsrat zu ergattern. Ruanda und Äthiopien versuchten über die Beteiligung an UN-Einsätzen in der Region, politisch an Einfluss zu gewinnen.

Aus meiner Sicht war das Konzept der robusten UN-Militäreinsätze von vornherein falsch. Am Ende bedeuten Kampfeinsätze nach Kapitel VII der UN-Charta immer, dass die Vereinten Nationen auf einer Seite mitkämpfen und versuchen, einen Krieg *miltärisch* zu gewinnen. Robuste Kampfeinsätze sind die Fortführung des Krieges mit militärischen Mitteln, um eine Entscheidung zu erzwingen, und keine Friedenslösung, ganz anders als die klassischen Blauhelmeinsätze.

Das Gegenargument ist natürlich, dass die Welt doch nicht einfach zuschauen könne bei Völkermorden wie in Srebrenica oder Ruanda, wo 1994 fast eine Million Angehörige der Tutsi-Minderheit innerhalb weniger Monate ermordet wurden. Gibt es also nicht eine Situation, in der ein schlechter UN-Einsatz besser ist als diese Gräueltaten? Der Grundgedanke hört sich logisch an. Allerdings nur in der Theorie, er scheitert an den Realitäten der Vereinten Nationen, die erstens militärisch gar nicht zu echten Kampfeinsätzen in der Lage und zweitens undemokratisch organisiert sind.

Beginnen wir mit dem zweiten Punkt: Es gibt ja keine UN als unabhängige Weltregierung, die über allem steht und die Einhaltung von Regeln gegenüber allen gleichermaßen durchsetzt. Über die UN-Militäreinsätze entscheiden nicht die Zentrale der Vereinten Nationen und auch nicht die aktuell 193 Mitgliedsstaaten. Diese Entscheidungen liegen ganz allein beim UN-Sicherheitsrat mit den fünf ständigen Mitgliedern und Vetomächten, also den USA, China, Russland, Frankreich und Großbritannien. Sie können im Sicherheitsrat ihre ureigensten Interessen durchsetzen, und genau das tun sie auch. Wenn Saudi-Arabien Menschenrechte verletzt und den Jemen bombardiert, wird lieber weggeschaut, man will die guten Beziehungen und Handelsverflechtungen doch nicht gefährden. Wenn das libysche Regime die gleichen Menschenrechte verletzt und im Bürgerkrieg Rebellenhochburgen angreift, dann gibt es Luftangriffe und »Regime Change«, die Beziehungen waren sowieso schon schlecht. Diese Willkür der Großmächte ist leider ein sehr bestimmendes Element bei den Entscheidungen für oder gegen UN-Militäreinsätze.

Vor allem aber zeigen doch gerade die Katastrophen von Srebrenica und Ruanda, dass »ein bisschen Kampfeinsatz« nicht geht. Im Krieg funktioniert nur das Prinzip »ganz oder gar nicht«. Wenn die UN in einem Krieg auf einer Seite kämpfen sollen, dann reichen keine 1000 und auch keine 10 000 Soldat:innen, dann müssen die UN mit einer wirklich gut ausgerüsteten, kampfstarken und sehr großen Truppe antreten. Und das wiederum würde eine totale Militarisierung der Vereinten Nationen bedeuten. Die UN als Militärmacht, die gegen jedes andere Land Krieg führen könnte, und das unter der Kontrolle eines völlig undemokratischen Sicherheitsrates – eine Horrorvorstellung in meinen Augen.

## Die Zukunft ist ... blau?

Die Phase der robusten Einsätze nähert sich aus guten Gründen dem Ende. Bleibt die Frage, was kommt jetzt? Angesichts der Erfolgsgeschichte der klassischen Blauhelme sollte man meinen, dass ein Zurück zu den drei Hammerskjöld'schen Regeln das Gebot der Stunde sei. Tatsächlich beobachten wir aktuell einen ganz anderen Trend.

Militärische Einsätze werden zunehmend von regionalen Organisationen wie der Afrikanischen Union durchgeführt, während die Vereinten Nationen sich auf rein politische Missionen beschränken, ganz und gar ohne Soldat:innen. Dabei übernehmen die UN je nach Situation zivile Verwaltungsaufgaben, leisten humanitäre Hilfe, unterstützen ehemalige Kämpfer:innen bei der Wiedereingliederung oder beraten in Menschenrechtsfragen. Also all die Dinge, die ohne Militär und Polizei in einer Nachkriegssituation gebraucht werden, um ein Land zu stabilisieren und sicherer zu machen. Auch einige der klassischen Blauhelmeinsätze, so wie der auf Zypern, könnten sinnvollerweise ganz auf ziviles Personal umgestellt werden, wie oben gezeigt.

Diese Veränderungen bei den Blauhelmeinsätzen finden sich mittlerweile auch in den strategischen Planungen der Vereinten Nationen wieder. Im Juli 2023 veröffentlichte der UN-Generalsekretär eine »New Agenda for Peace«. Der Name spielt direkt auf die »Agenda for Peace« von 1992 an – und revidiert sie an mindestens einem Punkt. 1992 wurden die robusten Einsätze ausdrücklich zum Teil der UN-Politik gemacht. In der New Agenda heißt es ganz klar, dass Sicherheitsrat und Generalversammlung »eine Analyse der Grenzen und der Zukunft von Militärmissionen vornehmen« sollen.[13] Dabei wird ausdrücklich auch auf die Möglichkeit von regionalen Militärmissionen verwiesen.

Heißt dieser Trend, dass es künftig gar keine Blauhelme mehr geben wird? Wahrscheinlich nicht, dafür reicht schon ein Blick in die Ukraine. Wir alle hoffen natürlich, dass es bald Verhandlungen für einen Frieden oder zumindest einen Waffenstillstand geben wird. Aber auch der muss dann überwacht werden, so wie 1948 in Israel oder 1974 auf Zypern. Wenn es also eine einvernehmliche Lösung gibt und beide Seiten zustimmen, dann wären die drei Hammerskjöld'schen Regeln erfüllt, und eine – wie auch immer zu ziehende – Waffenstillstandslinie könnte von klassischen Blauhelmen überwacht werden. Ein Veto im Sicherheitsrat würde es kaum geben. Wenn die Ukraine mit Russland ein Abkommen erreichen könnte, wären alle fünf ständigen Mitglieder sicher mit im Boot.

Wobei sich dabei ein Problem stellt: Russland hat gezeigt, dass es sich aktuell nicht an völkerrechtliche Regeln und Absprachen hält. Das Misstrauen gegen Moskau ist unendlich groß – und damit auch die Angst, dass eine weiche Grenze, die von ein paar unbewaffneten Blauhelmen kontrolliert wird, einfach überrannt werden könnte, wenn es dem Kreml gerade passt. Aber auch dafür gäbe es eine Lösung: Wenn ein Teil der UN-Soldat:innen aus eng mit Russland verbündeten Ländern kommen würde, wäre die Grenze ziemlich sicher. China, Indien, Brasilien und Südafrika sind mit Russland als BRICS-Staaten eng verbunden. Kaum vorstellbar, dass Russland das Feuer auf chinesische oder indische Blauhelme eröffnen würde.

Es wäre auch nicht das erste Mal in der Geschichte der Vereinten Nationen, dass die Herkunft der Blauhelme eine Rolle spielen würde. Meist war es allerdings andersherum, in einigen Situationen haben Länder bestimmte Truppensteller ausgeschlossen, so zum Beispiel im Südsudan, als wegen eines Grenzkonfliktes fast über Nacht alle äthiopischen Blauhelme das Land verlassen mussten. Eine solche Festlegung auf die Nationalität der Blauhelme ließe sich zwar nicht formal in einem Beschluss des Sicherheitsrates herbeiführen, denn das würde gegen die Charta der Vereinten Nationen verstoßen, nach der das Bereitstellen von Truppen freiwillig ist. Aber natürlich kann das alles informell in Vorgesprächen bzw. in den Friedensverhandlungen entsprechend zugesichert werden.

Wie auch immer am Ende eine Lösung für die Ukraine aussieht und welche Rolle Blauhelme dabei auch spielen mögen: Wenn sie neutral und mit Zustimmung aller Seiten unterwegs sind, dann kann ihnen immer eine wichtige Rolle in der Friedenssicherung zukommen, bis ein heißer Konflikt so weit abgekühlt ist, dass es sie nicht mehr braucht. Allein die Tatsache, dass es die Blauhelme gibt, macht eine Friedenslösung für die Ukraine denkbarer – und damit auch wahrscheinlicher.

# Waffeninspektionen

## Wie ich einmal zu spät kam, um einen Krieg zu verhindern, und warum es trotzdem der richtige Weg war

Nicht unbedingt ein alltäglicher Zeitvertreib: Am 5. Februar 2003 saß ich völlig gebannt vor dem Fernseher und verfolgte eine Liveübertragung aus dem UN-Sicherheitsrat in New York. Es ging um Krieg und Frieden. Und um meine eigene Zukunft.

Auftritt Colin Powell, damals Außenminister der USA unter Präsident George W. Bush. An diesem 5. Februar versuchte er mit einer mittlerweile legendären Präsentation nachzuweisen, dass der Irak unter Saddam Hussein immer noch ein illegales Biowaffenprogramm betreibe. Powell warf Skizzen von mobilen Waffenlabors an die Wand und schüttelte gar weißes Pulver in einem Reagenzglas auf. Wenn das hier Milzbrand wäre, so die Message, dann könnte Saddam Hussein damit die gesamte Menschheit umbringen. Für die perfekte Inszenierung fehlten nur noch Feuerwerk und ein kräftiger Tusch. Und die Wahrheit.

Denn es war alles gelogen. Es gab zu dem Zeitpunkt nicht einmal mehr den Hauch eines Biowaffenprogramms im Irak und auch keinerlei Hinweise darauf. Aber die USA brauchten diese Lügenkonstruktionen, denn sie hatten ernsthafte

Konkurrenz: die Biowaffeninspektionen der Vereinten Nationen. Es war ein Wettlauf gegen die Zeit und um die Herzen und Köpfe der Menschen in aller Welt.

Die USA hatten sich – unter dem Eindruck der Anschläge vom 11. September 2001 – längst entschieden, den Irak unter Saddam Hussein anzugreifen. Die Mär vom Biowaffenprogramm sollte helfen, die eigene Bevölkerung ebenso wie die Verbündeten hinter der US-Regierung zu sammeln. Ab Mitte 2002 standen alle Zeichen auf Krieg, die Biowaffenangst wurde weltweit geschürt.

Dagegen stand ein großer Teil der Weltgemeinschaft, der diesen Krieg auf jeden Fall verhindern wollte. Und sich eine banale Frage stellte: Wenn es wirklich Hinweise gibt, dass der Irak ein Biowaffenprogramm unterhält – warum gehen wir dann nicht einfach hin und überprüfen das? Das Prinzip von Waffeninspektionen war schon lange etabliert; für den Irak gab es ein klares Mandat des UN-Sicherheitsrats und auch uneingeschränkten Zugang im ganzen Land. Eine friedliche Klärung wäre kein Problem gewesen.

So arbeiteten die Inspekteur:innen der Vereinten Nationen im Irak mit Hochdruck, um auch das letzte Verdachtsmoment auszuräumen. In einer gerechten Welt hätten sie damit wahrscheinlich den Angriffskrieg der USA verhindern können. Aber Washington war fest entschlossen zu seinem 9/11-Rachefeldzug, griff im März 2003 den Irak an und gewann damit das Rennen gegen die Zeit.

Auch wenn sie im März 2003 den Krieg nicht verhindern konnten: Waffeninspektionen können ein überaus starkes Instrument sein, um zugespitzte Konflikte friedlich zu lösen. Gerade in Zeiten des Krieges, wenn alle Seiten ihre Propagandamaschinen anwerfen, können aus Fake News schnell Kriegsgründe werden. Die Waffeninspektionen der Vereinten Nationen konnten mehr als einmal Verdachtsmomente ausräumen und damit eine kriegerische Eskalation vermeiden helfen. Es ist mit ihnen ähnlich wie mit den Blauhelmen: Wenn es sie nicht gäbe, man müsste sie sofort erfinden.

Und ich selbst? Saß damals am 5. Februar auf gepackten Koffern, um in Wien in einem dreiwöchigen Kurs zum Biowaffeninspekteur ausgebildet zu werden. Krieg oder kein Krieg – das hieß für mich persönlich auch, drei Monate im Irak auf Bakterienjagd zu gehen oder nicht. Am Ende war der Krieg dann schneller, und ich wurde nicht mehr im Irak als Inspekteur eingesetzt. Später war ich dann im UN-Hauptquartier in New York mit der Auswertung aller früheren Irak-Inspektionen befasst. Auch eine spannende Erfahrung.

## Verifikation: Wahrheit oder Krieg

Wie funktioniert eine Biowaffeninspektion? Wie soll man mitten in der Wüste verbotene Bakterien finden? Ist das in einem so riesigen Land wie dem Irak nicht ein unmögliches Unterfangen?[1]

Das ist es nicht, und der Irak ist ein gutes Beispiel dafür, wie das Prinzip der UN-Inspektionen funktioniert. Kurz zur Erinnerung: Der Irak hatte tatsächlich ein sehr umfangreiches und tödliches Biowaffenprogramm. Das war allerdings in den 1980er-Jahren. Es war hochgeheim, und nur selten bekamen die westlichen Geheimdienste Hinweise darauf. 1990 überfiel der Irak dann Kuwait, als Antwort griff eine von den USA angeführte Koalition den Irak militärisch an. Nach der Kapitulation des Irak blieb Saddam Hussein weiter an der Macht, musste aber umfangreichen UN-Inspektionen zustimmen, die im Land nach atomaren, chemischen und biologischen Waffen sowie nach Langstreckenraketen suchen sollten. Zunächst leugnete der Irak, ein Biowaffenprogramm zu besitzen, musste es dann aber vier Jahre später unter der Übermacht der Beweise doch zugeben. Danach wurden unter Kontrolle des UN-Teams alle Anlagen zerstört, gesprengt und dem Erdboden gleichgemacht. Seit 1995 gab es also kein Biowaffenprogramm mehr im Irak, doch dazu gleich mehr.

Es geht bei Inspektionen gar nicht darum, in einem Land irgendeinem unklaren Verdacht nachzugehen, sondern Ausgangspunkt einer Inspektion ist in der Regel eine Erklärung des betroffenen Landes. Der Wahrheitsgehalt dieser Erklärung wird dann überprüft. Das nennt sich Verifikation und ist der zentrale Ansatz der Waffeninspektionen, deshalb hießen wir damals auch UNMOVIC: »UN Monitoring, Verification and Inspection Commission«.

Der Irak musste 1991 eine erste Erklärung über seine biologischen Anlagen abgeben. Zu diesem Zeitpunkt behauptete die irakische Regierung noch, dass die Anlagen alle rein zivilen Zwecken dienten. Diese Erklärung ließ sich dann systematisch überprüfen: Stehen diese Anlagen wirklich dort, passen diese Anlagen zu dem erklärten Produkt, oder wurde da möglicherweise etwas anderes hergestellt?

Im Laufe der Jahre musste der Irak seine Erklärungen immer wieder nachbessern, sie waren zunächst sehr lückenhaft, unklar und widersprüchlich. Schritt für Schritt wurden die irakischen Aussagen immer umfassender, entsprechend änderten sich ihre Namen. Irgendwann gab es die »Full, Final and Complete Disclosures«, abgekürzt FFCDs. Als sich dann herausstellte, dass die doch nicht so ganz full und final waren, gab es später als weitere Steigerung die – kein Witz – »Currently Accurate, Full and Complete Declaration«, CAFCD. Am Ende umfasste diese Erklärung Hunderte von Seiten mit allen nur erdenklichen Details zu den biologischen Aktivitäten des Irak in den 1980er-Jahren, inklusive einer Milchpulverfabrik.

Ein Staat, der ein illegales Programm verheimlichen möchte, hat im Prinzip zwei Möglichkeiten: Entweder er verschweigt die geheimen Anlagen komplett, erwähnt sie also gar nicht in der Erklärung, die abgegeben werden muss. Oder aber er listet die verbotenen Einrichtungen zwar auf, aber mit einer Coverstory, nach der dort jeweils völlig harmlose und legale Dinge produziert wurden oder noch werden.

Die erste Möglichkeit – eine verbotene Anlage gar nicht erst erwähnen – scheint naheliegender. Warum die UN mit der Nase auf eine verbotene Produktionsstätte stoßen, wenn es nicht unbedingt sein muss? Aber eine komplette Verheimlichung ist fast unmöglich durchzuhalten. Denn so eine Anlage befindet sich ja nicht im Nirgendwo: Da arbeiten Menschen, dahin werden Dinge geliefert, da gibt es Abrechnungen und Lieferscheine, da kommen Vorgesetzte aus den Ministerien vorbei. Über all diese Vorgänge gibt es Unterlagen an unendlich vielen Stellen im Land. Es ist praktisch unmöglich, eine solche Anlage vollkommen abzukapseln, ohne dass irgendwo an anderer Stelle Hinweise auftauchen.

Allein die Wissenschaftler:innen, die dort arbeiten: Die waren ja vorher woanders, dort sind sie plötzlich nicht mehr, das fällt auf. Und wenn ein Inspektionsteam herausfindet, dass zu einem bestimmten Zeitpunkt in der Vergangenheit ein Dutzend der führenden Mikrobiolog:innen des Landes urplötzlich verschwunden ist und niemand weiß, wohin – dann klingeln aber die Alarmglocken bis in den Sitzungssaal des Sicherheitsrates in New York.

Der Irak hat deshalb den zweiten Weg gewählt. Er hat die verbotenen Biowaffenanlagen alle gemeldet, allerdings jeweils mit einer Lügengeschichte versehen. Die spannendste und größte Anlage war »Al Hakam«, dort hatte der Irak in den 1980er-Jahren im großen Maßstab Milzbrandbakterien produziert und zum Teil auch in Waffen abgefüllt. In der Erklärung gegenüber den UN wurde Al Hakam genannt, aber als Anlage zur Produktion von Einzellerprotein für Tierfutter.

## Türen öffnen statt Bomben werfen

Schließlich kommst du als Waffeninspekteur in so eine Anlage – und was dann? Eine Grundregel aller Inspektionen ist: Alles, aber auch wirklich alles lückenlos dokumentieren, fotografieren, beschreiben. Und zwar so neutral und objektiv wie möglich. Von außen und von innen, jede kleinste bauliche Auffälligkeit aufnehmen. Wurde frisch gestrichen? Sieht man am Fußboden, dass Wände neu gezogen wurden? Wo führen die Rohre hin? Lückenlos heißt auch, wirklich jede Tür zu öffnen, egal wie unscheinbar, man weiß ja nie, was sich dahinter verbirgt – manchmal tatsächlich auch eine Überraschung.

Ich hatte damals einer befreundeten Journalistin von der Ausbildung und den Trainings bei den Vereinten Nationen erzählt. Als sie einmal auf Einladung eines deutschen Herstellers von biologisch gefertigter Kleidung ein Werk in der Türkei besichtigte, erinnerte sie sich daran, öffnete kurzerhand die nächstgelegene Tür – und fand dahinter einen Haufen Chemiekanister, die in einem Bioladen nun so gar nichts zu suchen haben.

Als die UN-Inspekteur:innen 1991 sich zum ersten Mal

die Anlage in Al Hakam anschauten, gab es sofort erste Fragezeichen. Die Anlage war vollkommen abgelegen, fernab jeder Ortschaft. Das war bei einer unschuldigen Tierfutterproduktion nicht so sinnvoll. Zudem hatte sie ein militärisches Design und war streng bewacht. Und eine genaue Dokumentation der Anlage zeigte, dass sie zwar im Prinzip geeignet war, Einzellerprotein für Tierfutter herzustellen, aber die ganze Konfiguration war dafür nicht optimal ausgelegt.

Es gab also Ungereimtheiten, mehr aber auch nicht. Fragen, aber keine Beweise. Der Irak blieb felsenfest bei seiner Behauptung, dass alles harmlos sei in Al Hakam. Der nächste Schritt zur Abklärung des Verdachts war dann die Probenahme, denn nichts ist eindeutiger als ein wissenschaftlicher Labornachweis verbotener – oder zumindest nicht gemeldeter – Bakterien. Natürlich muss man bei der Probenahme davon ausgehen, dass die Gegenseite alles nur Erdenkliche unternommen hat, um jede Spur zu beseitigen, indem beispielsweise alle Rohre mehrfach durchgespült und desinfiziert wurden. Aber hier zahlte sich aus, dass die Inspektionsteams sehr divers zusammengesetzt waren. Es gab die unterschiedlichsten beruflichen Hintergründe und Expertisen. Einige Teammitglieder hatten Erfahrung mit solchen biologischen Produktionsanlagen und wussten genau, wo auch die beste Reinigung an ihre Grenzen kommt: zum Beispiel an den Dichtungen tief im Inneren der Anlage. Die Anlage wurde also auseinandergebaut, die Proben wurden genommen, brachten aber kein klares Ergebnis. Was nicht zuletzt daran lag, dass es Anfang der 1990er-Jahre noch keine PCR-Methode gab – heute können wir damit selbst winzigste Reste des Coronavirus aufspüren, damals gab es den genetischen Nachweis noch nicht.

Den Durchbruch brachte dann ein völlig anderer Ansatz: Das UN-Team erstellte in mühevoller Kleinarbeit eine Materialbilanz. Für jede biologische Produktionsstätte, ob nun für Tierfutter oder Biowaffen, braucht es sogenannte Nährmedien, denn die eigentliche Produktion besorgen in diesen Anlagen ja Bakterien, die mit einem solchen Nährmedium gefüttert werden müssen. Das UN-Team sammelte weltweit alle Hinweise auf Exporte von Nährmedien in den Irak, suchte im ganzen Land nach Abrechnungen und Lieferscheinen – und konnte am Ende nachweisen, dass der Irak viel, viel mehr Nährmedien importiert hatte, als sich mit all den Produktionen erklären ließ, die in den irakischen Erklärungen aufgelistet waren. Die Diskrepanz war so erdrückend, dass der Irak sich 1995 gezwungen sah, sein Biowaffenprogramm offenzulegen. Ein grandioser Erfolg der UN-Inspektionen.

Der Erfolg war nur möglich, weil UNMOVIC einen uneingeschränkten Zugang zu allen Orten, Personen und Daten hatte. Der Irak hatte dem als Folge seiner vernichtenden Niederlage im Golfkrieg 1990 zustimmen müssen. Das ist eine wichtige Erkenntnis auch für andere UN-Inspektionen: Je eingeschränkter das Mandat, desto schwieriger wird die Detektivarbeit.

Ich saß ab 2004 im Hauptquartier der UN in New York, um die früheren Inspektionen auszuwerten. Eines werde ich dabei nie vergessen: Wie eindeutig es 1995 war, dass der Irak tatsächlich sein gesamtes früheres Biowaffenprogramm offengelegt hatte. Ich las die Protokolle der Interviews, die über Wochen mit den Iraker:innen geführt wurden, und aus jeder Zeile dieser Gespräche wurde deutlich, dass sie bemüht waren, alle Details offenzulegen, alle Fragen ehrlich zu beantworten. Die Biowaffenexpert:innen der UN konnten ab 1995 keinerlei Zweifel mehr haben, dass das Programm komplett aufgedeckt und beendet worden war.

Die Zweifel wurden aus politischen Gründen an anderen Stellen gesät. In den westlichen Hauptstädten wurden weiter Gerüchte verbreitet, dass es doch noch Verdachtsmomente gäbe – einzig und allein aus dem Grund, auch künftig eine Handhabe gegen Saddam Hussein zu haben. Was dann acht Jahre später zu dem folgenschweren Krieg führte, mit horrenden Folgen für Millionen von Menschen im Irak und in der ganzen Region, die bis heute andauern.

Auch das ist eine Lehre der UN-Inspektionen im Irak: Sie bieten die Möglichkeit für eine unabhängige Ermittlung der Fakten – sie sind aber nicht gefeit gegen eine gewollte Falschinterpretation und eine politische Intervention von oben.

## Eine Alternative zum Krieg

Im Irak ist das Modell Waffeninspektion deswegen gescheitert, weil eine Seite – die USA – unabhängig vom Ergebnis zum Krieg entschlossen war. In anderen Situationen war das Modell allerdings durchaus erfolgreich und konnte eine militärische Eskalation vermeiden helfen. Iran ist so ein Beispiel, denn ohne die Inspektionen der Internationalen Atomenergiebehörde IAEA wäre der Atomstreit wahrscheinlich schon längst gewaltsam eskaliert.

2002 gab es erstmals Hinweise auf ein geheimes Atomprogramm des Iran. Ab 2003 wurden intensive Versuche unternommen, eine diplomatische Lösung herbeizuführen. Ein Drama in vielen Akten, das bis heute andauert. In einem späteren Kapitel werden wir uns das noch im Detail anschauen, hier nur so viel: Im Jahre 2012 war der Atomstreit so sehr eskaliert, dass die ganze Welt mit einem Militärschlag Israels auf die iranischen Atomanlagen rechnete. In deutschen Zeitungen wurden bereits detaillierte Landkarten abgedruckt mit den möglichen Flugstrecken der israelischen Kampfjets in den Iran zur Bombardierung der Urananreicherung in Natans oder Fordo. Eine weitere Eskalation konnte jedoch bis zum heutigen Tag abgewendet werden, weil der Iran sich auf Kontrollen durch die IAEA einließ, die weit über das normale Maß der IAEA-Routinekontrollen hinausgingen. So konnte unabhängig kontrolliert werden, dass der Iran zum Beispiel die vereinbarten Grenzen bei der Urananreicherung einhielt. Ängste vor einer möglichen iranischen Atomwaffe konnten so eingehegt werden. Leider nur vorübergehend, weil Donald Trump 2018 das Atomabkommen mit dem Iran kündigte. Seitdem finden nur noch eingeschränkte Inspektionen statt, und der Atomstreit eskaliert erneut.

Ein anderes Beispiel ist das syrische Chemiewaffenprogramm. Am 21. August 2013 wurde Ghouta, ein Vorort von Damaskus in Syrien, mit dem Giftgas Sarin angegriffen. Über tausend Menschen starben qualvoll, die Bilder erschütterten die Welt. Seinerzeit war Ghouta in der Hand von Rebellen, daher lag der Verdacht nahe, dass der Gasangriff von Regierungstruppen durchgeführt worden war. Innerhalb weniger Tage wurde eine Vereinbarung zwischen der syrischen Regierung, den Rebellen und den UN für eine unabhängige Inspektion ausgehandelt. Für den Zeitraum zwischen dem 26. und 29. August 2013 wurden jeweils mehrstündige Feuerpausen zugesagt, in denen die Inspekteur:innen in Ghouta ihrer Arbeit nachgehen konnten. Ihr Auftrag: feststellen, ob dort wirklich Chemiewaffen eingesetzt worden waren, und wenn ja, welche.

Ein früherer Kollege, Arzt bei der Weltgesundheitsorganisation, war mit dabei. Seine Aufgabe war es, von den lokalen Ärzt:innen möglichst umfassende Informationen über Tote und Verletzte, Symptome und Labordaten zu bekommen. Er konnte auch selbst mehrere Dutzend Überlebende in den Krankenhäusern untersuchen. Sie zeigten nicht nur eindeutige Symptome einer Sarinvergiftung, auch die Blutproben belegten zweifelsfrei: 34 der 36 untersuchten Patient:innen waren mit Nervengasen vergiftet worden.

Andere Mitglieder des Inspektionsteams nahmen Umweltproben an den Stellen, an denen der Einschlag der mutmaßlich mit Sarin bestückten Raketen dokumentiert worden war. Auch von Resten der Munition nahmen sie Proben. Ebenso wie die Mediziner:innen konnten sie die Verwendung von Sarin einwandfrei nachweisen. Der Bericht der UN-Inspektion an den UN-Sicherheitsrat[2] ist ein absolutes Paradebeispiel dafür, wie solche Inspektionen arbeiten und mit welcher Akribie sie Fakten zusammentragen, die am Ende eine sehr klare Beweislage liefern.

Es gab also keinen Zweifel mehr: In Ghouta war Sarin eingesetzt worden. Aber das Inspektionsteam durfte nur untersuchen, *ob* Giftgas eingesetzt worden war. Die Frage, *wer* dafür verantwortlich war, konnte es nicht klären, weil es dafür kein Mandat hatte. Trotzdem war für die USA mit der Tatsache des Sarin-Einsatzes eine »rote Linie« überschritten. Der damalige US-Präsident Barack Obama beschloss daraufhin am 31. August 2013 einen Militärschlag gegen Syrien. Dazu kam es dann doch nicht, weil in den Folgetagen der Druck auf die syrische Regierung – auch vonseiten des engen Verbündeten Russland – massiv erhöht wurde. Am Ende willigte die Regierung Assad ein, ihr ganzes Chemiewaffenprogramm einzustellen und es unter UN-Aufsicht zu zerstören. Am 14. September trat Syrien der Chemiewaffenkonvention bei und ließ die Inspektionsteams ins Land, die die vollständige Zerstörung aller chemischen Waffen und der Produktionsanlagen überwachten. Ein militärischer Angriff durch die USA konnte so abgewendet werden.

Diese beiden Beispiele aus Iran und Syrien zeigen, was für ein wertvolles Mittel die UN-Waffeninspektionen für die Sicherung des Friedens sein können. Sie können Verdachtsmomente ausräumen oder als unabhängige Zeugen die Einhaltung von Vereinbarungen überwachen helfen, im Prinzip recht ähnlich wie die Blauhelme, nur dass hier keine Waffenstillstände überwacht werden, sondern Abrüstungsvereinbarungen.

## Keine Kontrolle biologischer Waffen

Durchgeführt wurden die Inspektionen in Syrien unter anderem von einem Team der Organisation für das Verbot chemischer Waffen, englische Abkürzung OPCW. Ihre Zentrale sitzt in Den Haag und hat bei den Chemiewaffen die gleiche Funktion wie die IAEA für Atomwaffen: Beide sind Organe, die UN-Abkommen zum Verbot bestimmter Waffen umsetzen und kontrollieren.

Im Alltag hat die OPCW vor allem zwei Funktionen. Sie kontrolliert weltweit alle Chemiefabriken, die eigenen Angaben zufolge keine verbotenen Chemiewaffen herstellen, von ihrer Konfiguration her aber dazu in der Lage wären. Dort werden – klassische Verifikation – die Angaben der Betreiber überprüft, dass dort wirklich ausschließlich für friedliche Zwecke produziert wird und kein Missbrauch für militärische Zwecke stattfindet.

Die andere Aufgabe war gigantisch, ist mittlerweile aber

fast abgeschlossen: Die Zerstörung der vorhandenen Chemiewaffen in den Mitgliedsländern. Das Chemiewaffenverbot ist ja erst 1997 in Kraft getreten. Damals hatten vor allem die USA und Russland noch riesige Mengen an tödlichen Chemikalien, Bomben und Raketenköpfen, die systematisch und vor allem sicher vernichtet werden mussten. Hier wie dann später auch in Syrien hat die OPCW die Zerstörung aller Chemiewaffen und der dazugehörigen Anlagen kontrolliert.

Während es für die atomaren und chemischen Waffen also große Organisationen mit festen Inspektionsteams gibt, fehlt so etwas bei den biologischen Waffen. Kurz zum Unterschied zwischen Bio- und Chemiewaffen: Die biologischen Waffen sind alles, was lebt und eingesetzt wird, um die Menschen, Tiere oder Pflanzen des Gegners zu schädigen; meist Krankheitserreger wie Viren oder Bakterien, mit denen Seuchen ausgelöst werden. Chemische Waffen dagegen sind hochgiftige Chemikalien, meist schon in kleinsten Mengen tödlich, so wie Chlorgas, Senfgas oder das Nervengift Sarin.

Auch für biologische Waffen gibt es ein umfassendes Verbot, schon seit 1975 – allerdings ohne jegliche Überprüfung. Nach dem Ende des Kalten Krieges und der Einigung auf das sehr umfassende Chemiewaffenverbot in den 1990er-Jahren sollte diese Lücke eigentlich geschlossen werden. Über viele Jahre wurde ein sogenanntes Verifikationsprotokoll für die biologischen Waffen verhandelt, jedoch ohne Erfolg. 2001 scheiterten die Verhandlungen am Widerstand der USA, denen die Geheimhaltung ihrer eigenen Labore und Industrien wichtiger war als eine weltweite Kontrolle des Biowaffenverbotes – ein fataler Fehler.

Denn damit gibt es bis heute keine weltweiten, routinemäßigen UN-Biowaffeninspektionen. Die oben geschilderten Inspektionen im Irak beruhten auf speziellen Mandaten des UN-Sicherheitsrates, die sich ausschließlich auf den Irak bezogen. Ein stehendes Inspektorat, so wie die IAEA für Atomwaffen oder die OPCW für Chemiewaffen, gibt es im biologischen Bereich bis heute nicht.

Sollte es doch einmal Vorwürfe gegen ein Land im Bereich der biologischen Waffen geben, liegt die einzige Möglichkeit für eine internationale Untersuchung beim UN-Generalsekretär. Er hat das Mandat, im Zweifelsfall eine UN-Inspektion anzuweisen. In Fachkreisen ist dies als UNSGM bekannt, der »UN Secretary General Mechanism«.[3] Dieser Mechanismus wurde 1980 mit einer Resolution der UN-Generalversammlung etabliert und war ursprünglich für Untersuchungen im Bereich der chemischen und biologischen Waffen gedacht, die OPCW wurde erst später gegründet. Allerdings gibt es dafür keine stehenden Strukturen, keine fest angestellten und ausgebildeten Inspektionsteams. Der Generalsekretär müsste im Zweifelsfall Mitgliedsländer oder andere UN-Organisationen bitten, geeignetes Personal zur Verfügung zu stellen.

## Nie glauben, immer ernst nehmen

Aus meiner Sicht ein unhaltbarer Zustand, denn Inspektionen sind für die Deeskalation von Konflikten zentral wichtig. Sie sind auch unverzichtbar, um ungerechtfertigte Vorwürfe zu entkräften. In praktisch jedem Konflikt wirft mindestens eine Seite der anderen vor, biologische oder chemische Waffen einzusetzen oder eingesetzt zu haben. Gerade weil sie international verboten und geächtet sind, weil sie so grauenvoll sind, eignen sie sich zur Propaganda gegen den Gegner. Sehr oft sind solche Vorwürfe dann auch nur reine Propaganda – manchmal aber eben auch nicht.

Deshalb ist meine ganz persönliche Grundregel im Umgang mit derartigen Vorwürfen: Nie glauben, aber immer ernst nehmen, immer untersuchen. Es könnte fatal sein, auch nur eine einzige Geschichte eines angeblichen Chemiewaffeneinsatzes als Propaganda abzutun und zu ignorieren. Denn wenn es doch keine Propaganda war, wenn doch Giftgas eingesetzt worden ist, kämen die Täter:innen einfach davon. Und könnten ermutigt sein, weiterzumachen.

Das ist keine graue Theorie, sondern ist mindestens einmal genau so passiert, mit ganz fürchterlichen Folgen. Auch hier war der Schauplatz der Irak. Ende der 1980er-Jahre führte Saddam Hussein einen Vernichtungskrieg gegen die kurdische Bevölkerung im Norden des Landes. Über ein Jahr lang setzte er bei der »Operation Anfal« immer wieder chemische Waffen ein. Die Welt schaute weg, obwohl es genug Hinweise gab, um alarmiert zu sein. Kurdische Organisationen hatten international wieder und wieder über die Chemieangriffe informiert. Allerdings wurde Saddam Hussein zu dem Zeitpunkt vom Westen noch hofiert. Er war ein gern gesehener Alliierter im Kampf gegen Iran, da wollte niemand etwas von Chemiewaffen wissen, die er einsetzte. Außer den europäischen Firmen, die ihm die chemischen Anlagen und geeignete Raketen dafür geliefert haben, wohlgemerkt.

Dann kam der 16. März 1988, der sich bis heute tief in die Erinnerung des kurdischen Volkes eingebrannt hat. Die irakische Luftwaffe bombardierte die Stadt Halabdscha mit chemischen Waffen, über 5000 Menschen starben, die Bilder der toten Kinder in den Straßen der Stadt gingen um die Welt. Ich habe die Massengräber in Halabdscha besucht, und mir ging die ganze Zeit nur eines durch den Kopf: Sie alle hätten gerettet werden können. Sie alle würden noch leben, wenn die Welt die Berichte über Saddams Chemieangriffe ernst genommen hätte. Wenn sie früher eingeschritten wäre. Deshalb ist dieses Grundprinzip so wichtig: Immer ernst nehmen, immer untersuchen. Und dafür braucht es die Waffeninspektionen der Vereinten Nationen.

Natürlich gibt es auch die Möglichkeit, dass zivile Organisationen solchen Verdachtsmomenten nachgehen. Entweder, weil die Vereinten Nationen aus politischen Gründen eine Untersuchung verweigern – was bei den Vetomächten im UN-Sicherheitsrat schnell mal der Fall sein kann –, oder aber, um erste Verdachtsmomente so weit zu erhärten, dass die Staatengemeinschaft sich der Sache annimmt. Ich selbst war 2023 mit einem Kollegen der IPPNW, den Internationalen Ärzt:innen für die Verhütung des Atomkrieges, im Nordirak unterwegs, um dem Verdacht nachzugehen, dass die türkische Armee bei ihren Einsätzen im Nordirak gegen die PKK chemische Waffen einsetzt.[4]

Das Problem fängt bei zivilen Untersuchungen jedoch schon beim Zugang an: Die kurdische Autonomieregierung des Nordiraks, die eng mit der Türkei zusammenarbeitet, hat die Kampfgebiete im Norden abgeriegelt. Eine lokale Organisation hatte den Fall eines Bauern dokumentiert, der nach eigenen Angaben von türkischen Soldaten mit chemischen Waffen angegriffen worden war. Auch die behandelnden Ärzte im nahe gelegenen Krankenhaus hatten zunächst festgestellt, dass hier möglicherweise Chemikalien im Spiel waren. Später mussten sie auf Druck der kurdischen Autonomieregierung ihre Aussagen revidieren. Uns war es in unserer zivilen Aufklärungsmission nicht einmal möglich, das fragliche Krankenhaus oder das Dorf des Bauern zu besuchen, um wenigstens Berichte aus erster Hand aufnehmen zu können. Und weil wir nicht einmal in die Nähe des Tatorts kommen konnten, hatte sich auch der Plan erledigt, vor Ort Proben zu nehmen und später in unabhängigen Labors untersuchen zu lassen.

Aus vielen Gesprächen mit örtlichen Organisationen und aus der Sichtung von stapelweisem Bildmaterial konnten wir dann zwar einen Anfangsverdacht formulieren – der aus unserer Sicht für eine internationale Untersuchung ausreichen sollte –, aber mehr eben auch nicht. Ohne einen ungehinderten Zugang zu allen Orten, Fakten und Personen gibt es keine Chance auf unwiderlegbare Beweise, zum Beispiel in Form von Proben, die in einem unabhängigen Labor untersucht werden könnten.

Auf der anderen Seite gibt es Beispiele für zivile Inspektionen, die tatsächlich erfolgreich waren. Im nächsten Kapitel schauen wir uns zum Beispiel die Untersuchung eines Milzbrandunfalls in der sowjetischen Stadt Sverdlovsk (heute Jekaterinburg) genauer an. Diese Untersuchung war eine der wenigen erfolgreichen zivilen Biowaffeninspektionen, die mir bekannt sind. Sie hat keinen Krieg verhindert und den Lauf der Geschichte nicht verändert – aber sie hat eines gezeigt: Mit Beharrlichkeit und guter Wissenschaft lassen sich auch die kleinsten und geheimsten Bakterien aufspüren. Niemand möge sich der Illusion hingeben, auf Dauer illegale Waffenprogramme vor Inspekteur:innen geheim halten zu können.

Natürlich hat es auch mit meiner persönlichen Geschichte und meiner Zeit bei den Vereinten Nationen zu tun, dass ich den besonderen Wert der UN-Waffeninspektionen so hoch schätze. Aber die Kontrollen des iranischen Atomprogramms oder die Zerstörung der syrischen Chemiewaffenanlagen sind auch jenseits meines ganz privaten Enthusiasmus leuchtende Beispiele dafür, wie gefährliche Krisen mit friedlichen Mitteln entschärft werden konnten. Ich möchte mir gar nicht ausmalen, wie die Welt heute aussähe, wenn es damals doch zu Luftangriffen auf Iran oder auf Syrien gekommen wäre. Deshalb ist die klaffende Lücke bei den biologischen Waffen auch so besorgniserregend.

Auch hier könnte eine friedliche Außenpolitik ansetzen, denn im Grunde genommen fehlt es nur an Geld: Auch ohne ein formales Verifikationsprotokoll können interessierte Staaten natürlich jederzeit ein stehendes Inspektorat aufbauen, entsprechende Expert:innen aus aller Welt ausbilden, Labore zertifizieren und das notwendige Material vorhalten. Mit dem oben angesprochenen Mechanismus des UN-Generalsekretärs, dem UNSGM, gibt es ein Mandat für Inspektionen auch im biologischen Bereich. Es könnte künftig deutlich effektiver eingesetzt werden, wenn der Generalsekretär dafür auch über die entsprechenden Ressourcen verfügen würde. Es stünde Deutschland gut zu Gesicht, ein solches UNSGM-Inspektorat für biologische Waffen international anzustoßen und mit aufzubauen.

# Mit Naturwissenschaft gegen Kriegspropaganda

Kennen Sie die Herren Schrader, Ambros, Ritter und von der Linde? Das waren vier Chemiker, die in Zeiten des Nationalsozialismus an immer tödlicheren Nervengasen forschten und am Ende das Sarin erfanden. So stolz waren sie auf ihre Erfindung, dass sie die Bezeichnung »Sarin« aus ihren eigenen Nachnamen zusammensetzten. Prahlerei mit einer der tödlichsten Waffen der Welt.

Sie waren keine Einzelfälle, denn leider ist die Geschichte der Naturwissenschaft auch eine Geschichte des Krieges. Oft unwissentlich und unwillentlich, so wie Robert Kochs Entdeckungen über Bakterien, die die Grundlage für die Biowaffenangriffe im Ersten Weltkrieg schufen. Oder wie Albert Einsteins Arbeiten, die den Weg zur Atombombe ebneten. Fast jede technische Neuerung wurde immer auch militärisch genutzt, Satelliten, Laser, Drohnen – die Liste ist endlos.

Es wäre allerdings ein Fehler, die Naturwissenschaften allein aufseiten des Kriegsapparates zu verorten, als Motor für immer neue Waffen, denn sie können auch eine gewichtige Rolle für die Friedensarbeit spielen. Sie können uns helfen bei der Aufdeckung von Kriegsverbrechen, bei der Verifizierung von Abrüstungsabkommen oder auch bei der Entlarvung von Kriegspropaganda. Wie das gehen kann und welches enorme Potenzial hier für eine friedlichere Welt schlummert, lässt sich hervorragend am Beispiel eines ganz besonderen Mannes erzählen: Matthew Meselson.

Vielleicht kennen Sie ihn noch aus dem Biologieunterricht; er hat 1954 in einem wunderbaren Experiment gezeigt, wie sich die DNA bei der Zellteilung verdoppelt.[1] Das brachte ihm beachtlichen wissenschaftlichen Ruhm ein – den er sehr erfolgreich auch für seine politische Arbeit, für Abrüstung und Rüstungskontrolle einzusetzen wusste. Tatsächlich ist er wahrscheinlich einer der ganz wenigen Menschen, die von sich behaupten können, die Abschaffung einer ganzen Klasse von Massenvernichtungswaffen bewirkt zu haben. Wie es dazu kam, hat er mir vor vielen Jahren einmal während eines langen Gespräches in seinem kleinen Büro auf dem Gelände der Harvard-Universität in Cambridge, Massachusetts, erzählt.

## Biowaffen sind zu billig, die gehören verboten

Anfang der 1960er-Jahre gründete der frisch gewählte US-Präsident John F. Kennedy ein Büro für Rüstungskontrolle. Die »Arms Control and Disarmament Agency« (ACDA) hatte die Aufgabe, Alternativen zum nuklearen Rüstungswettlauf zu entwickeln und dem Präsidenten Abrüstungsvorschläge zu unterbreiten. Als politisches Projekt von Kennedy mit viel Geld ausgestattet, stand die ACDA am Ende ihres ersten Jahres vor dem Problem, das viele öffentliche Verwaltungen kennen: Es muss noch vor dem Jahresende Geld ausgegeben werden, um Budgetkürzungen im nächsten Jahr zu vermeiden.

ACDA machte aus der Not eine Tugend und lud renommierte Wissenschaftler:innen aus den ganzen USA zu einem mehrmonatigen Forschungsaufenthalt ein. Meselson sagte kurzerhand zu, obwohl er sich bis dahin kaum mit Abrüstungsfragen befasst hatte. Er war jedoch politisch interessiert, geprägt von seinem Doktorvater Linus Pauling, einem Nobelpreisträger für Chemie, der sich sehr gegen Atombombentests starkgemacht hatte und als Vater des ersten begrenzten Teststopp-Vertrages gilt. Pauling war zutiefst davon überzeugt, dass die Wissenschaft sich in politische und soziale Fragen einmischen *muss*.

Meselsons Aufenthalt bei der ACDA brachte ihm den Zugang zu höchst geheimen Informationen, denn wer für die US-amerikanische Regierung Abrüstungsideen entwickeln soll, muss zunächst einmal wissen, an was das eigene Militär forscht. So kam es, dass er nach einer umfangreichen Sicherheitsüberprüfung Zutritt zum Allerheiligsten des amerikanischen Biowaffenprogramms in Fort Detrick, Maryland, bekam.

Seit dem Ende des Zweiten Weltkrieges wurden dort biologische Waffen jedweder Art gegen Menschen, Tiere und Pflanzen entwickelt. Milzbrand, Pest, Hasenpest, Botulinumtoxin, Reis- und Weizenkrankheiten wurden in riesigen Mengen produziert und für den Kriegsfall eingelagert. Ein Arsenal des Grauens. Auch biologische Waffen erfordern umfangreiche Forschungs- und Entwicklungsarbeiten, eine effektive Ausbreitung der Viren und Bakterien ist alles andere als einfach. Im Vergleich zu den Atomwaffen ist der Aufwand jedoch erheblich niedriger. Meselson fragte nach dem Sinn des Ganzen – und bekam die ebenso einleuchtende wie banale Antwort, dass biologische Waffen einfach viel billiger seien als jede andere Massenvernichtungswaffe.

Meselson war damals noch ein Neuling auf dem Gebiet der biologischen Waffen und hatte vielleicht gerade deshalb die nötige Distanz, um intuitiv zu erkennen, dass das gleichzeitig ein Argument *gegen* ein amerikanisches Biowaffenprogramm war. Wenn sie so einfach und billig sind, könnten andere Länder dem amerikanischen Beispiel folgen und damit die militärische Vormachtstellung der USA – einfach und billig – aushebeln.

1963 hatte nur eine Handvoll Staaten Atombomben, die Nukleartechnologie war sehr komplex und teuer. Meselson spürte, dass der strategische Vorteil für die Weltmacht USA nicht in billigen Waffen lag, sondern in solchen, die zu teuer und aufwendig für potenzielle Gegner sind. Das waren keine moralischen Überlegungen. Meselson formulierte damals ein rein machtpolitisches Argument. Es folgte ausschließlich einer ebenso patriotischen wie militärischen Logik – und war gerade deshalb maßgeschneidert für einen eingefleischten Machtpolitiker wie Richard Nixon, der 1969 Präsident der Vereinigten Staaten werden sollte.

In den 1960er-Jahren arbeitete Meselson im biologischen Labor der Harvard-Universität. Mittags ging er meist in die Cafeteria in einem angrenzenden Institut, wo er regelmäßig auf einen anderen Harvard-Professor traf: Henry Kissinger. Trotz aller Gegensätze entwickelte sich eine enge Freundschaft zwischen den beiden. Kissinger war Republikaner, während Meselson unter den demokratischen Präsidenten Kennedy und Johnson in Washington ein und aus ging. Es verband sie jedoch ein gemeinsames Interesse an internationaler Politik und dem damals ungehemmt wütenden Rüstungswettlauf zwischen Ost und West.

Bis 1969 war Meselson das Auge und Ohr Kissingers in Washington und berichtete ihm regelmäßig über die neuesten Entwicklungen im Weißen Haus. Mit der Wahl Nixons zum Präsidenten sollten sie ihre Rollen tauschen. Henry

Kissinger wurde Nationaler Sicherheitsberater. In Fragen der biologischen Waffen verließ er sich voll und ganz auf seinen alten Freund und Kollegen in Harvard. »Was soll ich denn nun mit deinem Thema anfangen?«, fragte er Meselson gleich zu Beginn seiner Amtszeit. Der sah seine Chance und nutzte sie.

In den folgenden Wochen schrieb er mehrere Memoranden über die Gefahren biologischer und chemischer Waffen, in denen er immer wieder die eine Frage aufgriff, die ihn seit 1963 umtrieb: Warum sollte die Weltmacht USA, die über ein riesiges atomares Arsenal verfügte, der Welt den Weg zu einer einfacheren und billigeren Massenvernichtungswaffe aufzeigen?

Es lässt sich heute kaum mit Sicherheit sagen, welche Faktoren Nixon am Ende tatsächlich dazu getrieben haben, das riesige Biowaffenarsenal der USA aufzugeben und zu vernichten. Meselson sagt dazu, dass er sich nicht sicher sei, welche Rolle er selbst dabei gespielt habe. Aber er sei sich ganz sicher, dass es das Argument der *zu* billigen, *zu* einfachen Biowaffen war, das am Ende den Ausschlag gegeben hat. Am 25. November 1969 verkündete Richard Nixon, dass die Vereinigten Staaten ihr gesamtes Biowaffenarsenal vernichten und ab sofort biologische Forschung nur noch für friedliche und Verteidigungszwecke durchführen werden. Das machte den Weg frei für Verhandlungen über ein weltweites Biowaffenverbot. Drei Jahre später wurde in Genf die internationale Biowaffenkonvention unterzeichnet, die jegliche Entwicklung, Produktion oder Lagerung von biologischen Waffen weltweit verbietet. Ein grandioser Erfolg.

## Das Ende von Agent Orange

Schon einige Jahre vorher war Meselson als Friedensaktivist aufgefallen. Seit 1965 wurden US-amerikanische Soldaten im Vietnamkrieg eingesetzt. Zur Kriegsführung gehörten massenhaft Tränengas und das berüchtigte »Agent Orange«. Auch wenn es sich dabei nicht um toxische Nervengifte handelte, war ihr Einsatz kaum weniger tödlich. Tränengas wurde vor allem benutzt, um feindliche Kämpfer aus ihren Verstecken zu treiben und sie dann zu erschießen. Und das Pflanzengift Agent Orange war derart mit Dioxin verseucht, dass es bis heute dramatische Folgen für die Gesundheit der Bewohner:innen in den betroffenen Gebieten hat.

Matthew Meselson sah die Gefahr einer chemischen Eskalation auf den Schlachtfeldern Vietnams und wurde aktiv. Er schaffte es im Laufe des Jahres 1966, über 5000 Wissenschaftler:innen in den USA zu mobilisieren, darunter 17 Nobelpreisträger:innen.[2] In einer Petition forderten sie Präsident Johnson auf, sofort den Einsatz aller chemischen Waffen gegen Menschen wie gegen Pflanzen im Vietnamkrieg einzustellen. Sie wiesen darauf hin, dass der Einsatz einer jeglichen chemischen Waffe schnell dazu führen kann, dass andere, noch tödlichere Gifte zum Einsatz kommen und eine chemische Eskalation unausweichlich wird. Vor allem aber griff Meselson in der Petition sein altes Argument auf, dass mit den chemischen und biologischen Waffen viele Staaten in Kürze auch in den Besitz von Massenvernichtungswaffen kommen könnten. Dies sei nur durch ein umfassendes Verbot zu verhindern: »Die Hürden gegen den Einsatz solcher Waffen dürfen nicht fallen.«[3]

Die geballte Macht der Wissenschaft erreichte trotzdem kaum etwas. Bis Ende 1969 werden über 6000 Tonnen Tränengas in Vietnam versprüht, auch der Einsatz von Agent Orange geht ungehemmt weiter. Der Widerstand gegen den Vietnamkrieg radikalisiert sich, weltweit brennen die Barrikaden, die Polizeien setzen das in Vietnam erprobte Tränengas gegen Demonstrationen ein. Aber Meselson arbeitet auf seine Art weiter, hinter den Kulissen in Washington und innerhalb der Wissenschaftsgemeinde. Schon bald gilt er in den USA als der führende Kritiker chemischer und biologischer Waffen. 1969 wird er schließlich von der bekanntesten aller Wissenschaftsorganisationen weltweit, der American Association for the Advancement of Science (AAAS), beauftragt, die ökologischen Folgen von Agent Orange und anderen Pflanzengiften in Vietnam zu untersuchen. Mit einem Etat von 50 000 US-Dollar ausgestattet, fliegt er im August 1970 mit einem kleinen Team für sechs Wochen nach Vietnam.

Die Pflanzengifte, die in Vietnam versprüht wurden, werden oft verharmlosend als Entlaubungsmittel bezeichnet. Das ist nicht falsch: Sie wurden auch dafür genutzt, die Bäume im Dschungel Vietnams großflächig abzutöten, um so freie Sicht auf mögliche Verstecke oder Versorgungsrouten der feindlichen Guerillakämpfer des Vietcong zu schaffen. Bis heute wird jedoch weitestgehend verschwiegen, dass die Gifte vor allem für die Zerstörung von Reisfeldern eingesetzt wurden. Ohne Reis kein Vietcong, so die Logik der Amerikaner.

So bestand auch das Gebiet, das Meselson untersuchen sollte, vor allem aus Reisfeldern. Gegen alle Widrigkeiten gelang es ihm und seinem Team, vor Ort einen Hubschrauber für ihre Mission zu organisieren. Von einem örtlichen Kommandeur wurden sie gebeten, den Erfolg einer Sprühaktion entlang des Flusses Song Re in der Provinz Quang

Ngai zu untersuchen. Das Militär betonte, dass es sich dabei auf keinen Fall um Reisfelder der örtlichen Bevölkerung handeln könne. In dem Gebiet befänden sich keine Häuser oder Hütten oder andere Anzeichen einer Besiedlung, und die Reisterrassen seien gerade erst frisch angelegt worden. Das alles seien eindeutige Zeichen, so das Militär, dass die Reisfelder den Vietcong gehörten, also der Guerilla.

Was Meselson in den kommenden Tagen sah und dokumentierte, sollte einen entscheidenden Beitrag dazu liefern, dass Präsident Nixon wenige Monate später den Einsatz von Pflanzengiften im Krieg komplett einstellte. Das gesamte Tal war klinisch tot, alle Bäume und Pflanzen waren blattlos und dörrten vor sich hin. Und natürlich war das Flussgebiet bewohnt, von den Montagnards, einer ethnischen Minderheit in Vietnam. Selbst auf den amerikanischen Karten war jedes einzelne ihrer Häuser akribisch verzeichnet. Meselson fotografierte sie alle vom Hubschrauber aus. Die Reisterrassen waren jahrzehntealt (und sollten sich später sogar auf französischen Karten aus dem Jahre 1938 wiederfinden). Meselsons Team nahm Kontakt mit den Montagnards auf und interviewte die Anwohner:innen. Die Daten zeigten, dass auf den Reisfeldern nicht die Nahrungsgrundlage der Vietcong, sondern die einer lokalen Dorfbevölkerung zerstört wurde.

Meselson dokumentierte alles mit penibler Genauigkeit. Bis heute sind seine Fotos aus dem August 1970 grauenhafte Dokumente der totalen Zerstörung eines Lebensraumes. Zurück in Saigon, legte er alle Ergebnisse dem Oberbefehlshaber der Vietnam-Truppen vor, der ihm ohne Umschweife zugestand, dass der Einsatz der Pflanzengifte keinen wirklichen militärischen Nutzen habe. Die Entlaubung von Dschungelgebieten macht nicht viel Sinn, weil es nach einem Einsatz wochenlang dauert, bis alle Blätter abgefallen sind. Bis dahin haben sich die Operationsgebiete meist schon wieder verlagert.[4]

Die Daten des Teams um Meselson waren eindrucksvoll genug, um sowohl den amerikanischen Botschafter in Saigon als auch den militärischen Oberbefehlshaber vor Ort zu überzeugen. Beide sprachen sich in einer gemeinsamen Erklärung für ein Ende der Gifteinsätze aus. Im militärischen Apparat stieß dieses Ansinnen jedoch auf heftigsten Widerstand; zunächst tat sich gar nichts in Washington. Erst als ein Reporter der *Washington Post* die Erklärung der beiden Spitzenmänner in Saigon zugespielt bekam, reagierte das Weiße Haus. Am 26. Dezember 1970, einen Tag bevor Meselson seine Forschungsergebnisse auf einer Tagung der AAAS in Chicago vorstellte, erklärte Nixon den Stopp aller Pflanzengifteinsätze in Vietnam. Den Einsatz der US-Truppen in Vietnam konnte er damit nicht beenden, die sollten noch drei weitere Jahre, bis 1973, in diesem mörderischen Krieg bleiben.

## Gelber Regen über Asien

Einige Jahre später legte Meselson sich wieder mit dem Regierungsapparat an. Die Geschichte begann Ende der 1970er-Jahre, nach dem Ende des Vietnamkrieges. Angehörige des Hmong-Stammes in Laos berichteten von Angriffen des vietnamesischen und laotischen Militärs und beschrieben dabei einen gelblichen, krank machenden Niederschlag, der fortan als »Gelber Regen« bezeichnet wurde. Im Westen entstand der Verdacht, dass die Sowjetunion ihre kommunistischen Verbündeten in Laos und Vietnam mit chemischen Waffen unterstützte. Das schien sich zu bestätigen, als im

Juli 1981 ein amerikanisches Labor in den gelben Partikeln potente Pilzgifte nachwies, die als typische Biowaffe gelten.

Die US-Regierung legte sich auf einen Chemiewaffenangriff fest: »Wir haben Beweisstücke aus Südostasien untersucht und darin hohe Konzentrationen von drei potenten Pilzgiften gefunden – Gifte, die es in der Region ansonsten nicht gibt und die außerordentlich toxisch für Menschen und Tiere sind«,[5] behauptete im Herbst 1981 der US-Außenminister Alexander Haig. Zunächst hatte Meselson keinen Grund, an dieser offiziellen Version zu zweifeln. Das sollte sich erst ein gutes Jahr später ändern, als ein britischer Wissenschaftler auf die Idee kam, die Partikel unter das Mikroskop zu legen. Dort fand er zu seinem Erstaunen hauptsächlich Pollen. Blütenstaub. Etwas ungewöhnlich für eine Chemiewaffe.

Das Außenministerium ging in die Offensive. Im November 1982 erklärte es gegenüber der Presse, dass der Gelbe Regen eine Mischung aus Pilzgiften, Lösungsmitteln und Pollen sei. Pollen sei ein optimaler Träger für das Gift, da der Pollen leicht eingeatmet wird und in den Lungen verbleibt, wo das Gift sein tödliches Werk tun kann. Besonders perfide sei, dass der Pollen einen langfristigen Effekt der Waffe garantiere. Selbst wenn der Niederschlag sich abgesetzt hätte, würden die Pollen bei jedem kleinen Windstoß wieder aufgewirbelt werden und eine neue Gefahr darstellen.

Meselson war perplex. Er hatte die gelben Partikel mit eigenen Augen gesehen. Das waren kompakte, fast salzkorngroße Krümel, etwas Wind hätte die nicht aufwirbeln können. Irgendetwas war offensichtlich falsch an der Chemiewaffen-Hypothese. Das gab den Anstoß für Meselson, sich auf eine wissenschaftliche Erkundungsfahrt zu begeben, die ihn auf völlig unbekanntes Terrain führen sollte.

Er besorgte sich aus verschiedenen Quellen Proben des Gelben Regens und lud einige Kolleg:innen aus unterschiedlichen Fachgebieten zu einer Konferenz nach Harvard ein, um mögliche Erklärungen zu diskutieren. Niemand in diesem Kreis hatte zuvor von gelben Niederschlägen oder kleinen Pollenklumpen mit Pilzgiften gehört. Ein Botaniker stellte fest, dass die Pollen in den Partikeln alle von südostasiatischen Pflanzen stammten, die von Bienen befruchtet werden. Kurzerhand riefen die Wissenschaftler:innen Professor Thomas Seely von der Yale-Universität an, der sich jahrelang mit asiatischen Bienenarten befasst hatte und weltweit als Kapazität auf diesem Gebiet galt. Sie schilderten ihm die Geschichte vom Gelben Regen und die Chemiewaffen-Theorie der Regierung. Nach einer langen Pause fing Seely an zu lachen und sagte nur: »That is bee shit.« Bienenkot.

Bienen hüten sich davor, ihr eigenes Nest zu verdrecken. Sie entledigen sich nur im Freien, während des Fluges. In unseren Breiten ist dieses Phänomen als Reinigungsflug bekannt. Nachdem sie als Larven über viele Wochen im Bienenstock gefüttert wurden, müssen die frisch geschlüpften Bienen auf ihrem ersten Flug im Frühjahr erst einmal einen Haufen angesammelten Kot loswerden. Da sie in der Regel in großen Mengen ausschwärmen, kommt es immer mal wieder zum Phänomen eines gelblichen Regens.

Die Bienenkot-Theorie war zwar zunächst etwas ungewöhnlich, aber bis dahin die einzige greifbare Erklärung für das Phänomen. Meselson machte sich daran, die Theorie wissenschaftlich zu erhärten. Die entscheidende Frage war, ob der Pollen im Gelben Regen tatsächlich von den Bienen im fraglichen Gebiet gefressen wurde. Die Lösung lag vor der Haustür. Die Harvard-Universität hat ein Museum, in dem Generationen von Forscher:innen alle möglichen und unmöglichen Dinge aus aller Welt zusammengetragen hatten. Im obersten Stockwerk fanden sich fein säuberlich aufgespießt drei vollkommen vertrocknete Exemplare der Bienenarten, die in der fraglichen Gegend lebten und sich von Pollen ernährten.

Es ging immerhin um eine Frage der nationalen Sicherheit, also nahm Meselson kurzerhand ein Exemplar jeder Art mit in sein Labor, wässerte sie vorsichtig und zerquetschte sie dann fachmännisch. Heraus kam (an einem Ende) Jahrzehnte alter Bienenkot. Dazu muss man wissen, dass die Hülle der Pollenkörner zu den härtesten und widerstandsfähigsten Dingen gehört, die die Natur je hervorgebracht hat. Selbst wenn sich alles andere am Pollen längst zersetzt hat, die Hüllen erhalten sich Hunderte bis Tausende von Jahren. Und an der äußeren Form der Hülle kann man eindeutig die Pflanzenart bestimmen, von der der Pollen stammt.

Es stellte sich heraus, dass Meselsons Proben genau die Pollenarten enthielten, die zuvor im Gelben Regen gefunden worden waren. Es schien damit erwiesen, dass die heimtückischen Angreifer im asiatischen Dschungel keine sowjetischen Chemiewaffeningenieure waren, sondern reinliche Bienen. Doch Washington wehrte sich weiterhin vehement und behauptete, in den Tropen gäbe es keine langen Winter, sondern immer gleiche Temperaturen und deshalb keinen Grund für Reinigungsflüge. Und wenn Meselsons Theorie stimmen würde, müsste es immer und überall in Asien das Phänomen eines gelben Regens geben, und das sei bislang nirgendwo dokumentiert.

Den letzten Beweis konnte nur eine Bienenforscher-Expedition nach Asien bringen. Die amerikanische MacArthur-Stiftung steuerte 5000 Dollar bei, und Meselson machte sich gemeinsam mit Seely auf den Weg. Ihr Team wurde in Bangkok von einem thailändischen Bienenspezialisten verstärkt. Seely kannte von früheren Forschungsreisen die Standorte von einigen Bienennestern im Grenzgebiet zu Laos. Vor Ort fanden sie die Nester mit den Bienen und legten als Kotdetektoren große weiße Papierstücke rund um den Baum mit den Bienennestern aus. Schon wenige Stunden später waren diese über und über mit kleinen gelben Klumpen bedeckt. Im weiteren Verlauf der Reise konnten sie dann sogar noch zweimal den Gelben Regen direkt beobachten. Zurück in den USA, veröffentlichten Meselson und Seely ihre Ergebnisse – die Biowaffentheorie war damit eindeutig widerlegt.

## Milzbrand über Sverdlovsk

Ungefähr zur gleichen Zeit war Matthew Meselson auch noch mit einem weiteren vermeintlichen Biowaffenfall befasst. 1979 gelangten Berichte aus der sowjetischen Stadt Sverdlovsk (heute Jekaterinburg) in den Westen, nach denen dort Dutzende Einwohner:innen innerhalb weniger Wochen an Milzbrand gestorben seien. Im Westen kursierte bereits die Vermutung, dass eine militärische Einrichtung der Sowjets in Sverdlovsk an biologischen Waffen arbeitete. Der Schluss lag nahe, dass die Milzbrandbakterien von dort in die Umwelt gelangt waren. Die sowjetische Führung hingegen erklärte, dass Tiere in der Gegend um Sverdlovsk auf natürlichem Wege an Milzbrand erkrankt seien und sich mehrere Menschen durch den Verzehr von infiziertem Fleisch angesteckt hätten – eine durchaus plausible Erklärung, da mit Milzbrand verseuchtes und ungenügend erhitztes Fleisch weltweit immer wieder zu Milzbrandausbrüchen führt.

Im März 1980 wurde Meselson in das Hauptquartier der CIA in Langley, Virginia, eingeladen, um die vorliegenden Daten zu bewerten. In seiner Erinnerung lagen im Kern zwei Informationen vor, die sich widersprachen. Einerseits zogen sich die Erkrankungen in Sverdlovsk über einen Zeitraum von zwei Monaten hin, was sich am ehesten mit einer Ansteckung über verseuchtes Fleisch erklären ließ. Andererseits hatte die CIA einen Informanten in der Stadt, der sich sehr sicher war, dass es sich um Lungenmilzbrand handelte und nicht um Magen-Darm-Milzbrand. Also eine Infektion über die Luft, was wiederum auf einen möglichen Unfall in einer Milzbrandfabrik schließen ließ. Aufklärung konnte nur eine unabhängige Inspektion vor Ort bringen, aber die war unter den politischen Rahmenbedingungen der frühen 1980er-Jahre natürlich undenkbar.

Erst mit dem Ende der Sowjetunion erhielt Meselson grünes Licht für eine Mission vor Ort, die ein ungeahnter Erfolg werden sollte. Zusammen mit einem kleinen Forschungsteam gelang Meselson der Nachweis, dass seinerzeit, also 1979, tatsächlich eine Wolke der tödlichen Bakterien über Sverdlovsk hinweggezogen war, ausgehend von einem geheimen Militärgelände im Herzen der Stadt. Der Ausgangspunkt der Untersuchung war eine Liste aller Todesopfer von 1979, einschließlich ihrer genauen Adressen. Damit hatte die Soziologin im Team, Meselsons Ehefrau Jeanne Guillemin, die Möglichkeit, den genauen Aufenthaltsort jedes Opfers in der fraglichen Zeit zu ermitteln. Wochenlang klapperte sie zusammen mit einer Übersetzerin alle Verwandten und Bekannten der Opfer ab. Das Ergebnis dieser Fleißarbeit ist faszinierend. Während die *Wohnorte* der Milzbrandtoten wahllos über die Stadt verteilt lagen, konzentrierten sich ihre *Aufenthaltsorte* tagsüber auf einen eng begrenzten Korridor südöstlich des geheimen Militärgeländes. Man konnte auf der Karte förmlich die Ausbreitung einer tödlichen Wolke nachvollziehen, die sich wie eine Rauchfahne Richtung Südosten verbreitete.

Die Anhänger der Fleischtheorie stützten sich im Wesentlichen auf mehrere dokumentierte Fälle von Milzbrand bei Tieren, die in der Nähe von Sverdlovsk im Frühjahr 1979 aufgetreten waren. Das Team konnte jedoch zeigen, dass ausnahmslos alle diese Fälle von Tiermilzbrand in Dörfern aufgetreten waren, die in genau jenem engen Korridor südöstlich von Sverdlovsk lagen, den Guillemin anhand der Aufenthaltsorte der Milzbrandtoten ermittelt hatte.

Es besteht heute kein Zweifel mehr daran, dass 1979 hochinfektiöse Milzbrandbakterien von einer militärischen Anlage in Sverdlovsk freigesetzt wurden. Wie das genau passieren konnte, ist bis heute allerdings unklar. Eine viel zitierte, aber bislang nicht wirklich belegte Hypothese geht davon aus, dass in der geheimen Anlage Milzbrandsporen in großem Maßstab verarbeitet wurden. Die gesamte Abluft musste mit Feinstaubfiltern gereinigt werden, damit keine Bakterien nach außen drangen. Beim Auswechseln eines solchen Filters könnte es dann zu einem Fehler gekommen sein, der über mehrere Stunden nicht bemerkt wurde. In der Zeit hätte eine Milzbrandwolke entweichen und mit dem Wind über die Stadt hinweg aufs Land hinaustreiben können. Was auch immer die genaue Ursache war, es war ein Triumph der Wissenschaft, selbst dreizehn Jahre nach dem Ereignis noch den klaren Beweis für einen Biowaffenunfall liefern zu können. Ein Wissenschaftskrimi allererster Güte, den Jeanne Guillemin in einem packenden Buch in allen Details veröffentlicht hat.[6]

## Naturwissenschaft und Friedensforschung

Matthew Meselson ist sicherlich eine Ausnahmepersönlichkeit. In seinem wissenschaftlichen Leben hat er fast alles erreicht, vom elegantesten Experiment in der Geschichte der Biologie bis hin zum Lasker Award, der höchsten medizinisch-wissenschaftlichen Auszeichnung in den USA. Vor allem aber können wir aus seiner Geschichte lernen, dass ein kritischer Geist, sauber recherchierte Fakten und wissenschaftliche Nachweise das beste Mittel gegen Kriegspropaganda und für eine starke Rüstungskontrolle sind. Man muss es nur machen – und daran hakt es leider bis heute, international wie auch hier in Deutschland.

Zwar gibt es an den Universitäten in Hamburg und Darmstadt jeweils eine Professur für Naturwissenschaftliche Friedensforschung, einzelne Wissenschaftler:innen haben sich auch in einem lockeren Forschungsverbund zum Thema zusammengefunden, aber das sind jeweils doch sehr kleine Nischen, und zwar in beide Richtungen: In der Friedensforschung sind kaum Naturwissenschaftler:innen anzutreffen, und in den naturwissenschaftlichen Disziplinen gibt es in Forschung und Lehre praktisch gar keine Bezüge zu Krieg, Frieden und Abrüstung. Eine Ausnahme ist hier vielleicht die Physik, die durch die Entwicklung der Atombombe doch nachhaltig erschüttert wurde und sich noch am ehesten die Frage nach der Verantwortung von Wissenschaft stellt. In meinem Studium als Biologe bin ich mit solchen Fragen niemals in Berührung gekommen; wir mussten uns als Studierende schon selbst organisieren, um zum Beispiel die Frage nach dem Risiko der Gentechnik aufzuwerfen.

Es ist an der Zeit, eine viel stärkere Verknüpfung zwischen Naturwissenschaft, Technik und Friedensarbeit herzustellen. In den naturwissenschaftlichen Disziplinen sollte eine kritische Reflexion über einen möglichen militärischen Missbrauch der eigenen Arbeit viel stärker verankert werden. Das wäre dann auch eine Art Früherkennungssystem, um militärische Nutzungen vorauszusehen und mögliche Abrüstungsverhandlungen frühzeitig einleiten zu können, wir werden später im Kapitel zur Abrüstung noch näher darauf eingehen. Für die Abrüstung und Rüstungskontrolle braucht es viele, viele Meselsons, die ihre naturwissenschaftlichen Fähigkeiten einsetzen, um Verträge zu überprüfen, Messverfahren zu entwickeln und Behauptungen vor Ort zu verifizieren, damit Fake News und Kriegspropaganda durch gesicherte Fakten entkräftet werden können.

# Nachrichten machen Krieg

Auch der erste Irakkrieg begann mit einer Lüge. Und mit was für einer! Der Irak hatte im August 1990 das kleine Nachbarland Kuwait überfallen und annektiert. Am 10. Oktober 1990 organisierte ein Ausschuss des US-Kongresses eine Anhörung zu der irakischen Invasion in Kuwait. Unter Tränen und deutlich bis ins Mark erschüttert schilderte eine junge kuwaitische Krankenschwester die unfassbare Brutalität der irakischen Soldaten in Kuwait. Sie seien in ihr Krankenhaus gestürmt, hätten dort die Frühgeborenen aus den Brutkästen gerissen und sie auf dem kalten Boden sterben lassen.

Der damalige Präsident George H. W. Bush wiederholte diese Geschichte wieder und wieder, das amerikanische Volk war mobilisiert, dem brutalen Dämon Saddam Hussein musste Einhalt geboten werden. Drei Monate später begann der Angriff einer internationalen Koalition auf den Irak unter der Führung der USA.

Der Überfall Iraks auf Kuwait war real, er war völkerrechtswidrig und er war zu verurteilen. Aber alles andere an dieser Geschichte war erstunken und erlogen. Kein einziges Baby war aus dem Inkubator gerissen worden, die Krankenschwester war keine Krankenschwester, der Ausschuss gar kein Ausschuss, und inszeniert worden war alles von einem engen Vertrauten George Bushs. Ein gutes Jahr später deckte die *New York Times* die Geschichte hinter der Geschichte auf, die seitdem unter dem Namen »Brutkastenlüge« Eingang in die Hall of Fake News gefunden hat.[1]

Orchestriert worden war diese Lüge von einem Mann namens Craig Fuller, früherer Stabschef von George Bush und wichtigster Mann in der seinerzeit größten US-amerikanischen PR-Agentur Hill & Knowlton. Finanziert von der kuwaitischen Exilregierung mit über 10 Millionen Dollar, war der Auftrag, die öffentliche Meinung in den USA für einen Krieg gegen Saddam zu mobilisieren. Das ganze Land wurde mit einer breiten Propagandawelle überzogen, aber das Herzstück der Aktion waren die toten Kinder. Denn tote Kinder funktionieren immer.

Dafür wurden einige wohlgesinnte Abgeordnete im US-Kongress zusammengetrommelt, die in einer informellen »Menschenrechtsgruppe« organisiert waren, englisch »Human Rights Caucus«. Dieser Caucus organisierte die Anhörung zu der irakischen Invasion ganz informell – was wichtig war, denn so wurden die Zeug:innen nicht unter Eid vernommen, und es durfte straflos gelogen werden, dass sich die Balken bogen. Die angebliche Krankenschwester war die Tochter des kuwaitischen Botschafters in den USA, von der PR-Agentur akribisch auf den Auftritt vorbereitet. Aus dem Jahre 1992 gibt es eine ganz hervorragende WDR-Reportage, die auch einen Besuch des besagten Krankenhauses in Kuwait dokumentiert. Die interviewte Leiterin ist sehr klar in ihrer Aussage, dass dort niemals Babys aus den Brutkästen gerissen worden seien.[2]

## Das erste Opfer des Krieges ist immer die Wahrheit

Fake News sind keine Erfindung des Internetzeitalters, seit Jahrhunderten wird gelogen – vor allem im Krieg. Oder vor dem Krieg, wenn es darum geht, die eigenen Reihen zu schließen und sich die moralische Legitimation für das kommende Blutvergießen zu besorgen. Wenn man heute Abhandlungen über Fake News liest, fällt eines auf: Sie werden eigentlich immer den Extremisten, Kriminellen oder Diktatoren zugeordnet. Dabei zeigen die Brutkastenlüge oder auch der Milzbrand-Auftritt von Colin Powell vor dem UN-Sicherheitsrat im Februar 2003, dass auch Demokratien zur gezielten Desinformation greifen, wenn es um Krieg und Frieden geht.

Daraus folgt eine ganz nüchterne Erkenntnis: Kritischer Journalismus ist auch Friedensarbeit. Die Arbeit von *New York Times* und *WDR* kam leider zu spät, sie konnten die infame Brutkastenlüge erst Monate später ganz entlarven, da war der Krieg fast schon wieder vorbei. Die Möglichkeit – und Notwendigkeit – einer unabhängigen Medienlandschaft wird aber deutlich: Wenn die Herrschenden befürchten müssen, mit ihrer Kriegspropaganda aufzufliegen, werden ihnen Grenzen gesetzt. Grenzen, die jeden Tag aufs Neue gezogen werden müssen, indem Propagandalügen aufgedeckt, Halbwahrheiten entlarvt werden und jede Geschichte kritisch hinterfragt wird. Ein Anspruch, der leider viel zu häufig mit der Arbeitsrealität und dem Zeitdruck in den Redaktionen kollidiert.

Nicht immer sind die Kriegslügen so drastisch wie bei der Brutkasten-Erzählung. Manchmal sind die Manipulationen der Herrschenden viel subtiler und auch von den kritischsten Medien auf den ersten Blick kaum zu erkennen. Oder es schleichen sich einfach nur Fehler in die Darstellungen ein, die in der Hektik des Alltags weitergetragen werden und am Ende über Krieg und Frieden entscheiden können. Ich selbst bin zweimal mit einer Berichterstattung konfrontiert gewesen, die aufs Fatalste die wissenschaftlichen Fakten einer UN-Untersuchung ins Gegenteil verkehrt und damit den Kriegstreibern – unbewusst und ungewollt – ordentlich Futter geliefert hat.

## »Some activities may still be ongoing …«

Das erste Beispiel spielt im Iran. Am 8. November 2011 veröffentlichte die Internationale Atomenergieorganisation (IAEA) einen Bericht zum iranischen Atomprogramm.[3] Die Medien überschlugen sich in ihren Superlativen, alle waren sich einig: Der Iran hat bald die Bombe. Die *Bild* ging so weit, zu fragen, ob die »Atomraketen der Mullahs auch uns treffen« könnten.[4] Die Angst ging um.

Der damalige israelische Präsident Schimon Peres drohte, ein Angriff seines Landes auf die iranischen Atomanlagen werde »immer wahrscheinlicher«. In den USA wurde offen über einen »Regime Change«in Teheran gesprochen. Den Worten folgten konkrete Schritte; der damalige US-Präsident Barack Obama setzte neue Sanktionen gegen den Iran in Kraft. Die Regierung in Teheran antwortete mit einem groß angelegten Manöver und simulierte die Sperrung der Straße von Hormus. Krieg lag in der Luft.

Ich saß damals als Abgeordneter im Auswärtigen Ausschuss des Bundestages und musste mir deshalb den IAEA-Bericht etwas genauer anschauen. Nun bin ich kein Atomexperte, aber immerhin hatte ich selbst schon einmal an vergleichbaren Berichten für den UN-Sicherheitsrat mitgeschrieben und eine ungefähre Vorstellung davon, wie so ein Bericht zu lesen ist. Am Ende habe ich ihn mehrfach Wort für Wort akribisch durchgearbeitet und fand – nichts. Wirklich nichts, überhaupt gar nichts, was auf eine akute iranische Atombombengefahr hinweisen würde. Alles in diesem Bericht sagte unmissverständlich, dass der Iran ein mögliches Atomwaffenprogramm seit Jahren eingestellt hatte.

Wie konnte es sein, dass die Weltpresse seit Tagen genau das Gegenteil behauptete? Dass Bombenangriffe und ein gewaltsamer Regierungswechsel offen angedroht wurden? Ich war erschüttert und bin es bis heute, denn diese Geschichte ist für mich ein mahnendes Beispiel dafür, wie professionelles Faktenverdrehen funktioniert. Im Englischen gibt es dafür den Begriff der »Spin Doctors«. »Spin« ist der Dreh, mit dem eine bestimmte Geschichte verkauft wird, mit dem aus einer schlechten eine gute Nachricht gemacht wird. Die Waffenexporte sind im letzten Jahr gestiegen? Ja, aber im Vergleich zu den letzten zehn Jahren sind sie gesunken.

Ein Faktum in sein Gegenteil umzudeuten, am besten noch, ohne zu lügen, ist die Königsdisziplin der politischen Kommunikation. Und hat im Falle des IAEA-Berichts vom November 2011 leider sehr gut funktioniert. Um zu verstehen, was damals genau passiert ist, müssen wir ein bisschen tiefer in diesen IAEA-Bericht einsteigen. Im Grunde genommen macht der Bericht drei wichtige Aussagen:

*Erstens* zeichnet er für die Zeit bis 2003 ein klares Bild: Es gab bis 2003 ein militärisches Atomwaffenprogramm im Iran. In diesem Punkt ist der Bericht sehr überzeugend, auch wenn der Iran das bis heute bestreitet und als Fälschung abtut. Ich halte es für gesichert und sehr gut belegt. Der Iran hat an der Bombe gebaut. Bis 2003. Aber das Programm danach eingestellt.

*Zweitens* hat die IAEA für die Zeit nach 2003 genau ein einziges Indiz für mögliche waffenrelevante Aktivitäten im Iran. Es handelt sich um eine Veröffentlichung auf einem internationalen Kongress im Jahr 2005 über sogenannte »Bridge Wire Detonators«. Das sind ganz besondere hochpräzise Zündvorrichtungen für Sprengstoff, die für den Bau einer Atombombe unverzichtbar sind und nur recht wenige andere, zivile Anwendungen haben. Eines springt hier jedoch sofort ins Auge: Diese Arbeit wurde veröffentlicht. Auf einer internationalen Bühne. Daraus lässt sich doch nicht ableiten, dass der Iran ein streng geheimes Atomwaffenprogramm hat, sondern im Gegenteil: Offenbar ist da nichts (mehr) geheim.

Es liegt sehr nahe, dass hier Ergebnisse aus der Zeit vor 2003, aus dem damaligen geheimen Atomprogramm, publiziert wurden. Das ist ein Muster, das wir auch aus anderen Waffenprogrammen kennen. So publizierten russische Biologen Mitte der 1990er-Jahre Forschungsergebnisse, die ganz offensichtlich aus dem 1992 eingestellten Biowaffenprogramm der Sowjetunion stammten. Dahinter steht ein ganz einfacher Mechanismus in der Wissenschaft: Nur wer publiziert, wird als Wissenschaftler:in ernst genommen, und wenn meine Arbeit im früheren Waffenprogramm eingestellt wurde, brauche ich einen neuen Job – und versuche dann natürlich, so viel wie möglich zu veröffentlichen. Insofern ist die Publikation über die ominösen »Bridge Wire Detonators« im Jahre 2005 eher ein deutlicher Hinweis darauf, dass Iran damals eben KEIN Atombombenprogramm mehr unterhielt.

Zum *Dritten* enthielt der IAEA-Bericht noch zwei weitere

Hinweise auf mögliche Forschungsarbeiten in Iran, die auch für Atomwaffen nutzbar wären. Dabei ging es um Neutronenquellen und kugelförmige Uranteile. Das mag gefährlich sein oder nicht, das spielt gar keine Rolle, denn das Problem dieser Hinweise ist ihre Quelle: »Informationen von Mitgliedsstaaten«, im Klartext also Geheimdienste. Nun wissen wir, dass Hinweise von Geheimdiensten mit Vorsicht zu genießen sind. Das Wesen von Geheimdienstinformationen ist, dass sie außerhalb der Dienste meist nicht unabhängig überprüfbar sind. Sie können richtig oder falsch sein, manchmal sind sie auch bewusst gelogen. Skepsis ist darum angebracht. Eine UN-Organisation wie die IAEA darf eine Theorie über mögliche Atomwaffenaktivitäten in Iran jedenfalls nicht allein auf solche Quellen stützen. Als Sprachrohr von Geheimdiensten diskreditiert sie sich selbst.

Das weiß auch die IAEA und kommt am Ende ihres Berichtes deshalb zu der sehr vagen Schlussfolgerung: »some activities may still be ongoing«, einige Aktivitäten dauern möglicherweise an. Daraus abzuleiten, dass der Iran kurz vor der Bombe steht, dass Atomraketen uns hier in Deutschland treffen könnten, ist absurd.

Natürlich plagten mich Selbstzweifel. Wenn dir auf der Autobahn Hunderte entgegenkommen, bist du vielleicht selbst der Geisterfahrer. Vielleicht war die Interpretation der Weltpresse doch richtig und meine falsch? Um mir Gewissheit zu verschaffen, fuhr ich kurzerhand nach Wien und fragte direkt bei der IAEA nach. Dabei halfen mein Status als Bundestagsabgeordneter und vor allem meine eigene Geschichte als UN-Waffeninspektor; es war ein Gespräch unter Ex-Kollegen sozusagen. Was ich von den Kollegen der IAEA in Wien erfuhr, bestätigte meine Vermutungen, in dieser Eindeutigkeit und Klarheit hatte ich es jedoch nicht erwartet: Natürlich habe Iran das Waffenprogramm 2003 eingestellt, *alle* wüssten es, der BND, die CIA, auch der Mossad, so die klare Aussage der IAEA-Kollegen. Dazu passte auch eine Veröffentlichung der US-Regierung, die 2007 in ihrem öffentlichen »National Intelligence Estimate« genau diese Position vertreten hatte: Das iranische Atomwaffenprogramm wurde 2003 eingestellt.[5]

## Spindoktoren am Werk

Wenn das alles so klar ist – wie konnte es dann in der Öffentlichkeit zur völligen Verdrehung der Tatsachen kommen und in der Folge zu realen Eskalationen?

Um das zu verstehen, müssen wir noch ein paar Tage weiter zurückgehen. Offenbar waren einzelne Medien schon vor der offiziellen Veröffentlichung in den IAEA-Bericht eingeweiht. Sie veröffentlichten schon vor dem 8. November 2011 Berichte mit dem entsprechenden Spin. Das ist eine recht einfache und immer wieder erfolgreiche Methode von Spindoktoren, den Tenor einer Berichterstattung zu beeinflussen: Eine begehrte Information wird vorzeitig und möglichst exklusiv an einzelne Journalist:innen gegeben, versehen mit eigenen Kommentaren, die die Lesart vorgeben.

So wartete die *Los Angeles Times* bereits am 7. November 2011 mit einem langen Artikel auf, der den Ton für die folgende Berichterstattung setzte. Schon die Überschrift war sehr deutlich: »Iran kann die Atombombe bauen, sagt die IAEA.«[6] In ihrem gesamten Artikel bezieht sich die Zeitung kein einziges Mal direkt auf den Bericht, sondern immer nur auf ungenannte Offizielle, die den Bericht kennen würden. So machte sich die *Los Angeles Times* unangreifbar, verrichtete damit aber bewusst und willentlich das Geschäft derjenigen in der US-Regierung, die ein großes Interesse an der Iran-hat-die-Bombe-Geschichte hatten.

Die Zeitung setzte auch gleich eine weitere Legende in die Welt, die die Diskussion nachhaltig bestimmen sollte: In nur sechs Monaten könne der Iran genug Uran anreichern, um die Bombe zu bauen. Völlig egal, dass im gesamten IAEA-Text an keiner einzigen Stelle diese sechs Monate erwähnt werden: Es wurde die zentrale Nachricht der kommenden Tage. Der Iran hat in einem halben Jahr die Bombe.

Die *Los Angeles Times* war nicht das einzige Medium, das vorab einen Spin gesetzt hat. Diese Art des Journalismus ist aus meiner Sicht falsch und auch nicht mit Konkurrenzdruck oder anderweitig zu rechtfertigen. Wer im Austausch für eine begehrte Information bereit ist, einen bestimmten Spin zu verbreiten, ohne ihn auf Wahrheitsgehalt zu überprüfen, macht schlechten Journalismus. Das ist einfach. Schwierig ist allerdings die Frage, warum sich diese Lesart auch nach dem 8. November durchgesetzt hat bis heute.

Ich kam mal wieder zu spät, meine Analyse des IAEA-Berichts war erst einige Tage später fertig. Wir haben den Bericht dann im Bundestag thematisiert, konnten da einige Zweifel an der herrschenden Lesart säen und ihn zweimal auf die Tagesordnung in Ausschüssen setzen – aber es gab keine Chance mehr, den Spin zu drehen. Das war eine sehr wichtige Erkenntnis: Die ersten Überschriften geben den Ton an, auf lange Sicht. Deshalb saß ich bei meinem zweiten Beispiel, einige Jahre später, sekundenpünktlich vor meinem Computer, um nicht schon wieder zu spät zu kommen.

## Chlorgas über Douma?

Dabei ging es um Untersuchungen der »Organisation zum Verbot Chemischer Waffen«, OPCW, in Syrien 2018. Im Laufe des syrischen Bürgerkrieges gab es immer wieder Vorwürfe, dass die jeweils andere Seite Chemiewaffen eingesetzt habe. In einigen Fällen – wie beim Sarin-Angriff auf Ghouta – konnte das durch OPCW-Analysen eindeutig bestätigt werden.

Am 7. April 2018 gab es heftige Angriffe des syrischen Regimes auf die von Rebellen gehaltene Stadt Douma. Sofort wurde der Vorwurf erhoben, dass bei den Luftangriffen auch Chemiewaffen eingesetzt worden seien. Weltweit drehten die Propagandamaschinen heiß. Ich selbst war anfangs sehr skeptisch. Die Berichte und Bilder waren widersprüchlich, gespickt mit zu viel offensichtlicher Propaganda. Im Laufe der Tage häuften sich dann jedoch Anzeichen, die den Vorwurf eines Chemieangriffes erhärteten. Ich war trotzdem nicht restlos überzeugt.

Die USA, Großbritannien und Frankreich stellten sich solche Fragen nicht, sie bombardierten nur eine Woche später Ziele in Syrien, als Reaktion auf den mutmaßlichen Giftgasangriff. Eine neue Eskalation des damals schon sehr blutigen Krieges stand im Raum. Sie machten sich gar nicht erst die Mühe, den angeblichen Chemiewaffeneinsatz zu verifizieren, sondern griffen einfach an. Ironischerweise genau an dem Tag, als die OPCW den Untersuchungen vor Ort nachgehen wollte. Rund zwei Wochen später war es dann aber so weit, mit Einverständnis der syrischen Regierung konnte die OPCW den Vorfall in Douma untersuchen. Die Inspekteur:innen sprachen mit Opfern und Ärzt:innen, dokumentierten die Situation vor Ort und nahmen auch chemische Proben zur weiteren Analyse. Das mediale Interesse war natürlich weltweit riesig, ging es doch hier um die eventuelle Rechtfertigung der Bombenangriffe durch USA, Großbritannien und Frankreich und das Risiko einer weiteren militärischen Eskalation.

Und ich mittendrin. Damals war ich als freier Mitarbeiter der Rosa-Luxemburg-Stiftung eigentlich mit ganz anderen Themen befasst, aber seit Jahren verfolge ich alle Themen über biologische und chemische Waffen, sozusagen als mein kleines persönliches Spezialgebiet. Für den 6. Juli 2018 hatte die OPCW einen Zwischenbericht mit ersten Befunden angekündigt. Ich erinnere es nicht mehr genau, aber ich glaube, die Veröffentlichung war für 14 Uhr vorgesehen. Auf jeden Fall saß ich zu angegebener Zeit vor dem Computer, um den Bericht schnellstmöglich zu analysieren und die wichtigsten Befunde zu veröffentlichen. Denn solche Berichte sind ja nicht ganz einfach zu lesen, sie sind oft sehr technisch und setzen ein gewisses Grundlagenwissen voraus. Ich sah meine Aufgabe darin, sie so sachlich wie möglich zusammenzufassen und eine Einschätzung abzugeben, was die technischen Details letztlich bedeuteten. Und zwar so zeitnah wie möglich. Ich wollte nicht noch einmal zu spät kommen wie beim iranischen Atomprogramm.

Dann kam alles ganz anders. Pünktlich zur angegebenen Uhrzeit knickte der Server der OPCW ein und war nicht mehr erreichbar. Über zwanzig Minuten versuchte ich wieder und wieder, die Website zu erreichen, ohne Erfolg. Um dann festzustellen, dass alle großen Medienportale schon etwas veröffentlicht hatten, und zwar unisono mit dem Tenor: Die OPCW weist Chlorgas in Douma nach. Einige dieser Meldungen sind heute noch online.[7]

Erst habe ich mich noch darüber geärgert, dass ich so

spät dran war. Aber dann klappte es endlich mit dem Download, und ich musste feststellen, dass alle Meldungen falsch waren: Laut Befund der OPCW gab es kein Chlorgas über Douma. Bei ihrer Untersuchung hat die OPCW keinerlei Nervengase oder Abbauprodukte davon gefunden. In Umweltproben wurden »chlorierte Substanzen« identifiziert, die allerdings auf vielfältige Weise entstanden sein können. Die OPCW schrieb klar und unmissverständlich, dass die Bedeutung dieser Funde noch nicht geklärt sei und dass die Untersuchung andauere. Also keine neuen Erkenntnisse: Es war weiterhin unklar, ob Giftgas eingesetzt worden war oder nicht, beides schien aus damaliger Sicht noch möglich.[8]

Für mich war das ein Schock. Wie konnte es sein, dass alle großen Medien in der ganzen Welt eine Falschmeldung brachten, die nichts, aber auch gar nichts mit dem Befund der OPCW zu tun hatte? Der Verdacht lag nahe, dass sie alle genauso wie ich an der OPCW-Website gescheitert waren, selbst gar keinen Zugang zu dem Bericht hatten und sich auf eine andere Quelle stützten.

Später konnten wir rekonstruieren, dass wohl eine größere internationale Nachrichtenagentur schon kurz nach 14 Uhr eine Meldung abgesetzt hatte mit der Kernaussage: UN-Inspektion findet Chlorgas in Douma. Vermutlich haben viele Redaktionen diese Meldung einfach übernommen, ohne auch nur einen Blick auf den Originalbericht zu werfen (oder werfen zu können). Bei einigen gab es später noch Korrekturen, aber der Ton war gesetzt: Giftgas über Douma, die Bombenangriffe des Westens offensichtlich gerechtfertigt, auf zu neuen Taten. Der Boden für eine weitere kriegerische Eskalation war bereitet.

Es ist müßig, darüber zu spekulieren, ob der Agentur im Zeitdruck einfach ein Fehler unterlaufen war oder ob jemand ihr gezielt diese Falschinterpretation des OPCW-Berichtes untergejubelt hat. Auch ein einfacher Fehler ist tatsächlich gar nicht so unwahrscheinlich, denn die OPCW fand in den Proben aus Douma sogenannte Chloride, die sich im Englischen fast genauso anhören wie Chlorgas (»Chlorine«), da kann dann schnell mal etwas durcheinandergehen. Aber ob Fehler oder nicht, wir sehen hier die ganz besondere Verantwortung von Nachrichtenagenturen. Sie sind als journalistische Dienstleistungsunternehmen geradezu dafür da, dass viele Redaktionen in der ganzen Welt ihre Nachrichten bedenkenlos übernehmen. Ein derart drastischer und kriegsrelevanter Fehler in einer Agenturmeldung kann entsprechend sehr weitreichende Folgen haben.

## Zeitdruck versus Fakten

Wer hier jetzt mit dem Begriff »Lügenpresse« kommt, liegt völlig falsch. Selbst wenn wir für einen Moment den unwahrscheinlichen Fall annehmen, dass die Agentur hier aus politischen Gründen bewusst gelogen hat: In all den Redaktionen rund um den Globus, die sich auf die Agenturmeldung verlassen haben, hat niemand gelogen, und niemand wurde gesteuert oder gleichgeschaltet. Die haben keine Propaganda gemacht, sondern ihre Arbeit. Da allerdings ist ihnen ein Fehler unterlaufen. In einem Umfeld, das von enormem Konkurrenzdruck geprägt ist, getrieben nicht zuletzt auch von der Sekundenschnelligkeit der sozialen Medien. Es ist ein strukturelles Problem der heutigen Medienwelt, dass in zugespitzten Situationen Schnelligkeit vor Faktencheck geht.

Kaum eine Redaktion leistet sich heutzutage noch die Haltung, in einer solchen Situation auf den OPCW-Bericht zu warten, selbst wenn um sie herum die gesamte Konkurrenz bereits die heiße Meldung auf der Titelseite hat. Haltung bedeutet Arbeit und kostet Geld, wie es der langjährige Vizechef der *Frankfurter Rundschau*, Stephan Hebel, kürzlich in einem Essay schön auf den Punkt brachte.[9] Geld und Zeit, von denen es in den privatwirtschaftlich organisierten Medien viel zu wenig gibt. Am Ende leben sie von den Klickzahlen, und wer zu spät kommt, hat verloren.

Im Grunde genommen war es bei mir genauso. Warum saß ich denn Punkt 14 Uhr vor dem Computer und wollte den OPCW-Bericht so frisch wie möglich haben, sekundenschnell? Klar, ich fühle mich der Wahrheit verpflichtet und wollte eine fundierte, objektive Zusammenfassung liefern, um die politische Debatte voranzubringen. Wenn ich ehrlich bin, ging es natürlich auch um Eitelkeit, die Selbstdarstellung als fundierter Wissenschaftler-Politiker, der verlässliche Informationen liefert. Und der Kampf um Follower:innen, um Reichweite, um Shares und Likes – ein Druck, dem im Übrigen auch viele Nichtregierungsorganisationen ausgesetzt sind.

Ob damals am 6. Juli 2018 die Agenturmeldung bewusst verfälscht wurde oder nicht, wird sich kaum mehr aufklären lassen. Wichtiger ist die Erkenntnis, dass es gerade in zugespitzten Situationen, wenn es um Krieg und Frieden geht, in den Medien mehr Zurückhaltung bräuchte. Und mehr Haltung. Helfen könnten vielleicht auch unabhängige Institutionen, die gerade in derart komplexen wissenschaftlichen Situationen, wie es UN-Inspektionen nun mal sind, Hilfestellungen geben könnten. Aber dazu später mehr.

Am Ende mündete die OPCW-Untersuchung zu Douma in einem handfesten Skandal. 2019 veröffentlichte die OPCW einen Abschlussbericht, demzufolge Chlorgas in

Douma eingesetzt worden ist. Dieser Behauptung wurde allerdings von einigen OPCW-Inspektoren öffentlich widersprochen, sie sahen keine ausreichenden Belege für Chlorgas in Douma. Bis heute ist dieser Streit nicht beigelegt.

## Wahre Worte statt Waffen

Es bleibt die Frage: Was tun? Was tun, wenn Worte zur Waffe werden, wenn Fehlinformationen plötzlich Kriegsursache werden? Da haben wir nun das Instrument der UN-Inspektionen, die eine ganz wichtige friedenssichernde Funktion ausfüllen könnten, und dann scheitern sie wiederholt an der Realität der Medienwelt. Der IAEA-Bericht hätte im November 2011 die internationale Lage entspannen können, stattdessen gab es plötzlich die reale Gefahr eines Krieges mit Iran.

Die Anfälligkeit für eine Fehlberichterstattung rührt nicht zuletzt auch von der Komplexität der UN-Inspektionen her, die Berichte sind oft sehr nerdig-wissenschaftlich. Es braucht schon eine gehörige Portion Erfahrung, um da keinen voreiligen Schlüssen oder gezielten Fehlinformationen aufzusitzen. Eine mögliche Lösung könnte so etwas wie ein Abrüstungsobservatorium sein, an der Schnittstelle zwischen Wissenschaft und Medien. Eine kleine Institution, die die wissenschaftliche Expertise für die Analyse von UN-Inspektionen und/oder Abrüstungsinitiativen bereitstellt. Am sinnvollsten wäre eine gemeinsame Trägerschaft mehrerer Medien und akademischer Institutionen, um sowohl die Unabhängigkeit als auch die Nähe zu Journalist:innen sicherzustellen.

Dabei geht es nicht um die Deutung oder Bewertung der UN-Berichte, sondern um ihre »Übersetzung« für wissenschaftliche Laien und um eine politische Kontextualisierung. Alle UN-Inspektionen müssen in ihrer Sprache extrem faktisch sein, weil sie von allen Staaten beauftragt wurden und sich deshalb schon sprachlich keinerlei Einseitigkeit leisten dürfen. Oft enthalten die Berichte keine konkreten Schlussfolgerungen, weil das politisch für den einen oder anderen UN-Mitgliedsstaat zu heikel sein könnte. Außerdem gibt es natürlich Druck von den großen Mitgliedsstaaten, bestimmte Formulierungen zu vermeiden, die ihnen politisch nicht passen.

Deshalb sind die Inspektionsberichte oft eine unkommentierte Darstellung der wissenschaftlichen Faktenlage. Das ist gut und richtig, aber lässt natürlich Fragen offen. Allein schon das Wissen, dass »Chlorine« und »Chloride« unterschiedliche Substanzen sind, ist in den Nachrichtenredaktionen der Welt wahrscheinlich nicht weitverbreitet. Oder ein anderes Beispiel: Proben wurden vom UN-Team an zwei Labore verschickt, die kommen zu unterschiedlichen Ergebnissen. Das würde ein UN-Bericht genau so darstellen. Aber was heißt das jetzt? Ja, nein, unklar, vielleicht? Oder ein drittes Labor einschalten? All das zu erklären und in einen politischen Kontext zu stellen, könnte eine durchaus hilfreiche Dienstleistung für die Medien sein. Wobei Kontextualisierung nicht heißen darf, daraus auch politische Schlussfolgerungen zu ziehen, denn das ist wiederum die ureigenste Rolle der Medien.

Vielleicht ist es naiv, aber ich bin überzeugt, dass ein solches Observatorium in zugespitzten Situationen den Unterschied machen könnte, sobald es sich den Status als zuverlässige und neutrale Quelle erarbeitet hat. Die Anbindung an ein renommiertes wissenschaftliches Institut der Friedensforschung wäre da sicherlich hilfreich. Dann, so meine Hoffnung, würden zumindest die seriösen Redaktionen auch in zeitlich zugespitzten Situationen erst einmal fragen, was die neutralen Expert:innen denn dazu sagen. Und ein solches Observatorium hätte auch eher die Möglichkeit, einen einmal gesetzten Spin zu durchbrechen – jedenfalls eher als ein dahergelaufener Politiker, zumal einer von der LINKEN.

# Waffenexporte außer Kontrolle

## »Low cost to kill«

Viele Jahre war ich im Bundestag Skandalen um deutsche Waffenexporte auf der Spur. Meistens am Schreibtisch, manchmal aber auch draußen, in der wirklichen Welt. Besonders skurrile Erlebnisse sind Waffenmessen. Zweimal durfte ich auf der »IDEX« mit dabei sein, der wohl wichtigsten Waffenmesse der Welt, in Abu Dhabi. Da werden mit einer völligen Selbstverständlichkeit die tödlichsten aller Waffen beworben. Auf der Hannover-Messe halt Trecker und Nähmaschinen, hier Panzer und Raketen. Am Stand von Dynamit Nobel stehen die Jungs Schlange, um mit einer Panzerfaust auf einem Bildschirm auch einmal was abschießen zu dürfen. Wie auf dem Jahrmarkt, nur dass die Jungs hier alle Uniform anhaben.

Skurril, aber dann doch nicht. Denn das Töten wird hier so brutal nüchtern normalisiert, dass einem das Lachen im Halse stecken bleibt. Man ist hier ja unter sich, kann einfach sagen, was ist: »Low cost to kill«, so bewarb die deutsche Rüstungsfirma Rheinmetall eine Laserkanone, kurz und knackig. Preiswerter töten. Wer so etwas schreibt, hat doch jeden moralischen Kompass verloren. Da kann meine pazifistische Grundhaltung schon mal ins Wanken kommen – da möchte man dann auch gern mal etwas kaputt machen.

## Milan auf Abwegen

Eine andere Reise führte mich mit zwei Kollegen im Januar 2014 nach Nordostsyrien, in das vorwiegend kurdisch bewohnte Rojava. Eine Region, die schon 2012, zu Beginn des syrischen Bürgerkrieges, die Assad-Truppen vertrieben und eine Selbstverwaltung aufgebaut hatte. Als progressives demokratisches Projekt waren sie eine besondere Zielscheibe des sogenannten »Islamischen Staates« (IS) und ständig in heftigste Kämpfe verwickelt. Nur wenige Tage vor unserer Ankunft hatte die kurdische Miliz YPG den Grenzübergang Al-Yarubiyah freigekämpft, über den wir dann einreisen konnten. Wir wollten herausfinden, ob die flüchtenden IS-Truppen Waffen zurückgelassen hatten – und ob da womöglich auch welche aus deutscher Produktion dabei waren. Am nächsten Tag besuchten wir einen Standort der YPG-Miliz und sprachen den Kommandeur direkt auf erbeutete Waffen an. Er zählte eine ganze Reihe von Waffen auf, die sie in Al-Yarubiyah gefunden hatten. Bei »Milan« waren wir sofort hellwach. Denn die Milan-Rakete ist ein deutsch-französisches Produkt, in jeder Milan stecken deutsche Technologie und in Deutschland hergestellte Teile. Die wollten wir sehen. Der Kommandeur telefonierte kurz, eine knappe Stunde später kam ein Pick-up der YPG mit dem Abschussrohr einer Milan-Rakete auf der Ladefläche. Gefunden in einer verlassenen IS-Stellung. Eigentlich unvorstellbar, aber die Terrororganisation IS hat in Syrien auch mit deutschen Waffen gekämpft. Wie konnte das sein?

Wir notierten die Seriennummer; das Baujahr war auf dem Abschussrohr mit 1977 angegeben. Zurück in Berlin, stellten wir Anfragen an die Bundesregierung. Die konnte dieses Exemplar einer Lieferung von Milan-Raketen über

Frankreich an Syrien Ende der 1970er-Jahre zuordnen. Eine Gegenprüfung in der Datenbank des Stockholmer Friedensforschungsinstitutes SIPRI bestätigte eine Lieferung von 4400 Milan-Raketen in den Jahren 1978 und 1979 an Syrien. Darüber, wie die Waffen aus den Arsenalen des syrischen Regimes in die Hände einer Terrororganisation gelangt sind, kann nur spekuliert werden. Im Internet fanden wir Videos und Fotos von einem Vorfall am 3. August 2013, als syrische Rebellen nördlich von Damaskus ein Munitionsdepot von Assad stürmten und dabei auch Milan-Raketen mit dem Baujahr 1977 eroberten – ob »unsere« Milan auch mit dabei war oder ob sie aus anderen Quellen stammt, ist kaum belegbar.

## Blutiges Geld

Krieg beginnt hier, vor unserer Haustür. Das gilt ganz besonders auch für deutsche Waffenexporte. Der einfachste Weg, den Frieden in der Welt zu befördern, liegt darin, den Krieg nicht weiter zu befeuern. Trotzdem ist Deutschland einer der größten Waffenexporteure der Welt und liefert fast hemmungslos fast jede Waffe in fast jedes Land. Im Jahre 2022 genehmigte die Bundesregierung Rüstungsexporte im Wert von 8,36 Milliarden Euro.

Das sind 8,36 Milliarden zu viel. An jedem dieser Euros klebt Blut. Machen wir uns nichts vor: Viele dieser Waffen finden ihren Krieg, manchmal direkt, manchmal auf Umwegen, manchmal erst 35 Jahre später, wie die Milan-Rakete in Nordsyrien. Sie finden ihren Krieg, sie werden eingesetzt, und Menschen sterben. Die Beteuerungen der Bundesregierung, dass nur an verlässliche Partner geliefert werde, lassen sich in der Realität nicht bestätigen. Da wird kaum etwas kontrolliert. Es reicht aus, dass das Empfängerland eine Endverbleibserklärung abgibt, in der es versichert, dass die Waffen wirklich nur hier im Land bleiben und niemals weitergegeben werden. Ein Stück Papier, eine Unterschrift – das reicht aus, um aus Deutschland selbst die tödlichsten aller Waffen geliefert zu bekommen.[1]

Danach heißt es: aus den Augen, aus dem Sinn. Es gibt praktisch keine Kontrollen, ob die Waffen auch wirklich dort bleiben, wo sie ursprünglich hingeliefert worden sind. In Deutschland wird jede Pommesbude besser kontrolliert als Waffenexporte – denn in der Pommesbude kommt tatsächlich ab und an ein:e Behördenvertreter:in vorbei und schaut, dass das Öl nicht zu ranzig ist. Bei den exportierten Waffen schaut niemand nach, wo sie letztlich bleiben.

Deshalb wundert es nicht, dass deutsche Waffen in zahlreichen Kriegen zu finden sind. Über viele Jahre haben wir bei so ziemlich jeder kriegerischen Auseinandersetzung irgendwo auf der Welt Bilder und Videos der Kämpfe ausgewertet und fast jedes Mal auch deutsche Waffen entdeckt. »Wir«, das war in diesem Fall unser Team im Bundestag, dem ich von 2009 bis 2017 angehörte. Ich selbst wäre ziemlich verloren, wenn es darum ginge, eine deutsche Waffe auf einem verwackelten YouTube-Video zu erkennen, aber zwei Kollegen konnten das ausgesprochen gut. Die Milan tauchte immer wieder auf, zum Beispiel 2009 bei sunnitischen Rebellen im Irak, 2011 bei Rebellen in Libyen und 2012 in einer Waffenlieferung für syrische Rebellen.

Wir müssen aber gar nicht in die Ferne schweifen. Auch unsere engsten Partner pfeifen auf die Endverbleibserklärungen und verstoßen munter gegen deutsches Exportrecht. Die USA zum Beispiel: Die Firma SIG Sauer mit Sitz in Schleswig-Holstein hat zwischen 2009 und 2011 mehrere

Zehntausend Pistolen in die USA geliefert. Von dort wurden sie umgehend weiter nach Kolumbien geschickt. Obwohl die USA eine Endverbleibserklärung abgegeben haben, nach der diese Waffen in den USA verbleiben und nicht weitergeleitet werden. Hier wurde also schamlos und wissentlich gegen das deutsche Genehmigungsrecht verstoßen.[2]

Es ist leider eine Tatsache: Fast alle Waffen finden ihren Krieg. Das weiß auch die Bundesregierung, die allerdings ihre eigenen Gründe für die vielen Genehmigungen hat, dazu später mehr. Seit Jahren versucht sie deshalb, diese schändlichen Exporte mit immer neuen Ausreden zu rechtfertigen. Vier dieser Schutzbehauptungen wollen wir uns etwas genauer anschauen.

## Ausrede 1: Es werden keine Waffen in Kriegs- und Krisengebiete geliefert

Haben Sie das auch gedacht? Ich jedenfalls habe das jahrzehntelang geglaubt, bevor ich mich näher mit Rüstungsexporten befasst habe. Eine solche Regelung gibt es aber gar nicht, und es gab sie auch nie. Es gibt einen Satz des früheren Verteidigungsministers und CSU-Hardliners Franz Josef Strauß, der das Problem auf den Punkt bringt: »Ich verstehe überhaupt nicht, was Waffen in Nicht-Spannungsgebieten verloren haben.«[3] Da hatte er eindeutig recht. Es liegt in der Natur der Sache, dass Waffen dahin geliefert werden, wo sie akut gebraucht werden: an Länder, die gerade Krieg führen oder sich darauf vorbereiten.

Laut Kriegswaffenkontrollgesetz darf ein Waffenexport zwar nicht erteilt werden, wenn »die Gefahr besteht, dass die Kriegswaffen bei einer friedensstörenden Handlung, insbesondere bei einem Angriffskrieg, verwendet werden«.

Aber solange die Bundesregierung auch schlimmste Kriege als friedensschaffende Maßnahmen oder als Selbstverteidigung einstuft, gelten sie eben nicht als »friedensstörend«. So wie der völkerrechtswidrige Angriff der USA auf den Irak 2003, der nach Ansicht der Bundesregierung ein Akt der Selbstverteidigung im Kampf gegen den Terror war. Waffenexporte in die USA? Kein Problem. Nirgends, in keinem deutschen Gesetz und auch nicht in den Selbstverpflichtungen der Bundesregierung, steht geschrieben, dass in Kriegs- oder Krisengebiete nicht exportiert werden darf.

## Ausrede 2: Wenn wir nicht liefern, liefern die anderen

Das ist wohl der Einwand, den ich am häufigsten gehört habe. Wenn wir uns alle Waffenexporte verbieten, hat Deutschland vielleicht eine weiße Weste, aber es würde sich doch gar nichts ändern in der Welt; andere Länder würden sofort einspringen. Auf den ersten Blick stimmt das natürlich: Sobald Deutschland keine Sturmgewehre mehr verkauft, werden sich die Käufer an andere Länder wenden. Auch in Belgien und den USA werden begehrte Sturmgewehre hergestellt. Aber trotzdem ist dieses Argument falsch und vor allem: unmoralisch. Nur weil viele andere auch etwas Grundfalsches tun, wird es nicht richtig. Nur weil meine Nachbarn Drogen verkaufen, muss ich das nicht auch tun. Die Folgen des eigenen Handelns lassen sich nicht wegwischen, indem man auf andere zeigt.

Politisch ist diese Ausrede ein Armutszeugnis. Natürlich würde sich sehr viel in der Welt ändern, wenn Deutschland jegliche Waffenexporte verbieten würde. Was wäre das für ein starkes Signal in die Welt, wenn einer der größten

Waffenexporteure plötzlich damit aufhören würde. Sollte es in Deutschland zum Verbot kommen, dann könnte das der erste Dominostein sein, der fällt. Andere würden folgen, weil sie innenpolitisch stärker unter Druck geraten. Sie könnten sich nicht mehr darauf berufen, dass das alle anderen ja auch tun. Die Welt wird nur durch die verändert, die vorangehen.

Das ist auch keine graue Theorie und auch kein realitätsfernes Wunschdenken, sondern ist im wirklichen Leben schon genau so passiert: Jahrelang wurde bei den Vereinten Nationen um ein Verbot von Landminen gestritten, ohne Erfolg. Große Länder wie China, die USA oder Russland wollten ein solches Verbot nicht. Dann scherten einige kleinere Länder aus und setzten in der Ottawa-Konvention ein eigenes komplettes Landminenverbot durch. Obwohl die großen Länder dieses Abkommen bis heute nicht ratifiziert haben, sind Waffen dieser Art mittlerweile weltweit geächtet. Selbst die USA halten sich aufgrund des internationalen Drucks weitgehend an das Landminenverbot. Sobald irgendwo auf der Welt Streumunition oder Landminen eingesetzt werden, geht ein Aufschrei um den Globus – ein sichtbarer Ausdruck der Norm, die dadurch gesetzt wurde, dass einzelne Länder den ersten Schritt getan haben. Darum geht es, darum braucht es ein Rüstungsexportverbot in Deutschland: damit irgendwann *jeglicher* Waffenexport aus *jedem* Land geächtet wird.

## Ausrede 3: Da hängen so viele Arbeitsplätze dran

Warum kommt dieses Argument eigentlich immer ausgerechnet von denen, die sich sonst keinen Deut um das Wohl von Entlassenen scheren? Als 2012 die Drogeriekette Schlecker pleiteging, haben quasi über Nacht rund 25 000 Menschen ihren Job verloren. Hat das irgendwen in der Bundesregierung interessiert? Hilfen gab es keine; da hieß es nur, das ist halt Kapitalismus.

Arbeitsplätze in der Rüstungsindustrie sind dagegen sakrosankt, die müssen auf Gedeih und Verderb erhalten bleiben, selbst wenn dafür anderswo Menschen sterben. Dabei reden wir hier über einen vernachlässigbar kleinen Wirtschaftszweig. Der ökonomische Wert von Rüstungsexporten fällt kaum ins Gewicht. Nach Angaben der Bundesregierung lag der Anteil der Kriegswaffenexporte an allen deutschen Exporten im Jahre 2021 gerade mal bei 0,11 Prozent.[4] Deutschland exportiert tatsächlich mehr Worte als Waffen: Bücher für 1,6 Mrd. Euro, Kriegswaffen für 1,5 Mrd. Euro[5]. Im Vergleich zu Maschinen, Autos oder Gummibärchen ist die Rolle von Waffenexporten für den Wirtschaftsstandort Deutschland ein flüchtiger Furz.

Aber natürlich arbeiten Menschen in der Rüstungsindustrie, und sie wären von einem Exportverbot betroffen. Genaue Zahlen gibt es leider keine. Lange hieß es aus der Industrie, dass in der Rüstungsproduktion 80 000 Menschen beschäftigt sind. Der Verband der Rüstungsindustrie BDSV spricht von 135 700 Erwerbstätigen,[6] das Institut der deutschen Wirtschaft von 55 500.[7] Welche dieser Zahlen wirklich stimmt, ist schwer zu sagen. Einem Lobbyverband sollte man nicht unbedingt vertrauen.

Wie viele dieser Arbeitsplätze vom Export abhängen, lässt sich kaum seriös schätzen. Grob gerechnet macht die Rüstungsindustrie etwa die Hälfte ihres Umsatzes mit Exporten, der Rest bleibt in Deutschland, bei der Bundeswehr oder den Polizeien – es wären also wohl auch rund 50 Prozent der Arbeitsplätze von einem Exportverbot betroffen.

Ob nun 40 000 oder 80 000 oder wie viele auch immer: Bei einem Verbot von Waffenexporten würden Menschen ihren Job verlieren, und dafür braucht es Lösungen. Denn hinter jedem einzelnen Arbeitsplatz steht ein Mensch mit einer persönlichen Geschichte, der ernst genommen werden muss. Eine mögliche Lösung heißt *Konversion*, die Umstellung von militärischer auf zivile Produktion und dadurch Erhalt der Arbeitsplätze. Diese Idee ist nicht von mir und auch keine linke Erfindung, sondern schon 2000 Jahre alt. In der Bibel ist sie auf die einfache Formel runtergebrochen: Schwerter zu Pflugscharen! Interessanterweise sind einige der heutigen Waffenschmieden auf umgekehrtem Wege entstanden: Der Panzerbauer Krauss-Maffei-Wegmann zum Beispiel hat mit der Produktion von Eisenbahnwaggons und Lokomotiven begonnen – Konversion verkehrt herum.

Die Idee der Konversion war im Westdeutschland der 1980er-Jahre schon einmal weitverbreitet. In mehreren Rüstungsbetrieben sind Arbeitskreise zur alternativen Produktion entstanden, die aus der Binnenperspektive Ideen entwickelt haben, welche zivilen Produkte an den jeweiligen Standorten statt der Waffen hergestellt werden könnten. Staatliche Unterstützung sollte in Form von Know-how bereitgestellt werden, zum Beispiel durch die Einrichtung von Konversions-Lehrstühlen oder -Forschungsschwerpunkten an den Universitäten.

Bei allen Überlegungen für eine Konversion in der Rüstungsindustrie darf eines nicht vergessen werden: Viele andere Betriebe stehen vor ähnlichen Fragen, weil der Markt ihre Produkte nicht mehr braucht. Ich erinnere mich an eine Veranstaltung in Baden-Württemberg, als irgendwann in der Debatte um Rüstungskonversion ein Mann erbost aufstand und meinte, er könne das Gejammer der Waffenindustrie nicht mehr hören. Er arbeite bei Heidelberg, einer großen Weltmarke für Druckmaschinen, der die Digitalisierung sehr zu schaffen mache. Sein Betrieb befinde sich seit Jahren in ständiger Konversion, da rede kein Mensch drüber – warum solle es nun ausgerechnet für Waffenschmieden staatliche Hilfen geben?

## Ausrede 4: Waffenexporte helfen, Länder und Regionen zu stabilisieren

Dieses Argument hat Angela Merkel in ihrer Zeit als Kanzlerin groß gemacht, zeitweise war es gar als »Merkel-Doktrin« bekannt. Demnach müsse Deutschland anderen Staaten mit Waffenexporten helfen, sich selbst zu schützen, um für Stabilität in den einzelnen Ländern und damit in der Welt zu sorgen.

Das ist schon allein deshalb ein schwaches Argument, weil Deutschland oft genug beide Konfliktparteien gleichzeitig aufgerüstet hat. So haben fast alle südamerikanischen Länder in den vergangenen Jahrzehnten U-Boote in Deutschland gekauft, um sich »voreinander zu schützen«. Eine absurde Situation: Die wechselseitige Bedrohung unter den Ländern wäre die gleiche, wenn alle auf die Aufrüstung der Marine verzichtet hätten. Die Stabilität wäre allerdings ungleich höher, weil das Fehler- und Zerstörungspotenzial geringer wäre. Gewonnen hat in diesem Spiel nur einer: die deutsche Rüstungsindustrie. Gleiches gilt für die deutschen Waffenexporte an Griechenland und die Türkei. Die beiden Erzfeinde haben über viele Jahrzehnte gegeneinander aufgerüstet. Und standen laut der SIPRI-Statistik in den Jahren 2000 bis 2015 auf Platz eins und zwei der Empfängerländer deutscher Waffen. Deutschland hat die beiden gegeneinander bewaffnet und maßt sich dann an, das Sicherheitspolitik zu nennen?

Das ist absurd, denn die Aufrüstung des einen Landes führt fast immer dazu, dass sich die potenziellen Gegner dieses Landes dadurch bedroht fühlen und ebenfalls aufrüsten. So entstehen nicht nur Rüstungswettläufe, sondern viel komplexere Bedrohungsszenarien. Stabilität kommt nicht aus Gewehrläufen, sie kommt aus demokratischer Kontrolle und aus einer kooperativen Sicherheitspolitik. Waffenexporte haben mit Stabilität nichts zu tun.

## Waffenexporte als Mittel der Außenpolitik

Aber warum machen die das dann? Es gibt so viele, so offensichtlich gute Gründe gegen Waffenexporte, und trotzdem werden sie immer wieder genehmigt. Die Rüstungsindustrie kann man hier kaum kritisieren. Sie lebt vom Tod anderer Menschen. Das ist ihr Job. Schlimm genug. Aber warum genehmigt die Bundesregierung immer wieder, immer mehr, immer neue Waffenexporte, wenn es wirtschaftlich kaum relevant, moralisch und politisch aber so offensichtlich verwerflich ist?

Die erste Erklärung ist natürlich: Rüstungslobbyismus. Ja, den gibt es, einige große Waffenhersteller haben ihr Büro sogar in Rufweite des Bundestages. Aber ich halte ihren tatsächlichen Einfluss für begrenzt. Die Rüstungsindustrie ist nicht mehr das wirtschaftliche Schwergewicht, das sie vor hundert Jahren vielleicht mal war, andere Wirtschaftszweige finden viel leichter das Ohr der Kanzlerin oder des Kanzlers.

So weit oben müssen wir aber auch gar nicht suchen, denn die meisten Entscheidungen fallen ja viel weiter unten, auf der Ebene von Beamt:innen im Wirtschaftsministerium, das für die Kontrolle von Rüstungsexporten zuständig ist. Nein gesagt wird hier fast nie. Es ist tatsächlich so, dass jedes Jahr über 10 000 Anträge auf Rüstungsausfuhren gestellt werden, abgelehnt werden davon im Durchschnitt rund 100. Das System ist also auf »Ja« gestellt – und soll es auch sein. So richtig verstanden habe ich das erst nach meiner Zeit im Bundestag, während eines Gerichtsprozesses.

2018 mussten sich mehrere Mitarbeiter:innen von Heckler & Koch wegen mutmaßlichen Verstoßes gegen Exportregeln verantworten. Einer der Zeugen war der zuständige Referatsleiter im Wirtschaftsministerium. Er war damals federführend für die Kontrolle von Waffenexporten zuständig. Während des Prozesses sagte er tatsächlich, sein Ministerium heiße »Ministerium FÜR Wirtschaft« und habe dementsprechend »ein Interesse daran, dass dieser renommierte Hersteller […] wirtschaftlich überleben kann«.[8] Klare Worte. So viel Ehrlichkeit hört man nicht oft, aber genau so ist es wohl: Nicht Kontrolle der Wirtschaft, sondern ihre Unterstützung, darin sieht das Ministerium seine Aufgabe. Auch bei Waffenexporten.

Diese Haltung ist auch auf den Führungsetagen der Ministerien verbreitet. Auch dort gibt es ein originäres Interesse an Rüstungsexporten. Das wird nie öffentlich zugegeben, aber oft praktiziert: Waffenexporte als Mittel der Außenpolitik. Wenn gute Beziehungen zu Land X als strategisch wichtig gelten, dann kann die Lieferung einer begehrten Waffe helfen, diese Beziehungen zu pflegen. Oder wenn sehr große Investitionsprojekte im zivilen Bereich – wie der Bau einer U-Bahn, der Aufbau von Strom- oder Telefonnetzen – vom Auftraggeber an die Lieferung von Rüstungsgütern gekoppelt werden, dann wird das eben so gemacht. Es ist kein Zufall, dass der Ölproduzent Saudi-Arabien einer der größten Empfänger deutscher Waffen ist. Man will das Öl, man will die Großaufträge, da fallen dann ganz schnell alle moralischen Schranken. Hier findet die »wertegeleitete Außenpolitik« schnell ihre Grenzen.

## Chemikalien für das syrische Giftgas-Programm

Neben den Rüstungsgütern gibt es noch einen Sektor, der ganz besonderes Augenmerk verdient: die sogenannten Dual-Use-Güter. Das sind Dinge, die sowohl zivil als auch militärisch eingesetzt werden können. Das können zum Beispiel elektronische Steuerelemente sein, die für Solaranlagen, aber eben auch für die Urananreicherung benutzt werden können. Auch Dual-Use-Güter werden kontrolliert und bekommen im Zweifelsfall, wenn der Verdacht auf militärischen Missbrauch besteht, keine Exportgenehmigung. In der EU gibt es lange Listen solcher Güter. Sie werden also kontrolliert – und manchmal trotz Missbrauchsverdacht geliefert.

Den Sarin-Angriff in Ghouta bei Damaskus 2013 habe ich bereits im Kapitel über die Waffeninspektionen beschrieben. Schon vorher war dem Westen bekannt, dass das syrische Regime ein Chemiewaffenprogramm betreibt, einschließlich einer Sarin-Produktion. Als der Angriff von Ghouta bekannt wurde, fragten wir uns im Bundestag, ob da nicht möglicherweise auch die deutsche Industrie beteiligt war. Es wäre ja nichts Neues; wir wissen von den UN-Inspektionen im Irak, dass Saddam Husseins Chemiewaffenanlagen maßgeblich von deutschen Firmen aufgebaut worden waren. Auch für Libyen gab es diesen Verdacht; die *New York Times* schrieb damals provokant von »Auschwitz in the Sand«.

Das eine sind die Anlagen, das andere die Verbrauchschemikalien, aus denen dann das tödliche Nervengas synthetisiert wird. In der Produktion von Sarin werden – zum Beispiel – Fluoride gebraucht. Fluoride kennen wir alle, aus der Zahnpasta-Werbung, es sind typische Dual-Use-Substanzen. Hier für friedliche Zwecke eingesetzt, dort für das tödliche Sarin.

Nach dem Angriff von Ghouta machten wir uns also auf die Suche und durchforsteten alle nur möglichen Quellen nach Hinweisen auf heikle Lieferungen. Bei den Vereinten Nationen wurden wir fündig. Dort gibt es eine sehr nützliche Datenbank, die »UN Comtrade«, in der weltweit alle Im- und Exporte aufgeführt sind. Sie basiert auf den Zolldaten der einzelnen Länder und ist in der Regel recht zuverlässig. Man kann darin nach bestimmten Produktgruppen oder einzelnen Gütern mit weltweit einheitlichen Zollcodes suchen. Wir konzentrierten uns auf den Code 282611, der für bestimmte Fluoride steht. Zu unserem eigenen Erstaunen – und Erschrecken – gab es mehrere Treffer. Laut der UN-Datenbank hatte Deutschland wiederholt, auch noch in den 2000er-Jahren, Fluoride nach Syrien geliefert. Das war kaum zu glauben, denn alle wussten von dem Sarin-Programm Syriens. Selbst ich wusste davon, obwohl ich keinerlei Geheimdienstfreigabe hatte (und habe). Trotzdem hat die Bundesregierung sehenden Auges diese essenzielle Vorläufersubstanz nach Syrien geliefert, möglicherweise direkt in das Chemiewaffenprogramm? Das konnte doch nicht sein.

Um jeden Zweifel auszuschließen, fragten wir direkt bei der Bundesregierung nach. Sie musste eingestehen, dass noch bis ins Jahr 2011 die hochgefährlichen Chemikalien nach Syrien geliefert worden waren. *Mit* Genehmigung der

Bundesregierung. Seit 1998 insgesamt 292,6 Tonnen Fluoride im Wert von 504 015 Euro.[9] Und es sollte noch schlimmer kommen. Im Laufe unserer Nachforschungen stellte sich heraus, dass Deutschland diese heiklen Exporte genehmigt hatte, obwohl andere westliche Länder dies aus gutem Grund immer wieder verweigert hatten. Allen Beteiligten war bekannt, dass Assad ein riesiges Chemiewaffenprogramm unterhielt, in dem die Fluoride hätten eingesetzt werden können. Andere Länder verweigerten sich, Deutschland lieferte trotzdem und hat damit eine internationale Vereinbarung zur Exportkontrolle unterlaufen.

Warum hat die Bundesregierung das getan? Um Geld kann es dabei kaum gegangen sein, 504 015 Euro sind gesamtwirtschaftlich gesehen völlig irrelevant, dafür würde nicht mal die FDP internationale Vereinbarungen brechen. Es war auch kein Versehen auf unterer Beamtenebene, im Gegenteil. Wir konnten nachweisen, dass die Entscheidung ganz weit oben gefallen war, abgenickt von einem Staatssekretär im Außenministerium.[10]

Über die Gründe kann nur spekuliert werden. Wir bekamen einen Hinweis darauf, dass es möglicherweise damit zu tun hat, dass der Bundesnachrichtendienst BND traditionell gute Beziehungen nach Syrien pflegt. Im Jahre 2002 durften BND-Beamte in Syrien beim Verhör eines Deutschsyrers zugegen sein, schon damals sei ein Deal zwischen Syrien und der Bundesregierung vermutet worden. Ob es einen solchen Deal gab, was genau sein Inhalt war und wie das mit den Fluoriden im Detail lief, ist für mich bis heute eine offene Frage.

## Wie lässt sich das alles ändern?

Gegen die ausufernden deutschen Waffenexporte helfen nur klare Verbote, ohne Ausnahmen. Wenn die Regeln nicht glasklar sind, wenn sie Ausnahmen oder einen gewissen Ermessensspielraum zulassen, werden die Waffenexporte immer weiter wachsen. Das ist die nüchterne Erkenntnis der ersten rot-grünen Koalition. Als sie 1998 an die Regierung kamen, wollten sowohl die SPD als auch die Grünen eine drastische Beschränkung der Waffenexporte erreichen. Sie wollten das ernsthaft, nicht nur für die Galerie, davon bin ich überzeugt. Sie entwickelten neue »politische Grundsätze« für die Kontrolle von Rüstungsexporten mit dem Ziel, diese so weit wie möglich einzuschränken.

Auf den ersten Blick sehen diese Grundsätze wirklich gut aus: Menschenrechte sollen eine wichtige Rolle spielen, nachhaltige Entwicklung auch, alle guten Vorsätze dieser Welt stehen dort drin. Kriegswaffen sollen nur in Ausnahmefällen in sogenannte Drittländer geliefert werden, also außerhalb von EU und NATO oder vergleichbaren Ländern wie Japan. In der Realität haben diese Grundsätze dann gar nichts verändert, auch unter der rot-grünen Bundesregierung stiegen die Waffenexporte, und die Lieferungen in Drittstaaten sind bis heute keine Ausnahmen, sondern die Regel. Das System ist nach wie vor auf »Ja« gestellt, das kontrollierende Ministerium versteht sich als Advokat der Wirtschaft, und das Außenministerium winkt die Exporte durch, um wichtige Partner bei der Stange zu halten.

Dieser Ja-nein-vielleicht-Ansatz ist auf der ganzen Linie gescheitert. Deshalb braucht es *klar definierte Verbote*, festgeschrieben in einem Gesetz, einklagbar. So ganz außergewöhnlich wäre es nicht, Japan hat es vorgemacht. Über viele Jahrzehnte galt dort ein absolutes Waffenexportverbot, auch die engsten Verbündeten bekamen nichts. Geschadet hat dies dem Land nun wirklich nicht.

Das Problem ist, dass jede Regierung – egal mit welchen Parteien – sich nur ungern selbst Beschränkungen auferlegt, erst recht nicht in Zeiten des Ukrainekrieges und der »Zeitenwende«. In Gesprächen mit Abgeordneten aus Regierungsparteien musste ich immer wieder das Argument hören, dass es doch unbedingt Ausnahmeregelungen brauche, für ganz besondere, für extreme Situationen, da dürfe man sich doch mit einem absoluten Exportverbot nicht handlungsunfähig machen. Denn das würde ja auch für die Waffenlieferungen an die Ukraine gelten, dazu später mehr. Aus meiner Sicht gäbe es dafür eine ganz einfache Lösung: Jegliche Ausnahmeregelung muss sehr streng gefasst sein und sicherstellen, dass sie wirklich nur in extremen Ausnahmesituationen eingesetzt werden kann. Das könnte zum Beispiel über eine Klausel sichergestellt werden, dass jede Ausnahme im Bundestag einzeln beschlossen und vor allem auch diskutiert werden muss. Das mit der Diskussion im Bundestag ist deshalb so wichtig, weil Beschlüsse zu Hunderten in wenigen Minuten gefällt werden können, mit langen Listen, die einfach auf Zuruf abgestimmt werden. Eine Diskussion heißt jedoch Zeit, und die ist knapp im Bundestag. Da könnte keine Regierung einfach mal diesen oder jenen Waffenexport in den Bundestag einbringen, sondern müsste es auf ein absolutes Minimum begrenzen und jedes Mal auf ein Neues begründen, warum dieser oder jener Rüstungsexport so ganz besonders wichtig sei.

Realistischerweise wird es ein generelles Verbot nicht über Nacht geben, sondern es wird in einzelnen Schritten vorangehen. Der erste wichtigste Schritt wäre ein Verbot des Exportes von Kleinwaffen und von ganzen Waffenfabriken. Kleinwaffen, das sind alle Waffen, die von einer Person noch allein transportiert werden können, also Sturmgewehre, Panzerfäuste oder Handgranaten. Diese Waffen, so hat der frühere UN-Generalsekretär Kofi Annan einmal gesagt, sind die Massenvernichtungswaffen unserer Zeit. Tatsächlich werden bis zu 90 Prozent aller Kriegsopfer nicht durch Raketen oder Panzer getötet, sondern durch Kleinwaffen. Außerdem sind Kleinwaffen extrem mobil und werden von Krieg zu Krieg weitergereicht. Gerade aus der Perspektive der Opfer ist ein Kleinwaffenexportverbot dringend notwendig.

Ähnlich wichtig und dringend ist ein Verbot des Exportes von Waffenfabriken, die schlüsselfertig samt Maschinen, Fertigungsunterlagen und Training verkauft werden. Ist eine Fabrik erst einmal aufgebaut, kann das entsprechende Land über viele Jahrzehnte bestimmte Waffen oder Munition selbst produzieren. Wenn sich die politische Situation in dem Land ändert, kann so eine Waffenfabrik zu einem echten Problem werden. So geschehen im Iran, dem die Bundesrepublik in den 1960er-Jahren eine komplette G3-Sturmgewehr-Fabrik geschenkt hat. Dann kam die Islamische Revolution 1979, Iran wurde zum Erzfeind des Westens – und produzierte munter weiter Sturmgewehre mit deutscher Technologie. Der Export kompletter Waffenfabriken bedeutet totalen Kontrollverlust über die damit hergestellten Waffen.

Gesetzlich müssten diese Verbote in einem Rüstungsexportgesetz verankert werden. Die Verabschiedung eines solchen Gesetzes hat sich die Ampelkoalition 2021 in den Koalitionsvertrag geschrieben. Das klingt gut, es kommt allerdings sehr darauf an, was genau drinsteht. Wenn einfach nur die alten butterweichen Regeln mit all ihren Ausnahmen übernommen werden, würde sich wenig ändern. Die ersten Entwürfe sind nicht sonderlich vielversprechend.

Auch für die Dual-Use-Güter braucht es eine neue Regel, damit so etwas wie mit den Fluoriden für Syrien nie wieder passieren kann. Dafür gibt es einen recht einfachen Vorschlag: Länder, die der Chemiewaffenkonvention nicht beigetreten sind, sollten gar keine Dual-Use-Chemikalien mehr erhalten. Kein Risiko des Missbrauchs mehr. Auch keine Zahnpastaproduktion mehr, dann müssen sie ihre Zahnpasta halt importieren – oder der Chemiewaffenkonvention beitreten.

# Waffenlieferungen oder Primat des Zivilen?

Neben den routinemäßigen Waffenexporten von deutschen Firmen in alle Welt gibt es immer wieder Sondersituationen, in denen die Bundesregierung direkt Waffen liefert, um in einem Krieg eine Seite zu unterstützen. So wie seit 2022 in die Ukraine oder wie 2014 nach Kurdistan. In der politischen Diskussion laufen diese Dinge manchmal durcheinander, auch sprachlich sind sie nur schwer zu trennen. Aus meiner Sicht ist eine Unterscheidung zwischen Waffen*exporten* und Waffen*lieferungen* sinnvoll. Waffenexporte ist das, was wir im vorherigen Kapitel ausführlich erörtert haben: Andere Länder bestellen Waffen bei einer deutschen Rüstungsfirma, die Bundesregierung genehmigt die Lieferung, und dann werden die Waffen verkauft. Mit Waffenlieferungen sind direkte Kriegsunterstützungen mit Waffen gemeint, geliefert von der Bundesregierung, oft von der Bundeswehr und meistens geschenkt. Diese Unterscheidung ist deshalb sinnvoll, weil Waffenlieferungen direkt in einen Krieg erfolgen, in den man eingreifen möchte. Eine komplexe Gemengelage, mit vielen guten Argumenten dafür und dagegen – und ganz anders zu bewerten als die kommerziellen Rüstungsexporte.

Am Für und Wider der Waffenlieferungen für die Ukraine hat sich die Friedensbewegung in Deutschland in den vergangenen zwei Jahren leider sehr zerstritten, viele Menschen sind bis heute verunsichert in dieser Frage. Das liegt auch daran, dass es keine einfachen Antworten gibt, dass wir hier vor der Wahl zwischen Pest und Cholera stehen. Ich selbst lehne die Waffenlieferungen ab. Dabei bin ich gar kein Radikalpazifist, der »niemals nie« zur Waffe greifen würde. Dazu sind mir die Gräueltaten Nazideutschlands und die Befreiung durch die Alliierten viel zu gegenwärtig. Mein Pazifismus heißt: Primat des Zivilen, also immer zuerst nach nichtmilitärischen Lösungen suchen, das muss Vorrang vor allem anderen haben. Und ich bin mir sehr sicher, dass es fast immer auch friedliche Wege zum Frieden geben kann. Wege, die oft sogar schneller und effektiver wirken können als Waffen.

Was ich damit meine, mit dem Primat des Zivilen und mit friedlichen Alternativen, lässt sich am besten am Beispiel der Waffenlieferungen für Kurdistan im Jahre 2014 verdeutlichen.

## Waffen für Kurdistan

Am 25. September 2014 stand ich spätabends auf dem Flughafen von Erbil im Nordirak. Abseits des Flugfeldes, neben einem alten Frachtterminal, tummelten sich mehrere Fernsehteams und ein volles Dutzend deutscher Journalist:innen. Neben uns britisches und amerikanisches Militär, emsiges Treiben trotz der fortgeschrittenen Stunde. Exakt um 23:12 Uhr setzte eine alte Transportmaschine vom Typ C130 Hercules auf und rollte auf uns zu, die wuchtigen Propeller drehten langsam aus. An Bord: drei Paletten mit G3-Sturmgewehren und Panzerfäusten. Für den Kampf der kurdischen Autonomieregion gegen die Terrormiliz Islamischer Staat (IS), gespendet von der Bundeswehr. Ich fand das falsch.

Und damit habe ich es mir nicht leicht gemacht. Noch Anfang des Jahres hatte ich Rojava besucht, die kurdische Selbstverwaltung in Nordsyrien, für Linke ein echtes Modellprojekt, eine Art Räterepublik mitten im syrischen Bürgerkrieg. Angegriffen von der Türkei und den mit ihr verbündeten dschihadistischen Milizen und weltweit isoliert, weil sie in keine der klassischen Ost-West-Schubladen passt. Im Kampf gegen den IS fragten die kurdischen Milizen vor allem nach: Waffen. Die Solidarität war groß. Nicht nur die Bundesregierung, sondern auch und gerade viele Linke in Deutschland waren mit ganzem Herzen für die Waffenlieferungen an Kurdistan.

Meine Frage war nicht, ob Waffenlieferungen im Prinzip richtig oder falsch sind. Mir ging es um den Einzelfall: Welche Hilfe der deutschen Bundesregierung würde die kurdischen Milizen im Kampf gegen den IS am effektivsten unterstützen? Welche nichtmilitärischen Lösungen könnte es geben? Primat des Zivilen.

Im Falle der Waffen für Kurdistan war die Frage einfach zu beantworten. Im Kern kann man sagen, dass die Waffen ein billiger Ersatz für wirkliche Politik waren, um deutsche finanzielle Interessen am Golf und die enge Freundschaft mit dem türkischen Präsidenten Erdoğan nicht zu gefährden. Es hätte Alternativen gegeben, und zwar nicht im Nachhinein, sondern genau zu dem Zeitpunkt, als die Bundesregierung sich für Waffenlieferungen entschieden hatte. Aber der Reihe nach:

Damals, im Jahr 2014, waren Geldspenden eine der wichtigsten Finanzierungsquellen des IS. Spenden, die vor allem aus den Golfstaaten kamen, von reichen islamistischen Privatpersonen, abgewickelt über religiöse Stiftungen. Es gab bereits Beschlüsse der Vereinten Nationen, diese Geldkanäle zu blockieren und so den IS entscheidend zu schwächen – ohne Geld keine Waffen, keine Kämpfer, keine Siege. Alle Nationen der Welt waren aufgefordert, diesen Spendensumpf auszutrocknen.

Es ergab sich, eher zufällig, dass ich im Februar 2015 in Katar war. Eigentlich auf den Spuren schlimmster Arbeitsbedingungen auf den Baustellen der Stadien für die Fußball-Weltmeisterschaft der Männer 2022. Im Zuge meiner Recherchen traf ich – in Begleitung der deutschen Botschafterin – den katarischen Arbeitsminister. Dabei kam es zu einem denkwürdigen Moment: Dreimal erwähnte der Minister, eher nebenbei, dass er ja auch für die religiösen Stiftungen zuständig sei. Beim ersten Mal ignorierte die Botschafterin ihn, beim zweiten Mal war sie irritiert, und beim dritten Mal rief sie überrascht, ach herrje, das habe sie ja gar nicht gewusst. Der katarische Arbeitsminister antwortete nur trocken, dass er das schon gemerkt habe, ihre US-amerikanische Kollegin werde im Gegensatz zu ihr jede Woche bei ihm vorstellig, weil die religiösen Stiftungen ja gerade besonders im Fokus der Weltöffentlichkeit stünden. Trotz UN-Beschluss, trotz täglicher Beteuerungen der Bundesregierung, wirklich alles nur Menschenmögliche gegen den IS zu unternehmen, wusste die deutsche Botschafterin noch nicht einmal, wer in Katar für die Geldschleusungsstiftungen zur Unterstützung des IS zuständig ist. Oder wollte sie es nicht wissen?

## Das Primat der Wirtschaft

Als ich diese Geschichte wenige Wochen später in einer Fernsehdiskussion erzählte, reagierte mein Gegenüber, ein Bundestagsabgeordneter der CDU, prompt: Na ja, bei Katar müsse man aber auch vorsichtig sein. Immerhin gehörten denen 17 Prozent der VW-Aktien.

Alles klar. Die Prioritäten in einer Zahl: 17 Prozent der VW-Aktien. Das war wichtiger als der Kampf gegen die Mörderbande des IS, wichtiger als das Leben der Kurdinnen und Kurden in Nordsyrien. Das war offenbar nicht nur die Einzelmeinung eines Abgeordneten, denn am Ende handelte die Bundesregierung genauso: Keinen Druck auf einen so wichtigen Wirtschaftspartner wie Katar, stattdessen Waffenlieferungen an diejenigen, die mit Unterstützung Katars angegriffen wurden. Ein aussichtsloses Unterfangen, denn im Vergleich zu den Waffenkäufen, die der IS mithilfe der Millionensummen tätigen konnte, die er ununterbrochen aus den Golfstaaten erhielt, waren die Waffenlieferungen an die Kurd:innen nicht mehr als der berühmte Tropfen auf den heißen Stein. Für Deutschland aber billiger als eine Gefährdung der wirtschaftlichen Beziehungen mit Katar. Und öffentlichkeitswirksamer …

Damals, 2014, hätte es noch eine weitere Möglichkeit gegeben, den Vormarsch des IS mit nichtmilitärischen Mitteln empfindlich zu stören. Seinerzeit gab es eine ziemlich ungeschminkte Unterstützung des IS durch die türkische Regierung in Ankara. Über Hunderte Kilometer grenzte das IS-Gebiet im Norden Syriens an die Türkei – und jede Nacht konnten internationale Terrorkämpfer des IS mitsamt ihren Waffen aus der Türkei ins Kampfgebiet reisen. Tausende und Abertausende Islamisten aus aller Welt nahmen den Weg durch die Türkei, wie sich später an den Einreisestempeln in ihren Pässen zeigen ließ. Dahinter stand das bis heute anhaltende Interesse der Türkei, eine unliebsame kurdische Selbstverwaltung in Nordsyrien zu verhindern. Außerdem verdienten einige Firmen in der Türkei sehr gut am Geschäft mit syrischem Erdöl, das der IS illegal in die Türkei schmuggelte.

Auch hier wieder: So viele Waffen hätte die Bundeswehr den Kurd:innen gar nicht liefern können, wie jede Nacht über die Türkei an die gegnerische Terrororganisation gingen. Wieder wurden die politischen Kosten gescheut. Es hätte Druck auf den türkischen Präsidenten gebraucht, man hätte eventuell das traditionell sehr gute Verhältnis zur Türkei riskiert. Dann lieber Waffen liefern, das kostet ja nix, politisch jedenfalls, siehe oben. Diese Erfahrung aus dem Jahre 2014 hat auch mein Denken über die Waffenlieferungen für die Ukraine stark geprägt. Immer erst mal schauen, was zivil, also nichtmilitärisch, geht.

## Der Mann mit dem Hammer

Denn es gibt so viele starke Argumente gegen Waffenlieferungen. Eines der wichtigsten: Waffen fallen fast immer irgendwann in die falschen Hände. Sobald Waffen einmal die Landesgrenzen passiert haben, gibt es keine wirksame Kontrolle mehr darüber, wo sie am Ende landen. Gerade von den Kleinwaffen, den Sturmgewehren und Panzerabwehrraketen, wissen wir, dass sie teilweise über Jahrzehnte von Krieg zu Krieg weitergereicht werden, wie die Milan-Raketen, die wir nur wenige Monate zuvor in der Region gefunden hatten. Und natürlich kam es auch im Herbst 2014 genau so: Kaum waren die Bundeswehrwaffen bei den kurdischen Milizen angekommen, tauchten sie schon auf dem dortigen Schwarzmarkt auf, frei käuflich für alle Beteiligten des Krieges. Wer Waffen in einen Krieg liefert, rüstet nie automatisch nur eine Seite auf, dafür sind die Situationen vor Ort viel zu komplex.

Am Beispiel der Waffenlieferungen für die kurdischen Milizen lässt sich beispielhaft sehen, wie sehr deutsche Außenpolitik von einem militärischen Denken geprägt ist. Bei außenpolitischen Problemen wird häufig ausschließlich nach militärischen Lösungen gesucht. Das erinnert an ein bekanntes Sprichwort: Für den Mann mit dem Hammer sieht jedes Problem wie ein Nagel aus. Wer nur Panzer im Kopf hat, kann nur Panzer denken.

Für den Mann oder die Frau mit dem Panzer gibt es dann auch nur noch den militärischen Weg – oder Nichtstun. Ein ganz und gar falsches Gegensatzpaar, das gern als Holzhammer gegen jegliche pazifistische Position herausgeholt wird. Acht Jahre lang musste ich mir im Bundestag immer neue Beschimpfungen anhören. Unter anderem wurde mir vorgeworfen, ich würde die unterdrückten Mädchen in Afghanistan im Stich lassen, wenn ich gegen den Bundeswehreinsatz stimmte. Eine ebenso üble wie geschickte Propaganda, denn sie zwingt dich in die Defensive. DU musst dann aufzeigen, was die Alternativen sind. DU musst nachweisen, dass es funktioniert – während von den Männern und Frauen mit den Panzern niemand einen Beweis dafür erwartet, dass das Militärische wirklich erfolgreich ist. So ein Panzer kann was, davon geht man aus. Friedliche Wege sind oft komplexer und sehr viel schwerer vorstellbar.

## Pazifismus ist friedlich, aber nicht hilflos

Dabei gab es auch schon damals, mitten im heißen Krieg in Afghanistan, wunderbare Beispiele dafür, wie Aufbau, wie sogar Mädchenschule mitten im Taliban-Gebiet geht, wenn man ohne militärischen Blick darauf schaut. Meine erste Reise als Bundestagsabgeordneter führte mich nach Afghanistan. Wir waren unter anderem in Kabul für politische Gespräche. Dort erzählte mir ein deutscher Entwicklungshelfer folgende Geschichte. Vor einigen Jahren hätten sie die Anfrage bekommen, in einer stark umkämpften Provinz im Süden Afghanistans zu arbeiten. Sie seien von allen Seiten gewarnt worden, die Region sei viel zu gefährlich. Wörtlich: »Da werdet ihr sofort vom Acker geschossen.«

Aber die Entwicklungshelfer:innen haben sich davon nicht abhalten lassen. Sie haben den mühsamen Weg der ausführlichen Recherche gewählt, haben viele Gespräche geführt und sich mithilfe von afghanischen Expert:innen schlaugemacht: Wer schießt dort eigentlich auf wen und warum? Wer hat in der Provinz, in den einzelnen Distrikten und in den Dörfern das Sagen? Auf der Basis dieser Analyse, mit diesem Wissen konnten sie dann mit den richtigen Leuten in den Dörfern reden und mit ihnen gemeinsam ein langfristiges Aufbauprojekt planen. Weil alle Seiten mit im Boot waren und weil sie auf die Bedürfnisse aller Seiten eingehen konnten, ist am Ende niemand vom Acker geschossen worden. Eine Bedingung für den Erfolg sei gewesen, so der Entwicklungshelfer, dass kein einziger Militär dabei gewesen sei.

Solche Geschichten gibt es viele, nicht nur aus Afghanistan. Auch hier zeigt sich wieder, dass es zwischen Militäreinsatz und Nichtstun so viele Möglichkeiten gibt. Niemals dürfen wir uns vor die falsche Wahl stellen lassen, militärisch einzugreifen oder gar nichts zu tun. Es gilt immer, auch zivile Optionen zu prüfen – und in den meisten Fällen werden wir feststellen, dass es diese gibt. Oder zumindest geben könnte. Auch in der Ukraine – dazu mehr am Ende dieses Buches.

# Sanktionen und ihre Nebenwirkungen

Die einen feiern sie als die Fortsetzung von Politik mit friedlichen Mitteln, die anderen lehnen sie als Wirtschaftskrieg ab. An der Frage von Sanktionen scheiden sich die Geister. Das liegt auch daran, dass Wirkungen und Nebenwirkungen bei Sanktionen dicht beieinanderliegen. In der Vergangenheit sind sie schon öfter erfolgreich eingesetzt worden, aber sie haben auch fürchterliche Katastrophen mitverursacht. Das schlimme Beispiel der Irak-Sanktionen Anfang der 1990er-Jahre, an deren Folgen viele Menschen starben, ist vielen noch in schlechter Erinnerung. Am anderen Ende der Skala steht der Erfolg in Südafrika, wo das globale Wirtschaftsembargo sicherlich mit dazu beigetragen hat, das Apartheidregime zu stürzen.

Mittlerweile gibt es einige spannende Erkenntnisse der Sanktionsforschung, die Hinweise darauf geben, was in welchen Situationen helfen kann und was eher nach hinten losgeht.[1] Um es gleich vorwegzunehmen: Ich finde, dass umsichtig eingesetzte Sanktionen auf jeden Fall eine wichtige Rolle spielen können als Druckmittel, um Krieg zu vermeiden oder zu beenden. Da man damit auch viel Schaden anrichten kann, sind Besonnenheit und Weitblick bei der Entscheidung für oder gegen Sanktionen jedoch immens wichtig.

Zunächst eine kurze Begriffsklärung: Sanktionen, Embargo und Boykott – was sind die Unterschiede? Es gibt keine klar abgrenzbaren Definitionen, aber umgangssprachlich sind Sanktionen staatliche Maßnahmen im Unterschied zu Boykotten als individuellen Kaufentscheidungen. Wenn sich also jemand privat entscheidet, keine Früchte aus Südafrika zu kaufen, wird das umgangssprachlich Boykott genannt. Wenn die Bundesregierung ein Einfuhrverbot für die gleichen Früchte erlässt, sprechen wir von Sanktionen. Der Begriff Embargo ist eine spezielle Art der Sanktion und steht für sehr umfassende staatliche Isolationsmaßnahmen gegen ein Land. Wenn da keine Maus und keine Mark mehr rein- oder rauskommen, dann werden diese allumfassenden Sanktionen auch Embargo genannt. Daneben gibt es eine ganze Reihe von mehr oder weniger gezielten Sanktionen, die nur gegen einzelne Firmen, Wirtschaftszweige oder Einzelpersonen verhängt werden. Auch Reiseverbote fallen darunter.

Eine wichtige Grundlage für Sanktionen ist die Charta der Vereinten Nationen. Kapitel VI und VII der Charta befassen sich mit möglichen Maßnahmen zum Erhalt des Friedens (siehe dazu auch das Kapitel über Blauhelme). Im Kern ist dort ein Dreischritt vorgesehen: Diplomatie, Sanktionen, Krieg. Die Sanktionen fallen unter Artikel 41 der UN-Charta. Dort gibt es als mögliche Zwangsmaßnahme auch die »vollständige oder teilweise Unterbrechung der Wirtschaftsbeziehungen«. Wenn wir die Sanktionen nicht hätten, würde aus dem Dreiklang ein Zweiklang, und der Druck für militärische Aktionen, Waffenlieferungen und Auslandseinsätze würde sich noch mal erhöhen.

Wichtig ist aber auch: Sanktionen sind Zwangsmaßnahmen, sie können leicht missbraucht werden und fatale

Folgen haben. Umso wichtiger ist eine Debatte darüber, wie und unter welchen Bedingungen Sanktionen möglichst zielgerichtet und ohne ungewollte Nebenwirkungen eingesetzt werden können.

## Die irakische Katastrophe

Wie fatal sich eine solche Zwangsmaßnahme auswirken kann, zeigte sich ganz besonders im Irak. Am 2. August 1990 überfiel der irakische Diktator Saddam Hussein das kleine Nachbarland Kuwait, nur vier Tage später beschloss der Sicherheitsrat der Vereinten Nationen das bis dahin wohl umfassendste Sanktionspaket seiner Geschichte. Mit der Resolution 661 vom 6. August wurde eines der düstersten Kapitel der Vereinten Nationen aufgeschlagen. Es sah ein fast komplettes Handelsembargo vor, alle Im- und Exporte des Irak wurden verboten. Die einzigen Ausnahmen waren »Lebensmittel in humanitären Situationen« sowie Dinge für den ausschließlich medizinischen Bedarf (*»supplies intended strictly for medical purposes«*).[2] Selbst Lebensmittel und Medikamente waren also nur eingeschränkt erlaubt – mit katastrophalen Folgen.

UNICEF berechnete später, dass die Kindersterblichkeit im Irak daraufhin explodiert ist und bis zu 500 000 Kinder aufgrund der Sanktionen gestorben sind.[3] Diese Zahlen werden mittlerweile etwas relativiert, weil offenbar das irakische Regime die Säuglingssterblichkeit damals übertrieben hochgerechnet hat. Aber es ist für die Bewertung der Maßnahme letztlich unerheblich, ob nun 100 000 oder 500 000 Kinder gestorben sind. Es bleibt Fakt, dass diese Sanktionen den Menschen im Irak unermessliches Leid zugefügt haben.

Durch die Irak-Erfahrung ist in der Öffentlichkeit ein

Bild von Sanktionen entstanden, das sich hartnäckig hält: Mit Sanktionen solle eine schwere wirtschaftliche Not bewusst verursacht werden, damit die Bevölkerung gegen das Regime aufbegehrt. Darum geht es allerdings nicht, es wäre ein Verbrechen gegen die Menschlichkeit. Es würde auch gar nicht funktionieren, denn meistens tritt der gegenteilige Effekt ein: Die Menschen schließen sich hinter dem jeweiligen Regime zusammen in dem Gefühl, wir müssen jetzt zusammenhalten, gemeinsam gegen den Rest der Welt. Das Regime kann fortan alles, was im Land schiefläuft, auf die Sanktionen schieben und sich so aus der Verantwortung ziehen.

So geschehen auch damals im Irak. Das Regime Saddam Hussein wurde nicht geschwächt, im Gegenteil. Gerade bei lang anhaltenden Sanktionen gibt es den Effekt, dass das Regime sich anpasst und Umgehungsprojekte zur Beschaffung aller benötigten Güter startet. Davon profitieren das Regime und ihm nahestehende Unternehmen; sie gewinnen massiv an Einfluss, Macht und Geld. Saddam Hussein verstand es geschickt, den größten Mangel für seine Zwecke zu nutzen. So bekamen loyale Bevölkerungsgruppen selbst von knappsten Gütern noch Zuteilungen, während zum Beispiel die verhasste kurdische Bevölkerung im Norden leer ausging.

Einige Auswirkungen der fehlgeleiteten Irak-Sanktionen spüren wir heute noch. Dastan Jasim, eine irakische Kurdin, die aktuell zu dem Thema am »German Institute for Global and Area Studies« (GIGA) in Hamburg promoviert, hat auf einen fatalen Langzeiteffekt hingewiesen: Aufgrund des Embargos war das Regime auf Schmuggel angewiesen und damit besonders auf diejenigen Gruppen im Grenzgebiet zwischen Irak und Syrien, die sich darauf verstanden. Die wurden dadurch reich und mächtig – und später zu einem großen Problem, für den Irak wie für die ganze Welt, als sie sich dem sogenannten Islamischen Staat anschlossen, der bis heute die Region mit Terror überzieht.[4]

Obwohl die Welt protestierte und auf die humanitäre Katastrophe im Land aufmerksam machte, wurden die strikten Sanktionen 13 lange Jahre aufrechterhalten. Insbesondere die USA sperrten sich gegen jeden Versuch, die Sanktionen im UN-Sicherheitsrat aufzuheben.

Die Irak-Sanktionen waren sicherlich ein Extrem. Eines gilt jedoch immer: Wenn Sanktionen wirken, dann haben sie auch Nebenwirkungen. Es gibt keine chirurgisch präzisen Sanktionen, mit denen wirklich gar keine Unbeteiligten getroffen werden. Selbst wenn wir nur über ein Reiseverbot für Regierungsmitglieder sprechen, sind immer auch andere Menschen betroffen, und sei es nur die Taxifahrerin, die sie sonst zum Flughafen gefahren hätte.

Ungewollte Nebenwirkungen können nicht nur im Zielland auftreten. Nachbarländer werden schnell in ökonomische Mitleidenschaft gezogen, wenn sie ihren wichtigsten Handelspartner verlieren. Auch global gesehen könnten Sanktionen schwere Auswirkungen auf andere Länder haben, wenn beispielsweise durch ein Importverbot für fossile Energien weltweit die Gas- und Ölpreise durch die Decke gehen.

Vermeiden lassen sich Nebenwirkungen also nicht. Das Ziel muss sein, sie so gering wie möglich zu halten. Was das genau heißt, ist in jedem Einzelfall eine Frage der Verhältnismäßigkeit – und das ist nicht nur eine moralische oder politische Frage, sondern auch eine juristische, doch dazu später mehr.

## Gezielte Sanktionen

Angesicht der verheerenden Erfahrung im Irak gab es ein Umdenken in der Politik, und es wurden Konzepte für gezieltere Sanktionen entwickelt. »Gezielt« kann dabei entweder bestimmte Wirtschaftsbereiche, bestimmte Personen oder auch bestimmte Unternehmen meinen. Eine klassische Form der gezielten Sanktion ist das Waffenembargo. In meiner Idealvorstellung bräuchte es das gar nicht, weil sowieso kein Land mehr Waffen exportiert, siehe das Kapitel dazu weiter vorn, aber so weit sind wir ja leider noch nicht.

In einer etwas erweiterten Form treffen gezielte Sanktionen die gesamte Kriegsfähigkeit des Ziellandes, indem überhaupt keine Dinge mehr geliefert werden, die auch militärisch genutzt werden könnten. Das schließt dann auch die sogenannten Dual-Use-Güter mit ein, die wir im Kapitel über Waffenexporte bereits gestreift haben. Zum Beispiel Motoren, die auch in Panzer eingebaut werden können. Oder elektronische Steuerungsgeräte, Chips, bestimmte Metalle – es gibt sehr viele Dual-Use-Güter, insofern wären solche Sanktionen nur bedingt gezielt, weil eben auch viele andere zivile Produktionen in Mitleidenschaft gezogen würden.

Besonders vielversprechend sind gezielte Sanktionen, die auf die politische und/oder ökonomische *Machtbasis* des Regimes zielen, auf das Herz der Bestie sozusagen. Ein ganz interessantes Beispiel dafür waren Sanktionen Russlands gegen die Türkei im Jahre 2015. Kurz zuvor hatte die Türkei ein russisches Kampfflugzeug an der türkisch-syrischen Grenze abgeschossen. Putin forderte eine Entschuldigung, Erdogan verweigerte sie, Putin verhängte Sanktionen.

Eine der Sanktionsmaßnahmen betraf den Tourismussektor. Russische Veranstalter durften keine Reisen mehr in die Türkei anbieten, alle Charterflüge in die Türkei wurden eingestellt. Das hatte massive Auswirkungen, denn die Türkei war bis zu diesem Zeitpunkt eines der beliebtesten Reiseziele in Russland. Das Ausbleiben russischer Tourist:innen infolge der Sanktionen traf den türkischen Tourismussektor schwer. Und damit offenbar auch einige führende Mitglieder der Erdogan-Partei AKP, deren Reichtum aus eben dieser Branche stammte. Insofern waren die russischen Tourismus-Sanktionen nicht nur gezielt in dem Sinne, dass eine bestimmte Branche angegriffen wurde – sondern auch insofern, als dass sie zugleich auf die Entscheidungsträger in Ankara und ihren persönlichen Reichtum abzielten. Offenbar eine sehr kluge Strategie, denn nur wenige Monate später knickte die Türkei ein, entschuldigte sich umfänglich, und es herrschte wieder eitel Sonnenschein zwischen den beiden Ländern, vor allem am Pool in Antalya.

Die Machtbasis der politisch Verantwortlichen treffen – das ist die Königsdisziplin gezielter Sanktionen. Aus dieser Logik heraus stellte der französische Ökonom Thomas Piketty bereits im März 2022 ein recht elegantes Konzept für Sanktionen gegen Russland vor.[5] Nach seinen Angaben gab es zum damaligen Zeitpunkt rund 20 000 Menschen in Russland, die mehr als zehn Millionen Dollar besaßen. Diese Multimillionär:innen sind der Kern der russischen Wirtschaftselite und ein zentraler Stützpfeiler der Putin-Regierung. Wenn die alle – und nicht nur die allerreichsten Oligarch:innen – auf eine Sanktionsliste kämen, so die Logik von Piketty, dann könnte sich Druck auf den Kreml aufbauen. Denn diese Multimillionär:innen wären von einer Beschlagnahme ihres Auslandsvermögens echt getroffen. Wenn so einem mittelständischen Unternehmer seine

Villa am Starnberger See weggenommen wird, dann hat er, anders als die bekannten Oligarchen, nicht unbedingt eine zweite. Er steht dann vor der Wahl, sein persönliches Vermögen zu sichern ODER den Kreml weiter zu unterstützen. Keine einfache Wahl im heutigen Russland, die wenigsten würden öffentlich aufbegehren – aber sich vielleicht aus Russland absetzen und so die russische Wirtschaft immer weiter schwächen. Da gäbe es zumindest die Chance, etwas ins Wanken zu bringen.

Das hört sich einfacher an, als es in der Praxis ist. Zum einen dürfen deutsche Behörden auch im Krieg nicht einfach beliebig Güter einfrieren oder beschlagnahmen, solche Sanktionslisten müssen juristisch gut begründet sein. Bei 20 000 Individuen ist das nicht einfach. Vor allem aber *können* deutsche Behörden aktuell gar keine Villen am Starnberger See beschlagnahmen, weil sie gar nicht wissen, wem sie in letzter Instanz gehören, wenn da verschachtelte Briefkastenfirmen involviert sind. Die Intransparenz am Immobilienmarkt und überhaupt im wirtschaftlichen Bereich macht es gerade in Deutschland sehr schwierig, gezielte Sanktionen umzusetzen. Ein möglicher Weg hätten Reiseverbote sein können, dann ist zumindest die Villa am Starnberger See auch nicht mehr benutzbar.

## Erfolg oder Misserfolg von Sanktionen

Sanktionen bringen doch eh nichts. Das ist eine weitverbreitete Auffassung und hat sicherlich damit zu tun, dass sich der Erfolg von Sanktionen nicht so einfach messen lässt. Das liegt zum einen daran, dass Sanktionen immer indirekt wirken, quasi um die Ecke gedacht. Sie sollen einen bestimmten wirtschaftlichen Effekt erzielen, um damit am Ende ein politisches Ziel zu erreichen. Es gibt Beispiele für Sanktionen, mit denen durchaus ein wirtschaftlicher Effekt erzielt wurde, trotzdem stellte sich der gewünschte politische Effekt nicht ein. Das wäre aus meiner Sicht dann eine erfolglose Sanktion, denn der Maßstab muss die erfolgreiche politische Veränderung sein und nicht irgendein Auf oder Ab wirtschaftlicher Kennzahlen. Die sind nur Mittel zum Zweck.

Die andere Schwierigkeit in der Bewertung von Sanktionen liegt darin, dass sie selten allein wirken. Wir bewegen uns ja meist in sehr komplexen internationalen Beziehungen. Wenn sich dann politisch etwas zum Besseren verändert, lässt sich nur schwer sagen, welchen genauen Anteil die Sanktionen daran hatten. Vielleicht hat gleichzeitig ein wichtiger Verbündeter Druck gemacht? Vielleicht steht die Führungsriege des Ziellandes aus anderen Gründen unter Veränderungsdruck? Die verschiedenen Einflüsse auf bestimmte Wirtschaftsdaten oder politische Veränderungen lassen sich analytisch kaum voneinander trennen.

Deshalb verwundert es nicht, dass es in der Sanktionsforschung oft recht unterschiedliche Einschätzungen zur Wirksamkeit einzelner Sanktionsregimes gibt. An einem Punkt allerdings gibt es Einigkeit in der Forschung: Sanktionen können prinzipiell wirksam sein und haben in der Vergangenheit schon politische Erfolge erzielt. Eines der wissenschaftlichen Standardwerke zum Thema ist das Buch »Economic Sanctions Reconsidered« von Gary Hufbauer und anderen, zuletzt 2009 aktualisiert.[6] Sie kommen bei der Auswertung von 174 Sanktionsregimes zwischen 1919 und 2000 zu dem Schluss, dass in rund einem Drittel der Fälle die Sanktionen erfolgreich waren. Erfolgreich in dem Sinne, dass erstens die politischen Ziele erreicht wurden und zweitens die Sanktionen daran nachweislich einen Anteil hatten.

Ein Drittel klingt nicht viel, aber jeder einzelne Fall ist schon ein großer Erfolg, wenn damit eine militärische Eskalation vermieden werden konnte. Eines muss bei diesen Erfolgsquoten von Sanktionen auch bedacht werden: In der Regel werden Sanktionen zunächst einmal angedroht – und nur, wenn das entsprechende Land auf die Drohung nicht reagiert, werden dann auch Sanktionen verhängt. Das heißt, die »einfachen« Fälle, in denen ein Land bereits auf eine Drohung reagiert und damit das politische Ziel erreicht ist, werden in der Erfolgsquote von Sanktionen oft nicht erfasst.

Entscheidend ist aus meiner Sicht aber weniger die genaue Erfolgsquote als vielmehr die Frage: Wieso wirken die einen Sanktionen und die anderen nicht? Welche Faktoren entscheiden über Erfolg und Misserfolg? Denn aus den Antworten auf diese Fragen können wir für die Zukunft lernen. Und dafür liefert die Forschung einige wirklich interessante Erkenntnisse.[7]

Manche Forschungsergebnisse sind naheliegend: Sanktionen sind ein Instrument der Starken gegen die Schwachen, Liechtenstein könnte Deutschland kaum wirtschaftlich unter Druck setzen, umgekehrt ginge das aber schon. Und je enger die wirtschaftlichen Verflechtungen mit dem Zielland sind, desto wirkungsvoller können Sanktionen sein.

Sehr aufschlussreich – gerade auch im Hinblick auf die Debatte um die Russland-Sanktionen – ist die Erkenntnis, dass eine langsame, schrittweise Verschärfung von Sanktionen wenig Erfolg versprechend ist, weil das Zielland sich dann in Ruhe darauf einstellen kann. Das ist ein Widerspruch zum diplomatischen Denken, das eher vorsichtig vorgeht, nicht gleich alles in die Waagschale wirft, um schrittweise einen sanften Druck zu erhöhen. Immer im Gespräch bleiben – das ist das Wesen von Diplomatie. Bei

Sanktionen funktioniert das leider nicht, sie sind eben auch nicht mehr Diplomatie, sondern schon Zwangsmaßnahme, und da gilt die wichtige Regel: entweder ganz und schnell oder gar nicht.

Bei den Russland-Sanktionen lässt sich das gut beobachten: Die EU diskutierte viele Monate über ein mögliches Ölembargo. Als sie es dann einführte, gab es noch eine lange Übergangszeit. Wirksam wurde es eigentlich erst rund ein Jahr nach dem Überfall auf die Ukraine. In diesem Jahr hat Russland nicht nur unendlich viel Geld mit dem Ölverkauf an die EU verdient und damit den Krieg finanziert, sondern auch eine Tankerflotte aufgebaut, über die dann das russische Öl in alle Welt transportiert und verkauft werden konnte. Wirksame Sanktionen gehen anders.

Das ist der Moment, auch selbstkritisch zurückzuschauen. Denn Ölsanktionen hätten schon 2014 nach der russischen Annexion der Krim auf der Tagesordnung stehen müssen. Auch ich habe mich damals im Charakter der russischen Regierung getäuscht und mich noch 2017 für ein Ende der Russland-Sanktionen eingesetzt[8] – ein großer Fehler, wie ich im Nachhinein sagen muss. Der Kreml hat immer die Rechnung mit den Wirtschaftsinteressen des Westens gemacht und sich darauf verlassen, dass ihm das billige Öl und Gas wichtiger ist als jedes Völkerrecht. Nur ein schneller umfassender Stopp aller Ölimporte hätte den Kreml wirklich überraschen und damit unter Druck setzen können.

Einige Sanktionsforscher:innen gehen sogar so weit, zu sagen, dass Sanktionen über lange Zeiträume sowieso keinen Sinn machen. Je länger sie laufen, desto eher gibt es Möglichkeiten zur Umgehung, und desto stärker treffen sie auch die Zivilgesellschaft. Was nach einem Jahr keine Wirkung gezeigt hat, wird auf Dauer auch nicht funktionieren. Damit widersprechen sie dem weitverbreiteten Mythos, Sanktionen bräuchten immer viel zu lange, um zu wirken. Das ist kein Naturgesetz, siehe das Beispiel der Russland-Türkei-Krise oben. Wenn man sich vor Augen hält, dass eine rein militärische Bearbeitung von Konflikten meist viele blutige Jahre bis zu einer Friedenslösung braucht, könnten starke wirtschaftliche Einschnitte deutlich schneller wirken – wenn sie gut gemacht sind und dem Zielland eine klare Aufhebungsperspektive bieten.

Damit nähern wir uns dem entscheidenden Erfolgskriterium für Sanktionen: Ein Ende muss absehbar sein. Dem damit konfrontierten Land muss von Anfang an klar sein, welches genaue Ziel mit den Sanktionen erreicht werden soll und unter welchen konkreten Bedingungen sie wieder aufgehoben werden. Wenn das detailliert im Sanktionsbeschluss ausformuliert ist, dann steigt die Wahrscheinlichkeit, dass Sanktionen ihr politisches Ziel auch erreichen können. Nur dann, wenn es eine klar definierte Aufhebungsperspektive gibt, kann die Regierung des Ziellandes kontinuierlich eine Kosten-Nutzen-Rechnung anstellen: Wenn ich diesen Schritt gehe, wird jene Sanktion aufgehoben, und zwar garantiert. Eine solche kühle Rechnung ist nicht möglich, wenn in einem Sanktionsbeschluss nicht klipp und klar ausbuchstabiert wird, wann (oder zu welchen »Kosten«) die Sanktionen wieder zurückgenommen werden.

Das hört sich so logisch an, wird aber selten gemacht. In den Beschlüssen der Europäischen Union zu den Russland-Sanktionen sind nicht einmal klare Ziele formuliert, es werden nur vage Referenzen an frühere EU-Beschlüsse zur Krim-Annexion gemacht.

## Mit Sanktionen gegen die Apartheid

Die Frage, ob Sanktionen nun erfolgreich waren oder nicht, ist für Südafrika eindeutig zu beantworten. Sanktionen hatten einen wichtigen Anteil daran, dass 1994 das alte Apartheidregime zusammenbrach und in den ersten wirklich freien Wahlen Nelson Mandela zum Präsidenten bestimmt wurde. Vorausgegangen war eine globale Kampagne gegen die weiße Vorherrschaft. Auch in Deutschland zogen Aktivist:innen durch die Supermärkte und schütteten Blut über Früchte aus Südafrika. So gab es eine von der Zivilgesellschaft getragene globale Boykottbewegung, die spätestens ab Mitte der 1980er-Jahre von staatlichen Sanktionen gegen Südafrika begleitet wurde. Ende der 1980er-Jahre war die südafrikanische Wirtschaft bereits in einer Krise. Als sich dann noch internationale Investoren zurückzogen, gab ihr das den Rest. Es besteht große Einigkeit darin, dass die Sanktionen das Ende der Apartheid mit herbeigeführt haben. Wie groß oder klein ihr Anteil nun genau war, lässt sich naturgemäß schwer beziffern. In Südafrika gibt es bis heute eine Diskussion darum, wie viel die zivile Boykottbewegung, die staatlichen Sanktionen und/oder der private Rückzug einzelner Firmen jeweils zum Straucheln der südafrikanischen Wirtschaft beigetragen haben.

Sicher ist vor allem eines, und das ist eine große Besonderheit: Die Sanktionen gegen Südafrika wurden im Land selbst vor allem von denjenigen unterstützt, die am meisten von ihnen betroffen waren. Von den schwarzen Gemeinden, die in der Wirtschaftskrise als Erste ihren Job verloren – und trotzdem weltweit für die Sanktionen warben, um das verhasste Apartheidregime in die Knie zu zwingen. Hier trafen die Sanktionen zunächst die Falschen, die sie dennoch richtig fanden. Und am Ende hat es geklappt, weil die Sanktionen eben auch die Richtigen getroffen haben.

Rückblickend werden auch die kulturellen und sportlichen Sanktionen in Südafrika positiv gesehen – was auf den ersten Blick verwundert, denn gerade kulturelle oder wissenschaftliche Sanktionen sind eigentlich kontraproduktiv. Oft sind es doch gerade die Künstler:innen und Wissenschaftler:innen, die sich auch in dunklen Zeiten eine geistige Freiheit bewahren und noch ansprechbar sind von außen. Sie können oft das letzte zarte Band der Verständigung zwischen innen und außen sein. Deshalb wäre ich in der aktuellen Situation auch gegen jede kulturelle oder wissenschaftliche Sanktion gegen Russland. Für Südafrika wird das rückblickend jedoch anders gesehen. Ein wichtiger Stützpfeiler der gesamten Apartheidideologie war der Mythos, dass die weiße Elite eng mit Europa verbunden sei. Dieser Mythos geriet gerade durch die kulturellen Sanktionen ins Wanken, das Regime bekam immer größere Risse.

## Sanktionen als Machtmittel

Es ist leider häufiger so, dass Sanktionen gar nicht für hehre Ziele, für Frieden oder Konfliktlösung eingesetzt werden, sondern als knallhartes Machtmittel, um die eigenen Interessen mit Wirtschaftsgewalt durchzusetzen. Es liegt in der Natur der Sache, dass Sanktionen eigentlich nur als Instrument der Starken gegen die Schwachen wirksam werden können. Und oft genug agieren die Starken hier nicht im Interesse des Weltfriedens, sondern in ihrem eigenen. Wenn die USA das kleine Kuba seit Jahrzehnten mit einem totalen Embargo belegen, dann geht es dabei um die Zerstörung einer anderen Wirtschafts- und Gesellschaftsform.

Ein Blick auf Zahlen untermauert das. Von den 174 von Hufbauer und anderen betrachteten Sanktionsregimes wurden 81 allein von den USA durchgeführt, bei weiteren 27 waren die USA mit dabei, gemeinsam mit anderen Ländern. Auch die Sowjetunion beziehungsweise Russland ist mit 13 Sanktionsregimes vertreten. Insofern sind Sanktionen sicherlich ein Machtmittel, das vornehmlich von Weltmächten eingesetzt wird.

Es wäre aus meiner Sicht allerdings fatal, alle Sanktionen unisono als imperialistisches Machwerk zu verteufeln. Nur weil es Missbrauch gibt, muss nicht jede Sanktion schlecht sein. Es kommt jeweils auf die Ziele an. Aus meiner Sicht können Sanktionen nur dann ein richtiges Mittel sein, wenn es darum geht, bedrohten oder unterdrückten Menschen zur Seite zu stehen. Wenn sie von einem anderen Land angegriffen werden oder wenn sie in ihrem eigenen Land ausgebeutet, unterdrückt oder bedroht sind, wie seinerzeit in Südafrika.

Das mit der Macht funktioniert allerdings auch andersherum. Damit lassen sich auch Sanktionen vermeiden. Selbst im Russland-Ukraine-Krieg schaffen es immer wieder einzelne Personen oder Branchen, sich von den Sanktionen ausnehmen zu lassen, weil sie offenbar zu mächtig sind. Nur zwei konkrete Beispiele:

Bis Dezember 2022 standen 1241 russische Einzelpersonen auf der EU-Sanktionsliste. Nicht dabei war Wladimir Potanin, einer der reichsten Männer Russlands und seit zwanzig Jahren treuer Parteigänger Putins, mit dem er auch schon mal Eishockey gespielt hat. Potanin hätte man eigentlich schon bei der allerersten Sanktionsrunde auf der Liste erwartet. Seine Macht: Er kontrolliert die russische Nickelproduktion und andere wichtige Metalle, hat gemeinsam mit der deutschen BASF eine große Batteriefabrik in Finnland gebaut. Dass er von den Sanktionen ausgenommen war, hat vermutlich mit der Angst einiger Autohersteller in der EU zu tun, dass Potanin sie vom Nachschub der wichtigen Metalle abtrennen könnte.[9] Die USA haben Potanin im Dezember 2022 dann irgendwann auf die Sanktionsliste gesetzt, die EU nicht. Das passiert, wenn dir das eigene Auto wichtiger ist als das Leben deiner Nachbarin.

Das zweite Beispiel glitzert. Antwerpen ist die Diamantenhauptstadt der Welt, jährlich werden mit den feinen Steinen dort 36 Milliarden Dollar umgesetzt. Ein wichtiger Wirtschaftszweig für das kleine Land, deshalb verhinderte die belgische Regierung, dass russische Diamanten auch auf die Sanktionsliste kommen. Dabei ist die Diamantenförderung in Russland teilweise in staatlicher Hand, die Einnahmen fließen also direkt in die Kriegskasse des Kreml. Wer das Geld hat, hat die Macht.

## Was sagt das Völkerrecht?

Ein häufiges Argument gegen Sanktionen ist die Behauptung, sie seien völkerrechtswidrig, wenn sie nicht vom UN-Sicherheitsrat beschlossen wurden. Um dieser Frage auf den Grund zu gehen, hat die Rosa-Luxemburg-Stiftung im Jahre 2023 ein völkerrechtliches Gutachten in Auftrag gegeben, mit einigen interessanten Ergebnissen.[10] Die Autorin, Hannah Kiel, kommt zu dem Schluss, dass die Rechtslage nur in den Randbereichen eindeutig ist, während es einen recht großen Graubereich gibt, bei dem die juristischen Auslegungen auseinandergehen, auch weil sie zu einem gewissen Grad vom jeweiligen geopolitischen Blickwinkel beeinflusst sind.

Weitgehende Einigkeit besteht darüber, dass *Waffenembargos* legal sind. Auf der anderen Seite des Spektrums herrscht große Einigkeit darüber, dass das extreme Sanktionsregime der USA gegen Kuba völkerrechtswidrig ist.

Völlig klar ist auch, dass der UN-Sicherheitsrat bei »Bedrohung oder Bruch des Friedens und bei Angriffshandlungen« Sanktionen beschließen darf. Das hat er auch schon rund dreißigmal getan. Wichtig ist hier, dass das nur für den UN-Sicherheitsrat gilt und nicht für die UN-Generalversammlung, denn deren Resolutionen sind rechtlich nicht bindend – wobei sie natürlich eine große politische Relevanz haben.

An dieser Stelle müssen wir auch eine Begrifflichkeit klarstellen. Es wird oft zwischen unilateralen und multilateralen Sanktionen unterschieden. Das einzige Kriterium für diese Unterscheidung ist eine Resolution des Sicherheitsrates: Ohne diese Resolution handelt es sich um unilaterale, mit der Resolution um multilaterale Sanktionen. Selbst wenn die gesamte EU und ein Dutzend anderer Länder Sanktionen erlassen: Sie werden unilateral genannt, weil sie nicht vom UN-Sicherheitsrat kommen.

Im internationalen Recht gibt es keine Regel, die unilaterale Sanktionen generell verbietet. Einige Rechtsregeln setzen den Sanktionen allerdings klare Grenzen, allen voran das Interventionsverbot und die Einhaltung der Menschenrechte. Das Interventionsverbot verbietet die Einmischung eines Staates in die inneren Angelegenheiten eines anderen Staats. Wo genau die Grenze zwischen erlaubten wirtschaftlichen Sanktionen und einer verbotenen Intervention liegt, ist in der wissenschaftlichen Debatte sehr umstritten, denn natürlich greifen Sanktionen immer in die inneren Angelegenheiten eines Staates ein. Klarer hingegen ist, dass die meisten Sanktionen sich auf Menschenrechte auswirken können, allen voran auf das Recht auf Leben, Gesundheit und Freiheit von Hunger. Daraus leitet sich ab, so das Gutachten, dass all jene Sanktionen völkerrechtswidrig sind, die Hunger verursachen – deshalb machen fast alle heutigen Sanktionsregime eine Ausnahme für humanitäre Hilfe.

Selbst bei einer möglichen Verletzung von Interventionsverbot und Menschenrechtsnormen können Sanktionen rechtmäßig sein, wenn eine geeignete Rechtfertigung vorliegt. Ganz sicher ist, dass Sanktionen anstelle militärischer Maßnahmen verhängt werden können, soweit die Voraussetzungen des Rechts der Selbstverteidigung (Art. 51 der UN-Charta) gegeben sind.

## Das Ziel im Blick behalten

Alles in allem zeigt sich, dass viele Bedenken gegenüber Sanktionen einen wahren Kern haben. Ja, es gibt Machtmissbrauch, ja, es können auch viele Unschuldige getroffen werden, und sie können sogar völkerrechtswidrig sein. Schlecht gemachte Sanktionen wirken nicht, und ganz schlecht gemachte können sogar schwere Schäden anrichten – aber gut gemachte können eine echte Alternative zu Krieg und Gewalt sein. Denn das ist unser Ausgangspunkt, die Charta der Vereinten Nationen und der Dreiklang Diplomatie, Sanktionen und Krieg, in dem Sanktionen ein mögliches Mittel sind, um einerseits Druck auszuüben, ohne andererseits gleich militärische Gewalt anzuwenden. Gut gemachte Sanktionen sind solche, die klare Ziele gemeinsam mit einer klaren Aufhebungsperspektive definieren, möglichst kurz und knackig wirken, gezielt gegen die Verantwortlichen und ihre Machtbasis gerichtet sind und außerdem die ungewollten Folgen so gering wie möglich halten. Vor allem aber sind gute Sanktionen solche, die keine egoistischen Interessen verfolgen, sondern Ausdruck internationaler Solidarität sind, mit den Angegriffenen, Verfolgten und Unterdrückten dieser Welt.

## Krieg beginnt hier. Frieden auch.

An dieser Stelle müssen wir über uns in Deutschland reden. Über unseren Beitrag zum Unfrieden, zum Krieg in der Welt. Damit sind nicht nur die Kriegsbeteiligungen Deutschlands gemeint, in Afghanistan, Mali oder anderswo. Wir haben am Beispiel von Lian Gogali aus Indonesien gelernt, wie eng lokale Konflikte am anderen Ende der Welt manchmal mit unserer Lebensweise verknüpft sind. Bei ihr war es der Nickel für die deutsche Autoindustrie, der die lokalen Konflikte wieder befeuerte. Für uns bedeutet das vor allem eines: Wer Frieden bewahren will, muss für Gerechtigkeit sorgen, muss darauf hinwirken, dass sich auch hier bei uns Dinge ändern. Andernfalls bleiben alle Versuche einer Friedensstiftung oder Konfliktlösung reine Trostpflaster, die schon im Ansatz scheitern müssen.

*War starts here*, Krieg beginnt hier, das war der Slogan einer Kampagne gegen die deutschen Rüstungsexporte. Wobei Waffenexporte nur die Spitze des Eisberges sind, hier ist der Zusammenhang mit Gewalt, Krieg und Tod sehr offensichtlich. Aber nicht nur Sturmgewehre und Handgranaten eskalieren Kriege. Auch Schokolade kann tödlich sein.

### Bittere Schokolade

Vielleicht liegt es daran, dass ich ein echter Schokoholic bin, aber der Anbau von Kakao mit all seinen Ungerechtigkeiten liegt mir seit vielen Jahren schwer im Magen. Die Vorstellung, dass meine leckere Nougatschokolade mit der Ausbeutung von Kindersklaven produziert wird, macht mich wütend. Genauso wie die Tatsache, dass der unfaire Handel mit Kakao sogar schon direkt zu Kriegen geführt hat. Als 2002 der Bürgerkrieg in der Elfenbeinküste begann, hatte das sehr viel damit zu tun, dass die sinkenden Weltmarktpreise für Kakao direkt auf die ärmste Landbevölkerung durchschlugen und in der Folge schon lange schwelende Konflikte gewaltsam ausbrachen. Es kam zu einem jahrelangen Bürgerkrieg mit vielen Toten.

Fangen wir ganz vorn an. Wenn wir im Supermarkt unseres Vertrauens eine Tafel Schokolade aus dem preiswerteren Segment für einen runden Euro kaufen, kommen davon nur sieben bis zehn Cent bei der Familie in der Elfenbeinküste an, die den Kakao unter härtesten Bedingungen angebaut hat. Nur sieben bis zehn Prozent des Ladenpreises landen also bei den Bauern und Bäuerinnen. Davon können sie nicht leben. Ihr Anteil am Gewinn: null.[1]

Zum Leben braucht es mindestens das Existenzminimum, auf Englisch »Living Income«. Das sollte eigentlich für jede Arbeit etwas Selbstverständliches sein: das schiere Überleben zu ermöglichen, sich und die eigene Familie ausreichend ernähren zu können. Der Kakaoanbau in der Elfenbeinküste ist davon jedoch sehr weit entfernt, denn die dort lebenden kleinbäuerlichen Familien kommen gerade einmal auf ein Monatseinkommen in Höhe von 196 US-Dollar im Monat, während das existenzsichernde Einkommen in der Elfenbeinküste bei 543 US-Dollar im Monat für eine durchschnittlich große Familie liegt. Diese Zahlen stammen von »INKOTA«, einer spannenden Organisation in Berlin, die seit über fünfzig Jahren zu globalen Ungerechtigkeiten arbeitet und dabei ein besonderes Augenmerk auf die Ungerechtigkeiten hinter der Schokolade legt (»Make Chocolate Fair!«).

Es lässt sich sehr genau berechnen, wie teuer Kakao auf dem Weltmarkt sein müsste, damit die Familien wenigstens das Existenzminimum zum Leben haben. INKOTA ist Teil eines internationalen Bündnisses, das regelmäßig das »Kakao-Barometer« veröffentlicht, mit ebenso spannenden wie erschreckenden Zahlen rund um den Kakao. Im Oktober 2022 gab es gerade mal 1,3 US-Dollar für das Kilogramm Kakao ab Hof, davon kann keine Familie leben. Laut INKOTA müsste der Kakaopreis ab Hof bei mindestens 3 US-Dollar liegen, also mehr als doppelt so hoch. Umgerechnet auf unsere leckere Tafel Schokolade, würde das heißen: 10 Cent müssten wir mehr bezahlen.

Wobei der Weg von einem kleinen Bauernhof in der Elfenbeinküste in unseren Supermarkt sehr weit ist. Die Zwischenhändler, die Transportunternehmen, die internationalen Agrarkonzerne, die ganz Großen der Schokoladenbranche wie Nestlé und Ferrero – sie alle verdienen mit am Kakao. Und dann gibt es noch diejenigen, die gar nichts mit dem realen Kakao zu tun haben, die ihn weder anbauen noch transportieren noch verarbeiten, sondern die einfach nur an ihm verdienen: die Spekulant:innen. Jeden Tag wird an der Börse in London kräftig mit Lebensmitteln spekuliert, auch mit Kakao.

Eigentlich dient eine Börse ja dazu, dass Verkäufer:innen und Käufer:innen zusammenfinden. Dann – so habe ich es in der Schule gelernt – bestimmen Angebot und Nachfrage den Preis. In der Praxis gibt es aber noch diejenigen, die auf sinkende oder steigende Kakaopreise spekulieren und große Mengen an Kakao regelmäßig kaufen und verkaufen, nur um mit den Preisunterschieden riesige Gewinne zu machen. Wie das im wirklichen Leben aussieht, hat der altehrwürdige deutsche Kakaoverein in seinem Jahresbericht 2020 einmal sehr nüchtern beschrieben.[2] Eigentlich hätten in dem Jahr die Preise für Kakao sehr stabil sein müssen, so der Kakaoverein, denn die Ernteaussichten waren gut und die Nachfrage stabil, also kein Grund für große Ausschläge nach oben oder unten beim Preis.

Die gab es dann aber trotzdem, weil die Spekulant:innen an der Börse in ihren automatisierten Systemen bestimmte Unter- und Obergrenzen für Kakaopreise eingegeben hatten, zwischen denen der Preis dann pendelte. Sank er bis auf 1570 britische Pfund je Tonne, kauften sie. Stieg er auf 1800 Pfund, verkauften sie wieder. Und machten dabei jedes Mal satte Gewinne, ohne auch nur einmal im Leben eine Kakaobohne gesehen zu haben. Geld, das den Bauernfamilien in der Elfenbeinküste zum Leben fehlt, landet so bei irgendwelchen Banker:innen in der Londoner City. Daraus kann man nur schließen: Jede Art von Spekulation mit Lebensmitteln muss verboten werden. Denn sie kostet Menschen das Leben.

Womit wir wieder beim Krieg sind. Kakao war für viele Jahrzehnte das wichtigste Exportgut der Elfenbeinküste, auf immer mehr Flächen wurde Kakao angebaut. Der Boom zog viele Arbeitsmigrant:innen aus dem Nachbarland Burkina Faso an. Manche von ihnen kauften Land und bauten selbst Kakao an. Die kleinbäuerlichen Familienbetriebe waren lange durch staatliche Regulierung und garantierte Preise vor den Härten des Weltmarktes geschützt. Bis die Weltbank und der Internationale Währungsfonds (IWF) in den 1990er-Jahren Druck machten und eine »Liberalisierung« des Kakaomarktes durchsetzten. Wobei »liberal« viel zu positiv klingt, denn es ging um den Abbau der Schutzmechanismen für die Bäuerinnen und Bauern, die danach dem Treiben der Weltkonzerne und Spekulant:innen schutzlos ausgeliefert waren. Als 1999 die Weltmarktpreise für Kakao abstürzten, rissen sie Millionen Bauernfamilien in den Abgrund und das ganze Land in eine tiefe Wirtschaftskrise.

In diesem Moment brachen schon länger bestehende Konflikte gewalttätig aus. Konflikte, die im Kern mit Rassismus zu tun hatten, mit der Ablehnung von Arbeitsmigrant:innen aus dem Norden durch die »echten« Ivorer:innen. Mit der Wirtschaftskrise kam dann noch die Konkurrenz um Land und Einkommen hinzu. Infolge eines Putschversuchs 2002 rutschte das Land in einen Bürgerkrieg zwischen Nord und Süd.

Die Kakaopreise waren nicht alleiniger Auslöser des Krieges, aber auf jeden Fall ein sehr wichtiger Faktor in einem Land, das bis in die 1990er-Jahre fast vollständig von Kakaoexporten abhängig war. Die Bundeszentrale für politische Bildung hat gemeinsam mit dem Bonn International Center for Conversion (BICC) einen Bericht zu Rohstoffen und Konflikten erarbeitet, in dem sie über den Bürgerkrieg in der Elfenbeinküste schreiben: »Es waren auch Missstände in der Verwaltung des Kakaosektors, die die gesellschaftlichen Gegensätze so verschärften, dass sie zur Rebellion von 2002 führten.«[3]

Damit nicht genug. Bürgerkrieg hin oder her, die Welt kaufte weiter Kakao aus der Elfenbeinküste, der Schokoladentaler muss rollen. Mit den Einnahmen finanzierten beide Konfliktparteien ihre Kriegskosten. Die EU geht davon aus, dass die Regierung Einnahmen aus dem Kakaohandel in Höhe von 45,7 Millionen Dollar für die Militärausgaben genutzt hat.[4]

## Rohstoffkonflikte – Konfliktrohstoffe

Damit ist der Kakao im ivorischen Bürgerkrieg aus friedenspolitischer Sicht ein besonderer Fall: Er war Ursache und Finanzier des Konfliktes zugleich. Ursache, weil die ungerechte Verteilung der Kakao-Einnahmen die bestehenden sozialen Spannungen weiter vertiefte und am Ende zur Explosion brachte. Und Finanzier, weil beide Kriegsparteien ihre Waffenkäufe und ihre Soldaten mithilfe der Einnahmen aus dem Kakaohandel finanzierten.

In der Friedensforschung werden diese unterschiedlichen Rollen von Rohstoffen in Konflikten mit den beiden Begriffen »Rohstoffkonflikte« und »Konfliktrohstoffe« voneinander abgegrenzt. Ein Konfliktrohstoff ist eine Ressource, die im Kriegsgebiet in größeren Mengen vorhanden ist, auf dem Weltmarkt hohe Preise erzielt und damit für einen beständigen Nachschub an Geld und Waffen sorgt. Ein typisches Beispiel sind Diamanten oder Kakao. Konfliktrohstoffe finanzieren Kriege und halten sie über viele Jahre am Laufen, sie sind in der Regel jedoch nicht Auslöser des Konfliktes.

Rohstoffkonflikte dagegen haben ihren Ursprung im Streit um knappe Ressourcen. Das können Rohstoffe sein wie Kakao, Öl oder Gold, aber auch Zugang zu fruchtbarem Land oder Fischgründen. Es geht um begrenzte Ressourcen, auf die zwei Nachbarstaaten – oder mehrere Gruppen innerhalb eines Staates – Anspruch erheben und am Ende versuchen, sich den Zugang mit Gewalt zu verschaffen. In der Sprache der Wirtschaftswissenschaften heißt das dann, dass alle kooperativen, friedlichen Zuteilungsmechanismen gescheitert sind, die ansonsten eine Konkurrenz um knappe Ressourcen regulieren können. Die ökonomische Konkurrenz führt dann direkt in den Krieg.[5]

Die Unterscheidung zwischen Rohstoffkonflikt und Konfliktrohstoff ist wichtig, um die richtigen Ansätze für eine Konfliktlösung finden zu können. Wenn Diamanten zwar den Krieg finanzieren, aber nicht die Ursache waren, dann wird ein Stopp des Handels mit sogenannten Blutdiamanten vielleicht helfen, den Krieg einzudämmen, weil der Nachschub an Geld und Waffen austrocknet. Der eigentliche Konflikt ist damit aber noch lange nicht gelöst.

Oft ist die Konkurrenz um Rohstoffe aber tatsächlich die Ursache für gewalttätige Konflikte. Das zeigen die Zahlen des Heidelberger Konfliktbarometers, das jährlich vom Heidelberger »Institut für Internationale Konfliktforschung« (HIIK) herausgegeben wird und weltweit eine wichtige Referenz für die Analyse von Kriegen und Konflikten ist. Das Konfliktbarometer 2022 verzeichnet insgesamt 216 gewalttätige Konflikte in allen Weltregionen. In knapp einem Drittel (70) spielten knappe Ressourcen als Konfliktursache eine Rolle, fast immer jedoch in Verbindung mit anderen Ursachen.[6]

Die Konkurrenz um Rohstoffe ist also oft ein bedeutender Co-Faktor bei der Entstehung von Kriegen, weil sie bestehende Ungleichheiten oder Konflikte verschärfen kann – so wie im Beispiel vom Kakao in der Elfenbeinküste. Die gute Nachricht ist: Wenn eine wichtige Konfliktursache hier bei uns liegt, in unserer Wirtschaftsweise, in der Spekulation mit Lebensmitteln oder in unserem Hunger nach bestimmten Rohstoffen, dann liegen auch Lösungsmöglichkeiten bei uns.

## Blutdiamanten

Das gilt auch für Konfliktrohstoffe. Das bekannteste Beispiel dafür sind die sogenannten Blutdiamanten, sie haben es sogar bis nach Hollywood geschafft. Der Film »Blood Diamonds« von 2006 ist auch heute noch empfehlenswert, weil er die brutale Verknüpfung von Waffenhandel und Kriegsfinanzierung mit Diamanten hautnah auf die Leinwand gebracht hat. Auch in den Krimis von Donna Leon und in James-Bond-Filmen spielt die Thematik eine Rolle, und das ist gut so.

Die Diskussion um Blutdiamanten – oder Konfliktdiamanten, wie sie im offiziellen Sprachgebrauch heißen – begann in den 1990er-Jahren, als deutlich wurde, dass die Kriege in Sierra Leone, Liberia und Angola zu einem großen Teil mit dem Verkauf von Diamanten finanziert werden. In keinem dieser Länder war die Konkurrenz um Diamanten eine Ursache des Krieges. Die edlen Steine spielten erst im späteren Verlauf der Konflikte eine Rolle. Der Bürgerkrieg in Sierra Leone begann zum Beispiel 1991, aber erst ab 1994 besetzten die Rebellen die Diamantenfelder, um den Krieg weiter finanzieren zu können.

Noch deutlicher wird es in Angola. Der dortige Bürgerkrieg begann schon in den 1970er-Jahren, eine von den USA und Südafrika unterstützte Rebellenorganisation namens »UNITA« kämpfte gegen die Zentralregierung, die im Kalten Krieg an der Seite des Ostblocks stand. Erst als mit dem Ende des Kalten Krieges das internationale Interesse an dem Krieg nachließ, kamen die Diamanten ins Spiel. Nach Berechnungen der Hilfs- und Menschenrechtsorganisation »medico international« nahm die UNITA zwischen 1992 und 1998 rund 3,7 Milliarden US-Dollar mit Diamanten ein – und finanzierte damit die Fortsetzung ihres Krieges.[7] Auch hier hatte der Beginn des Krieges nichts mit Diamanten zu tun, seine spätere Fortsetzung dafür umso mehr. medico international prägte dazu den eindringlichen Satz: »Es ist gewinnbringender, einen Krieg auszubeuten, als den Sieg davonzutragen.«[8]

Es gibt auch Fälle, in denen sich Konfliktrohstoffe verselbstständigen und zum Hauptgrund für immer weiter gehende Gewalt werden. Nämlich dann, wenn die Kriegsparteien um die Gebiete mit den Konfliktrohstoffen kämpfen. Dann wird es auch für friedliche Lösungen schwer. In Kolumbien zum Beispiel ist der – eigentlich sehr erfolgreiche – Friedensschluss mittlerweile wieder unter Druck, weil verschiedene bewaffnete Gruppen versuchen, die profitablen Koka-Anbaugebiete mit Gewalt unter ihre jeweilige Kontrolle zu bringen.

Solange die eigene Finanzierung gesichert ist, ist die Bereitschaft zu Friedensverhandlungen eher mäßig. Deshalb gab es in der Vergangenheit immer wieder Versuche, den Handel mit Konfliktrohstoffen einzudämmen und damit die finanzielle Grundlage blutiger Bürgerkriege auszutrocknen. Bereits 1998 beschloss der UN-Sicherheitsrat ein Handelsverbot mit Diamanten der angolanischen UNITA-Rebellen. Im Jahr 2003 trat dann der »Kimberley-Prozess« in Kraft, in dem die wichtigsten Hersteller- und Abnehmerländer von Diamanten gemeinsam ein Zertifizierungssystem vereinbarten, um den Handel mit Blutdiamanten zu stoppen. Mittlerweile repräsentieren die Mitglieder des Kimberley-Prozesses über 99 Prozent des weltweiten Diamantenhandels. Auch wenn dieser Prozess sicherlich einiges dazu beigetragen hat, den Handel mit Blutdiamanten zu erschweren: Es gibt auch massive Kritik an dem System. Einige der ursprünglich beteiligten Nichtregierungsorganisationen sind bereits aus dem Prozess ausgetreten, weil sie die Kontrollen zu lückenhaft finden, um einen Handel mit gefälschten Herkunftsnachweisen ausschließen zu können.

Auch ein anderer Konfliktrohstoff hat es in den Nullerjahren zu einer gewissen Prominenz gebracht, weil wir ihn uns täglich ans Ohr halten: das Coltan. Das Erz enthält wichtige Metalle, die vor allem in der Elektronikindustrie gebraucht werden, ganz besonders für die Produktion von Handys. Ein Großteil des weltweit abgebauten Coltans stammt aus Afrika, insbesondere aus dem Kongo, wo mit dem Rohstoff jahrelang der Bürgerkrieg finanziert wurde. Auch in diesem Fall gab es öffentlichen Druck auf die Industrie, kein Coltan aus Bürgerkriegsgebieten mehr zu verwenden. In den USA und anderen Staaten gab es bald gesetzliche Auflagen für die Hersteller, eine saubere Herkunft zu garantieren.

Unterstützung bei der Kontrolle dieser Auflagen kam aus der Naturwissenschaft: Der deutschen »Bundesanstalt für Geowissenschaften« gelang es, einen physikalisch-chemischen Herkunftsnachweis für Coltan zu entwickeln, quasi einen Fingerabdruck, mit dem die Herkunft jeder Coltanprobe eindeutig bestimmt werden kann.[9] Ein gutes Werkzeug, um skrupellosen Schmugglern das Handwerk zu legen und sicherzustellen, dass unsere Handys nicht die blutigen Bürgerkriege in Afrika mitfinanzieren. Das wäre ein guter erster Schritt, ein ebenso wichtiger zweiter Schritt ist dann die Verbesserung der Abbaubedingungen. Wie beim Kakao schlummert auch im Coltan ein großes Konfliktpotenzial, denn die Bezahlung ist viel zu gering, und in den Minen herrschen schlimmste Arbeitsbedingungen.

## Über Piraten und Landdiebe

Zurück zu den Rohstoff- oder besser Ressourcenkonflikten. Das Konfliktpotenzial von Erdöl ist uns allen wahrscheinlich sehr bewusst, viele Friedensdemonstrationen in Deutschland standen unter dem Motto »Kein Blut für Öl«, angesichts der vielen Kriege im Nahen und Mittleren Osten. Aber Öl oder Kakao stehen nicht allein, Ressourcenkonflikte sind so vielfältig und betreffen fast jede lebensnotwendige Ressource, dass man darüber ein eigenes Buch schreiben könnte. Hier sollen nur zwei Beispiele kurz angerissen werden, um die vielfältigen Wege zu zeigen, wie die globalen wirtschaftlichen Verflechtungen in den Herkunftsländern der Ressourcen zu Gewalt führen können.

Beginnen wir mit der *Raubfischerei.* Weltweit sind die Meere fast leer gefischt. Um die Fischbestände zu schützen und auch in Zukunft noch Fisch fangen zu können, gibt es mittlerweile weltweit strenge Regeln dafür, wer wo wie viel Fisch fangen darf. Wer mehr fängt – oder ohne Lizenz unterwegs ist –, wird als Raubfischer bezeichnet. Dies findet aber tatsächlich im großen industriellen Maßstab statt. Vor den Küsten Afrikas oder Lateinamerikas kreuzen riesige Fischtrawler aus Europa oder China und fangen den armen einheimischen Fischern mit ihren kleinen Booten praktisch alles vor der Nase weg. Das ist nicht nur für die Umwelt ein großes Problem, sondern kann auch Kriegsursache sein. Die einheimischen Fischer müssen sich dann andere Erwerbsquellen suchen. Und für jemanden, der seinen Lebensunterhalt schon immer auf dem Wasser und im Boot verdient hat, ist es kein ganz ferner Gedanke, das mangels legaler Alternativen nun mit Piraterie zu tun. Also keine Raubfischerei, sondern bewaffnete Überfälle auf andere

Schiffe, um sie zu kapern und dafür ein hohes Lösegeld zu erpressen.

In Somalia ist genau das passiert. In den Nullerjahren wurden Überfälle auf Containerschiffe auf ihrem Weg zum Suezkanal zu einem echten Problem. Selbst die Deutsche Marine wurde mit Kriegsschiffen in den Einsatz geschickt (»Operation ATALANTA«), um die Transportwege mit militärischer Gewalt zu sichern. Es gibt deutliche Hinweise darauf, dass die Piraterie am Horn von Afrika vor allem wegen der Raubfischerei durch die großen internationalen Trawler entstanden ist. Die kleinen Fischer verloren ihren bisherigen legalen Lebensunterhalt und haben in ihrer Verzweiflung dann auf Piraterie umgesattelt. Damit soll die Piraterie weder gerechtfertigt noch romantisiert werden, mit Klaus Störtebeker oder Captain Jack Sparrow hat das nichts zu tun, das ist ein brutales Geschäft.

Aber die Frage muss schon erlaubt sein, warum die Bundesregierung erst handelt, wenn Containerschiffe bedroht sind. Gegen die internationale Raubfischerei, die auch von europäischen Riesentrawlern betrieben wird, gibt es kaum ernst zu nehmende Maßnahmen, die dürfen ungeschoren ihr Unheil in der Welt anrichten und die Lebensgrundlage armer Fischerfamilien – und damit den Frieden – an entlegenen Orten der Welt gefährden. Wahrscheinlich hätte es sehr viel mehr für die Sicherung der Schiffsrouten durch den Suezkanal gebracht, wenn all das Geld, das in die Operation ATALANTA geflossen ist, in den Jahren davor in die Bekämpfung der Raubfischerei gegangen wäre.

Gegen diese könnte viel unternommen werden, wenn es denn den politischen Willen gäbe. Es gibt verschiedenste Forschungsprojekte, um mit naturwissenschaftlichen Methoden Raubfischer zu entdecken und zu überführen. Eines hat es mir besonders angetan: Im Jahr 2020 beschrieb eine französische Forschergruppe in den sehr renommierten *Proceedings of the National Academy of Sciences* eine Methode, um in den Weiten des Ozeans nicht angemeldete Fischtrawler zu entdecken – mithilfe von Albatrossen.[10] Die Idee ist so einfach wie genial: Albatrosse sind recht große Vögel, die weite Entfernungen über dem Meer zurücklegen, immer auf der Suche nach leckerem Fisch. Wenn sie ein Fischerboot bei der Arbeit entdecken, bleiben sie lange Zeit darüber in der Luft, weil dabei oft was für sie abfällt. Die Forschungsgruppe hat die Albatrosse mit kleinen Sendern versehen und konnte anhand ihrer Flugrouten in Echtzeit Fischerboote identifizieren, die elektronisch nicht zu orten waren, weil sie ihre Erkennungssignale ausgeschaltet hatten – ein deutlicher Hinweis darauf, dass sie illegal unterwegs waren.

Möglichkeiten, die Raubfischerei effektiv zu bekämpfen und damit auch eine mögliche Ursache für gewalttätige Konflikte einzudämmen, gäbe es genug. Damit ist noch lange kein Frieden in Somalia, denn dort gibt es auch an Land vielfältige Konfliktlinien. Aber der Streit um die Ressource Fisch vor Somalia hätte am Ende nicht in massive militärische Gewalt eskalieren müssen, wenn unsere Regierungen hier in Europa den illegalen Fischfang schärfer verfolgt hätten.

Das zweite Beispiel eines Ressourcenkonfliktes betrifft das *Landgrabbing*, die Aneignung von Land durch internationale Konzerne. Ein besonders drastisches Beispiel ereignete sich 2008 in Madagaskar – und führte nach einer Reihe gewalttätiger Proteste zum Sturz der Regierung. Der südkoreanische Konzern DAEWOO Logistics wollte über eine Million Hektar Land in Madagaskar pachten, um dort Mais und Palmöl für den südkoreanischen Markt anzubauen.

DAEWOO sollte das Land offenbar für 99 Jahre übernehmen, ohne auch nur einen Cent Pacht zu bezahlen, lediglich ein paar Arbeitsplätze sollten als Gegenleistung entstehen. Als der Deal über einen Artikel in der *Financial Times* bekannt wurde – die Regierung hatte sich bis dahin in Geheimhaltung geübt –, gab es sofort Proteste in Madagaskar. Der Konflikt eskalierte schnell, es kam zu mehreren sehr gewalttätigen Demonstrationen, über 100 Menschen starben.[11] Erst als der Präsident das Land verließ und sein Nachfolger den Deal stoppte, konnte die Lage wieder beruhigt werden. Landraub findet bis heute in vielen Weltregionen statt und hat ein großes Potenzial, bestehende Konflikte zu eskalieren oder neue zu entfachen, denn bei der Landfrage geht es immer um die direkte Lebensgrundlage vieler Menschen, ihre Heimat und ihre Ernährung.

## Von Handelskriegen zu unfriedlichem Handel

In den Zeiten des Kolonialismus hatte die Parole »Krieg beginnt hier« noch eine ganz direkte Bedeutung, als europäische Länder schwer bewaffnet andere Gebiete überfielen, die Menschen versklavten und Völkermorde begingen. Oder mit Gewalt bestimmte Handelsrechte erzwangen. Damals wurden Handelskriege nicht mit Strafzöllen und Kampfpreisen ausgetragen, sondern mit Kanonen und Gewehren. Ein klassisches Beispiel dafür sind die Opiumkriege, die Großbritannien Mitte des 19. Jahrhunderts gegen und in China führte. Die Ursache war ganz banal ein großes Ungleichgewicht im Handel zwischen den beiden Nationen. Die Briten kauften in China Unmengen an Tee, Seide und Porzellan, hatten selbst aber kaum Waren anzubieten, die irgendjemand in China hätte kaufen können. Um das riesige Handelsdefizit auszugleichen, stieg Großbritannien kurzerhand in den Opiumhandel ein. Die Droge wurde in Indien produziert und illegal nach China verkauft, wo die Sucht bald zu einem massiven gesellschaftlichen Problem wurde. Der Kaiser von China versuchte das zu unterbinden und konfiszierte ganze Schiffsladungen. Die Briten antworteten mit Krieg, am Ende musste China einem zutiefst ungerechten Friedensvertrag zustimmen, in dem den Europäern massive Handelsrechte in China eingeräumt wurden. Ein Handelskrieg, der mit Kriegsschiffen und Kanonen geführt wurde und ein Riesenreich auf viele Jahrzehnte auch wirtschaftlich in die Knie zwingen sollte.

Damit waren die echten, die blutigen Handelskriege aber noch lange nicht zu Ende. Noch bis in die 1950er-Jahre hinein wurde immer wieder zur Waffe gegriffen, um wirtschaftliche Interessen mit Gewalt durchzusetzen. Als die demokratisch gewählte Regierung von Guatemala 1952 eine Landreform beschloss, stieß sie auf erbitterten Widerstand des US-amerikanischen Bananenkonzerns »United Fruit Company«. Die sollte einen Teil ihrer Flächen abgeben, gegen Entschädigung natürlich. Es ging dabei auch ausschließlich um Land, das gar nicht bebaut wurde. Trotzdem lief der Konzern Sturm und mobilisierte Washington. Mithilfe der CIA wurde 1954 ein Putsch in Guatemala inszeniert und die demokratische Regierung gegen eine Militärdiktatur ausgetauscht. Krieg beginnt also auch bei der Banane. Die Folgen waren horrend, bis 1996 tobte ein blutiger Bürgerkrieg in Guatemala, bis heute hat das Land sich nicht davon erholt. Und das nur, weil eine Bananenfirma nicht bereit war, ungenutztes Land an die Regierung zu verkaufen. Heute heißt die United Fruit Company übrigens »Chiquita«.

Wie wir an der Schokolade, den Diamanten oder der

Fischerei gesehen haben, führen die ungerechten Weltwirtschaftsbeziehungen bis heute zu ganz realen Kriegen oder gewalttätigen Auseinandersetzungen. Deshalb wird unverblümt davon gesprochen, dass ökonomische Belange zugleich Fragen der nationalen Sicherheit seien, darum werden dann auch schon mal die Handelswege durch den Suezkanal mit deutschen Kriegsschiffen abgesichert. Oder der Zugriff Frankreichs auf das Uran im Niger mit Soldaten geschützt. Wenn aber ökonomische Fragen kriegsentscheidend sind – dann sind sie auch kriegsträchtig. Wir brauchen eine Wirtschaftspolitik, hier bei uns in Deutschland und Europa, die nicht Kriege in die Welt bringt, sondern Frieden. Der frühere UN-Sonderberichterstatter Jean Ziegler hat es bezogen auf die Entwicklungszusammenarbeit einmal so formuliert: »Es kommt nicht darauf an, den Menschen der Dritten Welt mehr zu geben, sondern ihnen weniger zu stehlen.«[12]

Einiges hat sich schon getan. Das deutsche Lieferkettengesetz von 2023 ist ein Anfang und zwingt Konzerne dazu, Menschenrechtsverletzungen – und damit mögliche Kriegsursachen – in den Produktionsländern zu verhindern. Beim Kakao wird es bald eine Rückverfolgbarkeit bis hin zur einzelnen Farm geben. Aber es gibt noch viel zu tun, angefangen beim Verbot der Spekulation mit Lebensmitteln bis zur Beendigung von unfairen Handelsabkommen. Friedensarbeit heißt auch, sich hier bei uns mit den Konzernen anzulegen, die anderswo in der Welt Kriege befeuern.

# Abrüstung von oben und von unten

In den Gängen des UN-Hauptgebäudes in New York stehen Kunstwerke aus aller Welt, Spenden verschiedenster Länder an die Vereinten Nationen. Ein lebensgroßer goldener Dodo aus Mauritius, Steel Drums aus der Karibik, feinste Wandteppiche aus dem Iran. So vielfältig wie die Welt, mal protzig-golden, mal verspielt-kitschig, oft mit einer Symbolik für Frieden und Abrüstung. Auch ein Stück der Berliner Mauer steht im Garten der Vereinten Nationen. Und diese Pistole. Diese eine Pistole, mit der alles gesagt ist, was es zu Krieg und Frieden, zu Sicherheit und Abrüstung zu sagen gibt.

Diese Pistole mit dem Knoten im Lauf ist die Antithese zu der Idee, dass Sicherheit aus den Gewehrläufen kommen könnte. Dass Frieden nur möglich ist, wenn du dich bis an die Zähne bewaffnest. Scheinklug verpackt in ausgeleierten Sprüchen wie »willst du den Frieden, bereite den Krieg vor«, gern auf Latein zitiert, weil es dann noch klüger klingt. In der DDR hieß die Version »Der Frieden muss bewaffnet sein«. Nein, muss er nicht. Denn Sicherheit geht nicht nur gegeneinander, sondern viel besser miteinander, in einer kooperativen Sicherheitspolitik, wie wir sie aus der Entspannungspolitik der frühen 1970er kennen.

## Egon Bahr – der Meister der Entspannung

Ein Thema zieht sich wie ein roter Faden durch dieses Buch: Konflikte sind an sich erst mal kein Problem. Konflikte gibt es immer und überall. Es kommt darauf an, wie man sie löst: miteinander oder gegeneinander? Friedlich oder gewalttätig? Wenn du 100 Atombomben hast, baue ich dann 200? Oder rüsten wir im gemeinsamen Interesse ab, mit gegenseitigen Absprachen und Kontrollen?

Das ist keine Utopie, sondern war einmal gelebte Realität, in den Hochzeiten des Kalten Krieges. Damals standen sich zwei Blöcke unversöhnlich gegenüber und stellten das Existenzrecht der jeweils anderen Ideologie infrage. Erzfeinde nicht nur in der Rhetorik, sondern mit jeder Faser ihres Gesellschaftssystems. Und trotzdem konnten gemeinsame Absprachen in Sicherheitsfragen getroffen werden, große Abrüstungsverträge wurden geschlossen, die Konferenz über Sicherheit und Zusammenarbeit in Europa (KSZE) aus der Taufe gehoben. Wie war das möglich?

Es begann mit der Kuba-Krise 1962, in der die Welt so kurz vor einem alles vernichtenden Atomkrieg stand wie nie zuvor. Es folgte die nüchterne Erkenntnis, dass die Atombomben vielleicht doch keine Friedensgarantie seien und dass ein gemeinsames Gespräch deutlich mehr Sicherheit schaffen könnte. Schon 1963 gab es als ersten Schritt der Annäherung ein Abkommen zum Stopp bestimmter Atomtests, viele weitere Abrüstungsverträge sollten folgen. Es begann das, was später als Entspannungspolitik oder kooperative Sicherheit bezeichnet werden sollte, als Alternative zu Aufrüstung und Krieg.

Das zentrale Geheimnis der kooperativen Sicherheit liegt darin, die Sicherheitsinteressen der jeweils anderen Seite mitzudenken. Und darauf einzugehen. Denn wenn die andere Seite sich bedroht fühlt, rüstet sie auf, heißt: Ende der Kooperation. Wichtig ist hier, dass dieses Sicherheitsgefühl nicht objektivierbar ist. Selbst wenn ich eine Sicherheitsbesorgnis der anderen Seite nicht verstehe und völlig unangebracht finde: Wenn eine Seite sich bedroht fühlt, muss das ernst genommen werden, denn nur wenn beide Seiten sich sicher fühlen, können sie auf eine weitere Aufrüstung verzichten.

Wie das konkret funktionieren kann, durfte ich einmal von Egon Bahr persönlich lernen. Sein Name ist wohl wie kein anderer in Deutschland mit der Entspannungspolitik der Siebzigerjahre verknüpft. Er hat 1963 den Begriff vom »Wandel durch Annäherung« geprägt und war als rechte Hand des damaligen Außenministers und Bundeskanzlers Willy Brandt Vordenker und Architekt der Entspannungspolitik. Ziemlich genau fünfzig Jahre später bin ich ihm persönlich begegnet und bin bis heute dankbar dafür. Denn Egon Bahr war nicht nur sehr klug und der wohl erfahrenste Außenpolitiker seiner Zeit, er war einfach auch ein angenehmer Mensch. Sehr entspannt eben. Wir beide sollten damals für unsere Parteien vorsichtig und »unterm Radar« ausloten, ob eine und welche Zusammenarbeit denn zwischen Linkspartei und SPD auf dem Gebiet der Außenpolitik möglich sein könnte. Wir hatten viel Streit und immer Spaß dabei. Eines Tages erzählte er mir eine Anekdote, die das Wesen der kooperativen Sicherheit wunderbar verdeutlicht.

Die Bundeswehr sollte Anfang der Siebzigerjahre endlich die Sollstärke von 500 000 Mann erreichen (damals waren es noch alles Männer). Die Sowjetunion fühlte sich dadurch bedroht, andersrum sah sich die NATO mit einer kleineren

Bundeswehr ungeschützt. Es brauchte eine Lösung, um die Sicherheitsbedenken beider Seiten unter einen Hut zu bekommen. Da habe er, so Egon Bahr, seinen Verteidigungsminister Georg »Schorsch« Leber gefragt, was man denn tun könne. Der sei nach einiger Zeit mit zwei Vorschlägen zurückgekommen: Die Bundeswehr könne die Feldlazarette und die Brückenlegekompanien zurückbauen. Das eigene Bundesgebiet verteidigen könne man auch, ohne Brücken zu legen, die werden vor allem für Kämpfe auf fremdem Territorium gebraucht. Daraufhin rief Egon Bahr den damaligen sowjetischen Außenminister Gromyko an und unterbreitete ihm den Vorschlag. Der sagte nur (und hier verfiel Egon Bahr in eine ganz tiefe Reibeisenstimme): »Da muss ich meine Generäle fragen.« Zwei Wochen später sei der Rückruf gekommen: »Alles in Ordnung, so können wir es machen.«

Ob die Anekdote sich genau so abgespielt hat, weiß ich nicht, aber Egon Bahr hat sie auf jeden Fall wunderbar erzählt. Und damit zwei Dinge illustriert, die zum Kern der kooperativen Sicherheit gehören. Zum einen: Wenn dein Gegenüber sich bedroht fühlt, nimm es ernst und finde eine Lösung. Die Alternative wäre gewesen, dass die Sowjetunion auf den Aufwuchs der Bundeswehr mit eigener Hochrüstung antwortet, und schon hätte sich die Spirale aufs Neue gedreht.

Zum anderen ist es ein schönes Beispiel für ein Rüstungskonzept, das auch als »strukturelle Nichtangriffsfähigkeit« bekannt ist. Ja, es gibt eine Armee, bis an die Zähne bewaffnet, sie kann sich verteidigen, aber sie ist so ausgestaltet, dass sie kaum in der Lage ist, ein anderes Land anzugreifen. Keine Brückenlegekompanien, kein Angriff. Aus pazifistischer Sicht ist strukturelle Nichtangriffsfähigkeit kein Idealzustand, denn sie beruht ja immer noch auf Waffenlogik und Aufrüstung. Aber sie kann ein wertvoller Zwischenschritt sein, um Spannungen abzubauen in Zeiten, in denen vollständige Abrüstung noch nicht möglich ist. Noch nicht ganz ein Knoten im Pistolenlauf, aber auf dem Weg dahin.

## Abrüsten, was man nicht mehr braucht

Es lohnt sich, die Abrüstungsschritte nach dem Schock der Kuba-Krise etwas genauer anzuschauen, denn sie machen deutlich, mit welchen unschönen Grundprinzipien wir uns auch bei künftigen Abrüstungsinitiativen herumschlagen müssen. Im Kern wurden nämlich vor allem solche Waffen beschränkt oder abgeschafft, die man nicht mehr brauchte, die durch neue Waffen ersetzbar waren oder die nicht mehr in die Kriegskonzepte der Zeit passten. Ein gutes Beispiel dafür ist die Biowaffenkonvention von 1972, mit der ein komplettes Produktions- und Lagerungsverbot von Biowaffen beschlossen wurde. Im Kapitel über den Biologen Matthew Meselson haben wir die damaligen machtpolitischen Überlegungen schon im Detail beleuchtet, wie der damalige US-Präsident Nixon einseitig den Verzicht auf biologische Waffen erklärte. Der Grund war einfach der, dass sie im Zeitalter der nuklearen Abschreckung kaum noch einen Nutzen für die USA hatten. Das weltweite Biowaffenverbot war da ein kluger Schachzug: Eine potenzielle Bedrohung für die USA wurde aus dem Weg geräumt, ohne die Kampffähigkeit des eigenen Militärs nennenswert einzuschränken. So und nur so konnte die biologische Abrüstung auf den Weg gebracht werden: abrüsten, was man nicht mehr braucht.

Das klingt ernüchternd, ist aber trotzdem ein großer Fortschritt. Ohne die Biowaffenkonvention wären biologische Waffen in den heutigen Kriegen wahrscheinlich grauenvoller Alltag, niemand wäre mehr sicher vor menschengemachten Krankheitserregern. Da ist ein globales Verbot eine gute Sache, egal wie berechnend die machtpolitischen Überlegungen der USA damals waren.

Die Erkenntnis, dass Abrüstung meist nur bei den Waffen stattfindet, die nicht mehr gebraucht werden, muss nicht lähmend sein. Im Gegenteil, daraus lassen sich auch erfolgreiche Strategien für künftige Abrüstungsschritte ableiten. Denn was das Militär noch braucht und was nicht, hängt ja oft von den Rahmenbedingungen ab, und die lassen sich verändern. Ein schönes Beispiel dafür, wie ein Abkommen die Rahmenbedingungen so verändert hat, dass weitere Abrüstung möglich wurde, ist der ABM-Vertrag aus den frühen Siebzigerjahren. ABM steht für »Anti-Ballistic-Missile-Treaty«, also Vertrag zur Kontrolle von Raketenabwehrsystemen.

In den Sechzigerjahren wurde weltweit über eine atomare Abrüstung diskutiert. Der Schock der beiden Atombombenabwürfe über Hiroshima und Nagasaki saß tief, viele Wissenschaftler, die am Bau der Bombe beteiligt waren wie Robert Oppenheimer, setzten sich für ein Verbot aller Atomwaffen ein. Die Atommächte, allen voran die USA und die Sowjetunion, wollten sich diese Waffe aller Waffen allerdings nicht nehmen lassen und rüsteten wie besessen gegeneinander auf. Beide Seiten entwickelten neue *Abwehr*-Raketen, die heranfliegende Atomraketen abfangen konnten. Beiden Seiten war klar, dass gerade durch die Abwehrsysteme die Tür zu einem grenzenlosen Wettrüsten aufgestoßen war: Baust du zehn Abwehrsysteme, baue ich hundert Atomwaffen; baust du hundert Atomwaffen, baue ich tausend Abwehrsysteme; eine endlose Spirale, mit einem immer größeren Fehlerrisiko und unfassbar hohen Kosten. Das wollten beide Seiten nicht, im Jahre 1972 einigten sie sich deshalb im ABM-Vertrag darauf, dass jede Seite nur zwei solcher Abwehrsysteme installieren durfte.[1] Und sobald das entschieden war, konnte auch die Zahl der Atomraketen wieder reduziert werden. Ohne den ABM-Vertrag wären spätere Abkommen zur Begrenzung der Atomwaffen nicht möglich gewesen. Eine gute Blaupause für künftige Abrüstungsinitiativen: durch eine Rüstungsbeschränkung die Rahmenbedingungen so verändern, dass andere Beschränkungen plötzlich möglich werden.

## Abrüsten, was man selbst nicht hat

Ein anderer möglicher Weg zur Abrüstung liegt darin, Waffen nur für diejenigen Länder zu erlauben, die sie schon haben – und sie allen anderen verbieten. Hört sich absurd an, denn wer sollte sich auf so einen schlechten Deal einlassen? Ist aber tatsächlich Realität, und zwar ausgerechnet bei den Atomwaffen. Um das zu verstehen, müssen wir wieder zurück in die Sechzigerjahre des vorigen Jahrhunderts. Weltweit war der Wunsch nach einer atomaren Abrüstung groß, gleichzeitig wollten sich die bis dahin fünf Atomwaffenstaaten USA, UdSSR, China, England und Frankreich diese Waffe auf keinen Fall nehmen lassen. Mit ihnen war ein totales Verbot nicht machbar. Andererseits wollten alle verhindern, dass immer mehr Staaten die Bombe bekommen und damit bald schon jeder noch so kleine Konflikt zu einem Atomkrieg werden könnte.

In dieser Situation kam es zum Nichtverbreitungsvertrag NVV, der die Interessen der verschiedenen Seiten auf dreierlei Weise berücksichtigt: Erstens verpflichteten sich die fünf Atommächte auf das langfristige Ziel einer atomaren Abrüstung, zweitens verzichteten alle anderen Länder, die den Vertrag unterschrieben, auf eine atomare Aufrüstung, und drittens wurde allen Ländern Unterstützung bei der friedlichen Nutzung der Atomkraft zugesagt. Auch nicht erstrebenswert, wie wir heute wissen, aber im Fortschrittsglauben der 1960er-Jahre galt die Atomkraft ja noch als wahre Heilsbringerin. Und mehr war damals nicht drin, wer eine effektive Kontrolle von Atomwaffen wollte, musste dem Konzept eines exklusiven Klubs der fünf Atommächte zustimmen. Die Gefahr eines Atomkrieges war damit noch lange nicht vom Tisch, aber es gelang mit dem NVV, die Zahl der Atommächte recht gering zu halten – heute sind wir bei neun, neben den fünf bisherigen sind mittlerweile auch Indien, Pakistan, Israel und Nordkorea atomar bewaffnet, die dem NVV entweder gar nicht erst beigetreten waren oder inzwischen wieder ausgetreten sind.

## Abrüsten, was es noch nicht gibt

Im Prinzip beruht der NVV darauf, dass Länder einer Waffe abschwören, die sie noch nicht haben. Das lässt sich auch auf künftige Technologien übertragen: Ein Verbot von Waffen, die heute technisch noch gar nicht herstellbar sind, lässt sich leichter durchsetzen. Denn wenn ein Land erst einmal über ein bestimmtes Waffensystem verfügt und es als militärisch wertvoll betrachtet, wird es ein Verbot nicht geben, siehe oben. Nicht anders war es bei den Anfängen der atomaren Abrüstung. Die erste Vereinbarung galt dem Verbot von Atomwaffen im Weltall im sogenannten Weltraumvertrag von 1967. Damals waren schon die ersten Satelliten im All, es gab Interkontinentalraketen, aber an eine feste Stationierung von Atomraketen im All oder gar den Bau von

Militärbasen auf dem Mond war technisch noch nicht zu denken. Ein Verbot fiel den USA und der UdSSR daher damals leicht.

Aus diesen Erfahrungen wurde später das Konzept der präventiven Rüstungskontrolle, die auf der Basis aktueller Rüstungsdynamiken auf neue Technologien schaut und mögliche künftige Waffensysteme identifiziert, die es zu verhindern gilt.[2] Ein aktuelles Beispiel in diesem Bereich sind die vollautonomen Waffen. Das sind Waffensysteme, die vollkommen selbstständig über Leben und Tod entscheiden. Wenn sie anhand ihrer Programmierung einen Menschen als potenzielle Gefahr oder als Gegner einstufen, wird geschossen – ohne dass noch ein Mensch eine Entscheidung fällt. Gibt es diese »Person-in-the-Loop« nicht mehr, dann haben wir ein »letales autonomes Waffensystem«, wie es im Fachjargon heißt. Im Englischen kommt viel deutlicher zum Ausdruck, worum es eigentlich geht: Killer Robots.

Noch sind solche Systeme nicht einsatzreif – aber bereits jetzt werfen sie große ethische Fragen auf. Wenn die Entscheidung über Leben und Tod einer Maschine überlassen wird, lässt sich kaum vorhersagen, wann diese Maschine sich gegen wen richten wird. Das ist so dicht dran an Science-Fiction Szenarien, in denen Roboter unkontrollierbar werden und sich gegen die Menschheit richten, dass es ernsthafte Versuche gab, vollautonome Waffen international zu ächten. Rund zehn Jahre lang wurde bei den Vereinten Nationen in Genf über ein Verbot autonomer Waffen verhandelt, auch die deutsche Bundesregierung setzte sich dafür ein. Noch laufen die Gespräche, aber ganz offenbar wurde der richtige Zeitpunkt verpasst. Mittlerweile sind die technischen Möglichkeiten so weit entwickelt, dass die Militärs Begehrlichkeiten anmelden – allen voran wieder einmal die USA und Russland, die beide kein völkerrechtliches Abkommen wollen, sondern höchstens eine Art Selbstverpflichtung. Rückblickend muss man sagen, dass es 2014 ein guter und vorausschauender Schritt war, ein solches Abkommen anzustreben, aber wie bei allen anderen Waffensystemen gilt auch hier: Wenn das Militär bestimmte Waffen seiner Einschätzung nach braucht oder (fast schon) hat, dann wird Abrüstung sehr schwer.

Es gibt hier auch eine enge Verbindung zu Drohnen. Seit vielen Jahren gibt es die Forderung nach einem globalen Verbot von bewaffneten Drohnen angesichts der unzähligen tödlichen Drohnenangriffe der USA in vielen Ländern der Welt. Ein Verbot wäre so notwendig, denn der Krieg wird durch Kampfdrohnen enthemmt, weil Angriffe so risikolos für die Angreifenden werden. Wer Maschinen für sich kämpfen lässt, entscheidet sich schneller, Gewalt einzusetzen und Menschen anderswo zu töten. Der Schritt von hier zu vollautonomen Waffen ist nur ein sehr kleiner, auch wenn bislang immer noch ein Mensch am Bildschirm sitzt, der die letztendliche Entscheidung über einen tödlichen Drohnenangriff trifft und auf den Knopf drückt.

Allerdings befürchte ich, dass jede Hoffnung auf ein Abkommen zur Kontrolle von Drohnen vergebens ist, denn kaum eine Waffe ist momentan bei den Militärs so begehrt wie Drohnen. Im Ukrainekrieg können wir wie unter einem Brennglas sehen, wie kleine, preiswerte Drohnen zur wichtigsten Waffe in diesem fürchterlichen Abnutzungskrieg wurden. Kein Land der Welt wird sich in dieser Situation bereit erklären, künftig auf ein solches Waffensystem zu verzichten. Das ist ernüchternd und tut weh, aber ist leider so.

## Abrüstung von unten – so kann es gehen!

Aus all diesen Erfahrungen wird eines deutlich: Wenn wir die Abrüstung den Regierungen überlassen, sieht es schlecht aus. Die haben wenig Interesse daran, sich ihre militärischen Machtmittel wegnehmen zu lassen. Wenn wir ernsthaft abrüsten wollen, dann müssen wir als Zivilgesellschaft das schon selbst in die Hand nehmen. So wie damals bei den Landminen, beim Waffenhandelsabkommen, beim Atomwaffenverbotsvertrag – alles ganz wunderbare Beispiele dafür, wie Abrüstung von unten sehr erfolgreich funktionieren kann.

Bis zum Ende des Kalten Krieges war Abrüstung vor allem eine Sache zwischen Moskau und Washington. Sicherheitspolitik war in praktisch allen Ländern die alleinige Domäne der Staatsgewalt, die Zivilgesellschaft hatte dort kaum etwas zu melden. Lange waren internationale Abrüstungsverhandlungen nicht offen für zivilgesellschaftliche Organisationen. Ich selbst erinnere mich noch, einsam auf den Fluren des Genfer UN-Gebäudes vor den verschlossenen Türen der Biowaffenverhandlungen gesessen zu haben – während im Raum gegenüber bei Umweltverhandlungen Hunderte von NGOs mit dabei waren und sich einmischen konnten.

Und dann kam die Landminenkampagne. Ein Abrüstungsprozess, der maßgeblich von der Zivilgesellschaft initiiert worden war. Die Initiative setzte die Regierenden so sehr unter öffentlichen Druck, dass sie am Ende gezwungen waren, sicherheitspolitische Zugeständnisse in Form eines Landminenverbotes zu machen. Wie konnte das geschehen? Darüber habe ich lange mit Anne Jung gesprochen, die seit 25 Jahren bei »medico international« in Frankfurt arbeitet. medico ist eine der spannendsten Menschenrechtsorganisationen in Deutschland, sie verbindet konkrete humanitäre Hilfe vor Ort immer mit politischer Arbeit, getreu dem Motto: Hilfe allein reicht nicht aus, man muss die Verhältnisse ändern.

So auch bei den Landminen. In Ländern wie Angola oder Kambodscha stieß medico regelmäßig auf die schrecklichen Folgen der Minen. Selbst wenn der Krieg schon lange vorbei war, lagen die Minen immer noch auf Feldern und Wegen, gut versteckt und eine ständig lauernde tödliche Gefahr. Noch Jahre später litten die Ärmsten der Armen unter den Folgen, die Landwirtschaft war eingeschränkt, Verbindungswege unterbrochen, immer wieder gab es Tote und Verletzte. Es war klar, dass es eine langfristige Lösung für das Problem brauchte. Und so stieß medico eine globale Kampagne für ein Landminenverbot an, gemeinsam mit einigen anderen Organisationen in den USA und aus dem globalen Süden.[3]

Von Anfang an haben sie global gedacht – und groß. Andere Organisationen wurden überzeugt mitzumachen, Büros in Deutschland und weltweit aufgebaut und dann Schritt für Schritt Politiker:innen dazu gebracht, sich der Sache anzunehmen. Im Zentrum stand immer der humanitäre Aspekt, die vielen Toten, das Leiden der Zivilbevölkerung, die Tatsache, dass mit den Landminen der Krieg eigentlich nie vorbei war. Bald entdeckte auch der Kulturbetrieb das Thema, es gab in Deutschland eine »Tatort«-Folge zu Landminen, und in Angola stellte sich Prinzessin Diana mit Splitterschutzweste mitten in ein Minenfeld. Ein ikonisches Bild. Anne Jung erinnert sich, dass sie noch Jahre später in Angola immer wieder darauf angesprochen wurde – alle kannten jemanden, der jemanden kannte, der damals die Prinzessin gesehen hat. Die Kampagne hat die Herzen in aller Welt berührt und den Weg für eine politische Lösung geebnet.

In der Politik bewegt sich in der Regel nur etwas, wenn die Regierenden befürchten müssen, dass Nichtstun ihr Wahlergebnis ruiniert. Wenn die Menschen auf der Straße keine Landminen mehr wollen, dann wollen sie es an der Wahlurne auch nicht. Nachdem die Zivilgesellschaft in vielen Ländern entsprechenden Druck ausübte, beschlossen schließlich über 100 Länder im Jahr 1997 ein globales Verbot von Antipersonenminen. Auch wenn die großen Blockierer – USA, Russland und China – das Abkommen nicht unterzeichnet haben: Es wirkt. Irgendwann kam der Moment, als mehr Minen geräumt wurden als neu verlegt. Es hat sich seitdem eine starke globale Norm gegen Landminen etabliert, eine moralische und politische Ächtung, die so stark wirkt, dass selbst die USA sich mittlerweile in großen Teilen an das Abkommen halten.

Der grandiose Erfolg der Landminenkampagne, 1997 gewürdigt mit dem Friedensnobelpreis, war Inspiration und Antrieb für andere Abrüstungskampagnen von unten. Ganz besonders für den Atomwaffenverbotsvertrag, der 2021 in Kraft trat. Nicht zu verwechseln mit dem alten Nichtverbreitungsvertrag NVV. Aktuell gibt es tatsächlich zwei internationale Abkommen zu den Atomwaffen. Den alten NVV von 1969, dem zufolge es einen exklusiven Klub von fünf Atommächten geben darf und der Atomwaffen nur für alle anderen Staaten verbietet. Und nun den neuen Vertrag, der ausnahmslos alle Atomwaffen verbietet. Natürlich haben die Atommächte ihn nicht unterzeichnet, auch Deutschland und die anderen NATO-Staaten sind nicht mit dabei. Trotzdem kann er nicht hoch genug bewertet werden, weil so die alte Norm gegen Atomwaffen erneuert und gestärkt wurde. Was dringend notwendig war, denn viele Länder haben den NVV zunehmend infrage gestellt, nachdem die fünf Atommächte sich über Jahrzehnte konsequent jeglicher Abrüstung verweigert hatten, obwohl diese eines der zentralen Versprechen des NVV war. Auch hier brauchte es wieder eine kleine Nichtregierungsorganisation, die den Anstoß gab. Als Dachorganisation wurde ICAN (International Campaign to Abolish Nuclear Weapons) gegründet, die Internationale Kampagne zur Abschaffung von Atomwaffen. Auch ICAN wurde mit dem Nobelpreis ausgezeichnet, im Jahre 2017.

## Die Zukunft der Abrüstung

Abrüstung ist und bleibt ein ganz wichtiger Pfeiler einer friedlicheren Welt, ein erster Schritt hin zu einer Welt ohne Waffen. Jede Waffe, die verschrottet oder gar nicht erst produziert wird, ist eine Waffe weniger, die für Tod und Zerstörung eingesetzt werden kann. Je weniger Waffen im Umlauf sind, desto eher stoßen Kriege an ihre Grenzen, desto mehr Raum für zivile Lösungen gibt es. Von den Staaten ist im Moment in Sachen Abrüstung wenig bis gar nichts zu erwarten. Im Gegenteil, immer mehr Verträge werden gekündigt, fast die gesamte Abrüstungsarchitektur aus der zweiten Hälfte des letzten Jahrhunderts bricht gerade vor unseren Augen zusammen.

Es stehen alle Zeichen auf Aufrüstung. Das Zweiprozentziel der NATO wurde zum Heiligtum erklärt, in Deutschland wurde ein Sondervermögen in Höhe von 100 Milliarden Euro für die Bundeswehr aufgelegt, viele andere europäische Länder haben ähnlich gigantische Aufrüstungsausgaben beschlossen. Wir stehen am Beginn eines neuen Rüstungswettlaufes mit ungeahnten Dimensionen.

Heute bestimmt der Russland-Ukraine-Krieg unsere

Wahrnehmung. Viele Menschen fragen sich, ob mehr Bundeswehr angesichts der russischen Aggression nicht doch der sicherere Weg sei. Das ist verständlich, führt aus meiner Sicht aber langfristig in eine Sackgasse. Denn eines ist sicher: Wie auch immer der Krieg in der Ukraine ausgehen mag, was auch immer in den nächsten Jahrzehnten noch passieren wird – wenn wir in fünfzig Jahren auf die Weltkarte schauen, ist Russland immer noch unser Nachbar. Es gibt dann nur zwei Möglichkeiten, entweder leben wir in einer dauerhaften Konfrontation gegeneinander, oder es gibt ein friedliches Nebeneinander (ein Miteinander kann ich mir im Moment nicht vorstellen, aber ausgeschlossen ist in dieser Welt ja gar nichts). Dauerhafte Konfrontation heißt grenzenloses Wettrüsten, Abschottung und die immerwährende Drohung einer gewalttätigen Eskalation – das kann (außer der Rüstungsindustrie) niemand auf Dauer wollen.

Hinter der immensen Aufrüstung steht die Hoffnung, dass sich mit Geld Sicherheit kaufen lässt. Ich halte das für einen großen Irrtum. Mit Geld kann man Waffen kaufen, aber keine Sicherheit. In einem Teil der israelischen Gesellschaft wird der 7. Oktober 2023 auch als Beleg dafür gesehen, dass Sicherheit eben nicht aus den Gewehrläufen kommt. Die israelische Armee ist die erfahrenste, am besten ausgerüstete und ausgebildete der ganzen Region – und konnte die Gräueltaten des 7. Oktober trotzdem nicht verhindern. Keine Chance gegen eine terroristische Bedrohung, egal wie viele Panzer auf dem Hügel stehen. Wer nur militärisch denkt, wird niemals echte Sicherheit garantieren können.

Die Alternative wäre ein kooperatives Sicherheitssystem, wie wir es im Kalten Krieg schon einmal hatten. Das hört sich heute unvorstellbar an, aber es war schon einmal Realität – und auch damals waren wir keine Freunde. Damit es überhaupt eine Chance darauf gibt, sollten wir heute nicht schon die Weichen in die falsche Richtung stellen. Das 100-Milliarden-Paket, das Zweiprozentziel der NATO – das sind genau solche falschen Weichenstellungen, denn sie gehen den Weg in das von Russland begonnene Wettrüsten mit. Russland hat in nur zwei Jahren, von 2022 bis 2024, seine Militärausgaben fast verdoppelt. Das – und der Angriff auf die Ukraine – erzeugt natürlich Angst und Verunsicherung, das ist nur allzu verständlich.

Allerdings zeigen die harten Zahlen ein anderes Bild: Die NATO gibt bereits heute um ein Vielfaches mehr für das Militär aus als Russland. Selbst wenn man die geringere Kaufkraft in Russland berücksichtigt, ist der russische Militärhaushalt nicht einmal halb so groß wie der der europäischen NATO-Staaten – die USA mit ihrem gigantischen Militäretat sind da noch gar nicht berücksichtigt.[4] Wenn heute in den westeuropäischen Staaten nach mehr Geld für Waffen gerufen wird, dann sollte zuallererst die Frage stehen: Wofür denn? Warum sollte ein Verteidigungshaushalt, der doppelt so hoch ist wie der russische, nicht ausreichen? Da müsste dann auch über die horrenden Kosten der Auslandseinsätze gesprochen werden und die Frage, was eigentlich Priorität hat: die Landesverteidigung oder militärische Ausflüge ans andere Ende der Welt? Bevor ständig nach frischem Geld gerufen wird, muss zuerst das vorhandene sinnvoll ausgegeben werden – und daran sind Zweifel erlaubt.

# Aber jetzt konkret: Was ist mit dem Ukrainekrieg? Und dem Nahen Osten?

Die vielen Erfahrungen aus früheren Friedensprozessen, die wir in diesem Buch kennengelernt haben, machen Hoffnung auf eine friedlichere Zukunft. Sie zeigen auf, wie Konflikte eingedämmt, Kriege verhindert oder schneller beendet werden könnten. Aber was genau bedeutet das für die aktuellen Kriege? Wahrscheinlich haben einige von Ihnen dieses Buch unter dem Eindruck des täglichen Grauens in der Ukraine oder in Israel / Palästina in die Hand genommen, um genau darüber mehr zu erfahren. Deshalb gehe ich nun auf die Frage ein: Wie bringen uns all diese Erfahrungen dem Frieden im Hier und Jetzt näher, in den beiden großen Kriegen, die uns gerade so sehr beschäftigen?

## Frieden für die Ukraine?

Schon in der Einleitung habe ich angedeutet, dass dieses Buch keinen Masterplan für das Ende des russischen Angriffskrieges auf die Ukraine entwerfen kann, denn einen solchen Plan gibt es nicht. Aber es gibt die vielen kleinen Schritte, die ein Land wie Deutschland unternehmen könnte, um den Frieden in der Ukraine wahrscheinlicher werden zu lassen. Einige davon haben wir in diesem Buch kennengelernt. Sie könnten eine wichtige Rolle in der Ukraine spielen.

Es beginnt damit, das Nachdenken über friedliche Lösungen überhaupt wieder auf die Tagesordnung zu setzen. Seit über zwei Jahren wird in Deutschland fast ausschließlich über die Frage gestritten, ob nur schwere oder auch ganz schwere oder sogar allerschwerste Waffen an die Ukraine geliefert werden sollten. Fragen nach Diplomatie und Verhandlungen wurden im besten Fall belächelt, oft genug auch mit wüsten Beschimpfungen belegt und aus der Debatte gedrängt. Wenn wir in den vergangenen Monaten für jedes zehnte Mal »Taurus« einmal das Wort »Verhandlungen« gehört hätten, wären wir heute ein ganzes Stück weiter.

## Niemand hat eine einfache Antwort

Seit Beginn des russischen Angriffs auf die Ukraine habe ich sehr viele Diskussionsveranstaltungen in ganz Deutschland bestritten. Egal, wo ich war, im Osten oder im Westen, bei Jungen oder Alten – eines wurde immer schnell deutlich: Es herrscht überall Verunsicherung. Weil es keine leichten Antworten gibt. Raul Zelik hat das im Frühjahr 2023 in einem Beitrag für den *Freitag* auf den Punkt gebracht: »Alle ›realpolitischen‹ Lösungen sind katastrophal. Wenn Russland die Ukraine militärisch unterwirft, ist das eine Einladung an alle imperialistischen Projekte gegen Nachbarländer. Wenn die NATO hingegen hochmoderne Waffen liefert, um den Kollaps der Ukraine zu verhindern, hält das einen Abnutzungskrieg in Gang, an dessen Ende im besten Fall Hunderttausende, im schlechtesten Milliarden Menschen tot sind.«[1]

Fangen wir mit seinem zweiten Punkt an: Mehr Waffen bedeuten immer eine weitere Verschärfung des Krieges. Ja, Russland ist der Aggressor, die Ukraine verteidigt sich. Und unsere Solidarität gehört voll und ganz den Menschen in der Ukraine. Richtig ist aber auch, dass ein längerer Krieg zu mehr Toten und Vertreibung und Leid führt. Aus einer militärischen Logik gehen Kriege erst zu Ende, wenn alle Seiten kriegsmüde sind; und das dauert Jahre. Erinnern wir uns an Afghanistan im Jahre 1979. Die Sowjetunion marschiert mit ihrer ganzen Militärmaschinerie ein. Der Westen unterstützt daraufhin verschiedene afghanische Milizen mit Waffen, um den Einmarsch zu stoppen. Der Widerstand ist erfolgreich, aber zu welchem Preis? Es dauert zehn lange Jahre, bis die Sowjetunion wieder abzieht, und auch danach hört der Krieg nicht auf. Seit 1979 gibt es ununterbrochen Krieg in Afghanistan. Das heißt: Wer einen *schnellen* Weg zum Frieden sucht, sollte nicht auf die militärische Karte setzen.

Der erste Punkt, den Raul Zelik anführt, ist genauso wichtig: Wenn Russland als Ergebnis dieser Aggression große Teile der Ukraine annektieren kann, ohne dass der Rest der Welt reagiert, dann wird das Leiden für viele Menschen in der Ukraine immer weitergehen, und das Völkerrecht – das Recht der Menschen in der Ukraine – ist ausgehöhlt. So haben wir schon bei der US-amerikanischen Aggression im Irak 2003 und bei vielen anderen Gelegenheiten argumentiert: Wenn wir das Völkerrecht nicht verteidigen, ist das eine Einladung an alle großen Länder dieser Welt, ihre kleineren Nachbarn zu überfallen. Das muss genauso verhindert werden wie ein lang anhaltender Krieg.

Also ist alles von vornherein aussichtslos, alle realpolitischen Lösungen sind katastrophal? Weil die Debatte manchmal so vergiftet ist, möchte ich eines festhalten: Wer sich für Waffenlieferungen an die Ukraine ausspricht, ist deshalb noch lange kein:e Kriegstreiber:in. Ich persönlich lehne die Waffenlieferungen ab, aber ich verstehe den Impuls, den sehr viele Menschen haben: Wir können die Ukrainer:innen doch nicht alleinlassen, die gerade um ihr Leben kämpfen. Wer gerade sein Haus in Saporischschja verteidigt, für die oder den ist eine Panzerfaust besser als keine Panzerfaust. Da »Nein« zu sagen, fällt schwer. Da vorbehaltlos und alternativlos »Ja« zu sagen, ist aber auch nicht richtig.

Wer diese Entweder-oder-Frage akzeptiert, hat schon verloren. Niemals dürfen wir uns auf das scheinbare Gegensatzpaar Gewalt oder Nichtstun einlassen. Die Frage muss immer sein, welche zivilen Alternativen es gibt. Wenn es keinen *guten* realpolitischen Weg gibt, dann vielleicht einen *weniger schlechten*? Wie gesagt, ich bin kein Radikalpazifist, aber ich trete für das Primat des Zivilen ein: Immer zuerst nichtmilitärische Lösungen versuchen – so wie ich es im Kapitel über Waffenlieferungen am Beispiel der Waffen für Kurdistan beschrieben habe.

## Vertane Chancen

Gelegenheiten für zivile Lösungsansätze gab und gibt es auch für die Ukraine. Einige wurden leider leichtfertig vertan, aber sie waren da. Im ersten Kapitel dieses Buches hat uns das Beispiel Syrien gezeigt, dass es in einem Krieg fast immer an einem Klügeren fehlt, der nachgibt. Wer nur in der Kriegslogik denkt, wird bei einem militärischen Vorteil an Sieg denken und nicht an Verhandlungen. So war es auch im Herbst 2022 in der Ukraine, als sich vielleicht ein Fenster für Verhandlungen hätte öffnen können. Der Ukraine war es gelungen, den russischen Vormarsch zu stoppen: Im Raum Charkiw wurden große Geländegewinne erzielt, die strategisch so wichtige Stadt Cherson wurde befreit, und das russische Militär war gezwungen, sich auf das Ostufer des Dnjepr zurückzuziehen. Zum ersten Mal in diesem Krieg gab es ein Momentum für die Ukraine.

In dieser Situation machte der Vorsitzende des US-Generalstabs, Mark Milley, einen geradezu unerhörten Vorschlag: »Man sollte verhandeln, wenn man stark ist und der Gegner schwach.«[2] An anderer Stelle mahnte er sehr deutlich: »Wenn es eine Gelegenheit für Verhandlung gäbe, wenn Frieden erreicht werden könnte, dann sollte man sie nutzen.«[3] Ein Vorschlag, der sich leider nicht durchsetzen konnte, weil die militärische Dynamik zu dem Zeitpunkt alle anderen Überlegungen in den Hintergrund drängte, die Ukraine wähnte sich auf der Siegerstraße. Das war leider ein Irrtum.

Noch eine weitere Chance wurde vertan: Im Kapitel über Sanktionen haben wir gesehen, dass wirtschaftliche Maßnahmen nur dann wirken können, wenn sie schnell und umfassend eingeleitet werden. Der Kreml hatte aus der Erfahrung von 2014, nach der Annexion der Krim, eines gelernt: Die EU ist sehr zurückhaltend mit Wirtschaftssanktionen und vermeidet nach Möglichkeit alles, was ihrer eigenen Wirtschaft wehtun könnte. Deshalb konnte die russische Regierung auch im Februar 2022 ziemlich sicher davon ausgehen, dass die so immens wichtigen Ölgelder weiter fließen würden – niemals, so wahrscheinlich das Kalkül in Moskau, würde die EU sich hier ins eigene Fleisch schneiden. Und sie sollten recht behalten. Das Ölembargo wurde erst nach über einem Jahr wirksam, Russland verdiente während des ersten Kriegsjahres wegen der Preisexplosion am Weltmarkt mehr Geld als je zuvor mit Öl. Mit den europäischen Öl-Rubeln konnte die Regierung den Angriff auf die Ukraine finanzieren. Die Chance, durch Sanktionen früh auf das Kriegsgeschehen einzuwirken, ist vertan. Russland hatte alle Zeit der Welt, eine Tankerflotte aufzubauen, um auch nach dem Embargo der EU munter weiter Öl auf dem Weltmarkt zu verkaufen.

Das Argument, dass ein Ölembargo uns hier in Deutschland stärker getroffen hätte als Russland, trägt nicht. Es ist am Ende eine Frage des Geldes, und Geld war ja ganz offensichtlich genug da. Die Bundesregierung hat direkt nach der russischen Aggression ein 100-Milliarden-Euro-Paket für Aufrüstung beschlossen, um Russland militärisch zu begegnen. Mit einem 100-Milliarden-Paket für eine nachhaltige Energiewende – und für die Dämpfung der Energiepreise für Verbraucher:innen – hätte man Russland den Geldhahn abdrehen und alle Folgen eines Ölembargos problemlos auffangen können. Es war eine politische Entscheidung gegen den zivilen und für den militärischen Weg.

## Verhandlungen vorbereiten, um sie möglich zu machen

Diese Chancen wurden vertan, aber andere stehen bis heute offen. Ich sehe auch heute noch zwei zivile Ansätze, die bislang gar nicht oder viel zu wenig verfolgt wurden: eine aktive Diplomatie, die sich das auch etwas kosten lässt. Und wirtschaftlicher Druck auf den Kreml.

Im ersten Kapitel haben wir gesehen, dass Verhandlungen dann wahrscheinlicher werden, wenn sie vorbereitet werden, wenn es – wie in Bosnien – eine öffentliche, internationale Diskussion und einen gewissen Druck von verschiedenen Seiten gibt. »Raus aus der Schockstarre«, wie der frühere Chef der Münchner Sicherheitskonferenz Wolfgang Ischinger das nennt.

Auch das Prinzip des »Großen Bruders« hat in der Vergangenheit eine wichtige Rolle bei der Vorbereitung von Friedensverhandlungen gespielt. Übertragen auf den Russland-Ukraine-Krieg würde das bedeuten, China dafür zu gewinnen, Einfluss auf Russland in Richtung Friedensverhandlungen zu nehmen. Druck wäre hier das falsche Wort, dazu sind die gegenseitigen Abhängigkeiten zwischen Russland und China zu groß, und Peking würde Moskau wohl kaum in den Rücken fallen.

Aber auch die chinesische Führung sieht diesen Krieg als großen Fehler und als Gefahr für die eigenen Interessen, sie hat ihn von Anfang an öffentlich kritisiert. Das Büro der CDU-nahen Konrad-Adenauer-Stiftung in Peking brachte das direkt nach Beginn des Krieges auf den Punkt: China habe »durch den Krieg wenig zu gewinnen, aber viel zu verlieren«.[4] Anfang 2023 hat China ein Zwölf-Punkte-Papier zum Russland-Ukraine-Krieg vorgelegt. Das war weder ein Friedensplan noch ein Fahrplan für Verhandlungen, aber es steckte die grundlegenden Positionen der Volksrepublik zu diesem Krieg ab. Im Kern war darin eine klare Kritik am russischen Überfall auf die Ukraine enthalten. Dieses Papier könnte man als Angebot an den Westen sehen und entsprechend nutzen: Das ist unsere Sicht der Dinge, wenn ihr wollt, können wir auf dieser Basis ins Gespräch kommen. Aber China machte damit auch klar, dass der Ukrainekrieg nicht sehr weit oben auf seiner Prioritätenliste steht, er wird in Peking eher als europäisches Problem gesehen.

Es wäre aus meiner Sicht sehr gut investiertes politisches Kapital gewesen, wenn Europa auf dieses Angebot eingegangen wäre. Stattdessen wurde es hier entweder gar nicht beachtet oder lächerlich gemacht. Dahinter steht die große Konkurrenz zwischen den USA und China – ein echter Weltmachtkonflikt zwischen der alten Supermacht USA und der aufstrebenden Supermacht China. In diesem Konflikt hat sich die EU zuletzt sehr klar und ausdrücklich an die Seite der USA gestellt. Das lässt sich aus wirtschafts- und geopolitischen Überlegungen verstehen, aber dieses Denken führt geradewegs in einen neuen Kalten Krieg; zwei Supermächte und ihre jeweiligen Partner stehen sich unversöhnlich gegenüber. Damit lassen sich weder die großen Krisen unserer Zeit bekämpfen – allen voran die Klimakatastrophe – noch der russische Angriffskrieg.

Es hätte einer deutlichen öffentlichen Aufwertung Chinas auf dem internationalen Parkett bedurft, um die chinesische Führung für eine aktive Intervention zu gewinnen. Das kann man falsch finden, angesichts der Menschenrechtsverletzungen in China. Aber es muss klar sein, dass ein schneller Weg zu Friedensverhandlungen ohne China kaum denkbar ist. Um den Menschen in der Ukraine eine schnellere Möglichkeit auf Frieden zu eröffnen, würde ich immer dafür plädieren, diesen politischen Preis zu zahlen.

Ich spreche ausdrücklich von einer Möglichkeit – denn sicher kann sich niemand sein, dass eine starke aktive Rolle Chinas wirklich zu ernsthaften Friedensverhandlungen führt. Ich bin zwar überzeugt, dass Wladimir Putin auf jeden Fall kommen würde, wenn Xi Jinping einlädt – dafür ist er viel zu sehr auf China angewiesen. Wie ernsthaft diese

Verhandlungen dann geführt würden und ob am Ende ein gerechter Frieden für die Ukraine durchsetzbar wäre, kann nur ein Versuch zeigen. Aber eine Chance auf einen schnelleren Friedensschluss ist es auf jeden Fall – und damit mehr als der alleinige Fokus auf Waffenlieferungen.

Es reicht auch nicht, nur hinter den Kulissen Gespräche über mögliche Friedensverhandlungen zu führen. Die gab es sicherlich (das hoffe ich zumindest sehr), als zum Beispiel Bundeskanzler Olaf Scholz im Frühjahr 2024 in Peking war. Hinter verschlossenen Türen können Positionen ausgetauscht und gemeinsame Ziele ausgelotet werden, aber es entsteht kein Momentum für Verhandlungen. So wie in Bosnien oder Nordirland braucht es eine breite öffentliche Debatte um Friedenslösungen und den sanften, aber spürbaren Druck eines »großen Bruders«.

Deutschland muss sich entscheiden: Will es im Weltmachtkonflikt eng an der Seite der USA stehen oder eine öffentliche Aufwertung Chinas riskieren, um ein Möglichkeitsfenster zum Frieden aufzustoßen? Mein Kompass ist hier ganz klar: Für jeden gelieferten Kampfpanzer hätte der Kanzler besser einmal nach Peking fliegen sollen.

## Diplomatische Lösungen sprechbar machen

Mir wird häufig entgegengehalten, dass sich das ja gar nicht ausschließen würde, Waffenlieferungen und Diplomatie, man müsse doch beides tun. Das ist in der Theorie richtig, die Realität hier in Deutschland sieht seit über zwei Jahren ganz anders aus. Es macht mich bis heute fassungslos, mit welcher Vehemenz Diplomatie und Waffenlieferungen gegeneinandergestellt werden. Es wird fast ausschließlich über Kampfpanzer oder Taurus-Marschflugkörper gestritten und so gut wie nie über mögliche Wege zu Verhandlungen. Es wird tatsächlich nur das eine getan und das andere gelassen.

Dabei zeigt die Geschichte, dass die meisten Kriege durch Verhandlungen beendet wurden, nicht mit einem militärischen Sieg. Die Frage, wie wir schneller zu effektiven Verhandlungen kommen, sollte daher auch von denjenigen beantwortet werden, die so vehement für die Lieferung von Bomben und Raketen eintreten. In den vergangenen zwei Jahren mussten wir aber erleben, dass sich eine Ausschließlichkeit über die Debatte in Deutschland legte, die jedes Gespräch über Diplomatie unmöglich gemacht hat.

Ich würde mir auf allen Seiten etwas mehr Demut wünschen. Die absolute Sicherheit, mit der Waffenlieferungen als der einzige Weg zu einem gerechten Frieden gesehen werden, ist verfehlt. Wenn es heißt, dass Kiew ohne Waffenlieferungen schon nach wenigen Tagen gefallen wäre, ist das schlichtweg falsch. Als die russischen Kolonnen sich vor Kiew festgefahren hatten und von der Ukraine zurückgeschlagen wurden, waren erst wenige Tage seit Kriegsbeginn vergangen, und die Debatte um Waffenlieferungen hatte in Deutschland gerade erst begonnen. Auf der anderen Seite ist es richtig – und dieser Tatsache muss sich auch die pazifistische Seite stellen –, dass Russland heute sehr wahrscheinlich größere Teile der Ukraine kontrollieren würde, wenn keine Waffen geliefert worden wären. Die Waffen machen einen Unterschied im Krieg, das lässt sich nicht wegwünschen. Aber ob sie auch einen Unterschied für einen gerechten Frieden machen, ist eine ganz andere Frage. Es wäre nicht das erste Mal in der Geschichte, dass vom Gegner besetzte Landesteile am Verhandlungstisch wieder freigegeben werden. So gab zum Beispiel Israel nach den Camp-David-Verhandlungen 1979 den besetzten Sinai wieder an Ägypten zurück.

Nur wenn Diplomatie wieder eine echte Option ist, können künftige Chancen gut genutzt werden. Auch wenn es im Moment gar nicht danach aussieht: Falls es wieder einmal ein militärisches Momentum aufseiten der Ukraine geben sollte, so wie im Herbst 2022, dann sollte es viele, viele, viele Mark Milleys geben, um die Verhandlungstür aufzustoßen.

## Sicherheitsgarantien

Mit Blick auf die Ukraine spreche ich ganz bewusst von einem *gerechten* Frieden. Ein Frieden, in dem Russland große Teile des ukrainischen Territoriums kontrolliert, ist kein gerechter Frieden. Es kann keine pazifistische Position sein, zu sagen, dann gebt dem Kreml doch, was er haben will, um des lieben Friedens willen. Denn dann würde Russland nichts mehr davon abhalten, noch weitere Nachbarländer zu überfallen, das würde nicht Frieden bedeuten, sondern noch mehr Krieg. Deshalb muss das Ziel ein gerechter Frieden sein, in dem der Aggressor nicht gewinnt und dem die Menschen in der Ukraine mit großer Mehrheit zustimmen können.

Dazu gehören dann Sicherheitsgarantien, die sehr konkret und sehr effektiv sein müssen, damit die Ukraine einer Lösung zustimmen könnte. Auf eine vertragliche Zusicherung Russlands wird sie aktuell nicht vertrauen, kann sie auch nicht. Es wird auch nach Abschluss eines Friedensabkommens viele Jahre dauern, bis sich wieder zarte Anfänge von Vertrauen zwischen beiden Ländern entwickeln können. Das lässt sich mit ein paar schnellen vertrauensbildenden Maßnahmen im Zuge von Verhandlungen nicht beschleunigen.

Tragfähige Sicherheitsgarantien von anderen Staaten

wird es auch kaum geben – die NATO-Staaten haben immer wieder unmissverständlich klargemacht, dass sie die Ukraine nicht mit eigenen Truppen verteidigen werden. Daran ändert auch das Versprechen an die Ukraine nichts, später Mitglied der NATO werden zu können, denn mitten im Krieg wird das nicht passieren, wenn überhaupt jemals. Ein Versuch des französischen Präsidenten Macron, NATO-Bodentruppen ins Spiel zu bringen, wurde von fast allen NATO-Staaten klar abgelehnt. Es braucht also eine andere Lösung, die mehr ist als nur ein Stück Papier und die der Ukraine reale Sicherheit bieten kann. Die zu finden wird eines der zentralen Probleme eines russisch-ukrainischen Friedensabkommens sein.

Da braucht es Dutzende kreativer Ideen, die im Laufe der Verhandlungen so konkret werden, dass beide Seiten ihre Sicherheitsinteressen berücksichtigt sehen. Nur ein Beispiel: Erfahrene Beobachter:innen gehen davon aus, dass eine mögliche Waffenstillstandslinie zwischen Russland und Ukraine nur durch die Vereinten Nationen kontrolliert werden kann. Die OSZE zum Beispiel könnte eine solche Mammutaufgabe nicht stemmen. Wie aber ließe sich verhindern, dass Russland trotz UN-Blauhelmen die Linie einfach wieder überschreitet? Eine Idee wäre, dass ein Teil der UN-Truppen aus China und mit Russland verbündeten Staaten kommt. Kaum vorstellbar, dass die russische Regierung einen Angriffsbefehl geben würde, bei dem auch das Leben chinesischer Soldat:innen gefährdet wäre. Zu sehr ist Russland auf die Loyalität Chinas angewiesen. Ob China zu einem solchen Blauhelmeinsatz bereit wäre und ob das der Ukraine reichen würde, ob sie überhaupt chinesische Truppen an der eigenen Grenze akzeptieren würde und welche anderen Nationen aus Sicht der Ukraine dort eine Balance garantieren könnten – all das sind Fragen, die ergebnisoffen in Verhandlungen geklärt werden müssen. Eines ist aber sicher: Ohne solide Mechanismen, die die eigene Sicherheit garantieren, wird keine Seite einem Abkommen zustimmen.

## Druck auf den Kreml

Eine aktive Diplomatie unter Einbindung der engen Verbündeten Russlands ist das eine. Das allein wird aber nicht reichen, um den Kreml an einem künftigen Verhandlungstisch zu Eingeständnissen zu bewegen. Auch wirtschaftlicher Druck ist wichtig. Eine Möglichkeit dafür sind Sanktionen. Für Ölsanktionen wurde der geeignete Zeitpunkt bereits verpasst, aber andere gezielte Sanktionen hätten immer noch das Potenzial, die Kosten-Nutzen-Rechnung in Moskau zu verändern. Im Kapitel über Sanktionen habe ich den Vorschlag des französischen Ökonomen Thomas Piketty aufgegriffen, nicht nur die Superreichen – die sogenannten Oligarchen – in Russland mit Sanktionen zu belegen, sondern auch den oberen Mittelstand, das Herz der russischen Wirtschaft. Das ist bislang nicht passiert.

Ein genauerer Blick auf die bisherigen Sanktionen der EU gegen Russland zeigt, dass sie vor Schlupflöchern nur so strotzen. Das liegt daran, dass viele Länder der EU alles darangesetzt haben, eigene wichtige Wirtschaftszweige möglichst von den Sanktionen auszunehmen. Das Beispiel des belgischen Diamantenhandels ist nur eines von vielen, wir haben es im Kapitel über Sanktionen kennengelernt. Auch andere Erkenntnisse der Sanktionsforschung wurden sträflich missachtet. So gibt es keine klar ausformulierte Perspektive für Russland, unter welchen Bedingungen die Sanktionen wieder aufgehoben werden. In den Beschlüssen der Europäischen Union zu den Russland-Sanktionen sind nicht einmal klare Ziele formuliert.

Der Gedanke der Aufhebungsperspektive lässt sich sogar noch eine Runde weiterdrehen, nämlich wenn Sanktionen mit Anreizsystemen kombiniert würden. Mit Anreizen ist nicht nur eine Aufhebung der Sanktionen gemeint, sondern weitergehende Angebote. Für Individuen auf Sanktionslisten könnte es zum Beispiel Anreize geben, damit sie sich als Whistleblower gegen das eigene Regime stellen. Politisch ist die Idee der Anreize natürlich heikel, denn sie könnten auch als indirekte Belohnung für eine Aggression gesehen werden. Ich überfalle meinen Nachbarn, was bietet ihr mir, dass ich wieder aufhöre? Das ist ein sehr schmaler Grat, bei dem einerseits alle Möglichkeiten für die Beendigung eines Konfliktes genutzt werden sollten, ohne andererseits ungewollte Anreize für eine Aggression zu setzen.

## Aus der Geschichte lernen

Eine Friedenslösung für die Ukraine wird auch dadurch erschwert, dass der Krieg schnell Züge eines Stellvertreterkrieges angenommen hat. Nur zwei Monate nach der russischen Invasion gab der US-Verteidigungsminister zum Beispiel das Ziel aus, dass das russische Militär nachhaltig geschwächt werden solle.[5] Aus Sicht der USA ist dieses Ziel vielleicht verständlich, würden sie doch einer anderen (ehemaligen) Großmacht dadurch nachhaltig schaden – aber mit Solidarität oder Unterstützung für die Menschen in der Ukraine hat das nichts zu tun.

Die Konkurrenz zwischen Russland und den USA – beziehungsweise der NATO – könnte auch künftige Schritte in Richtung eines nachhaltigen Friedens verhindern. An diesem Punkt kommen wir nicht umhin, uns einige der Fehlentscheidungen der NATO in den vergangenen dreißig Jahren anzuschauen. Damit will ich nicht den russischen Angriffskrieg relativieren oder gar rechtfertigen, sondern einzig und allein der Frage nachgehen, was wir künftig besser machen könnten.

Seit dem Zusammenbruch der Sowjetunion war Russland für den Westen kein Gegenüber auf Augenhöhe mehr, sondern allenfalls drittklassig. Sowohl in wirtschaftlichen als auch in Sicherheitsfragen war es aus Sicht des Westens relativ egal, was Russland wollte oder nicht wollte. Eine der folgenschwersten Entscheidungen der EU war Anfang der 2000er-Jahre die Ablehnung des russischen Vorschlags, einen gemeinsamen Wirtschaftsraum von Wladiwostok bis Lissabon zu schaffen. Das war zu einer Zeit, als Wladimir Putin noch im Bundestag reden durfte und dort stehende Ovationen bekam. Und ich muss ehrlich sagen, wenn ich das so schreibe, schaue ich ungläubig auf diese Zeilen und lese es noch einmal nach, aber es war so: Putin wurde im Bundestag parteiübergreifend bejubelt, das ist gerade mal zwei Jahrzehnte her.

Es war damals eine bewusste Entscheidung der EU, keine wirtschaftlichen Beziehungen auf Augenhöhe mit Russland anzustreben, sondern ein asymmetrisches Wirtschaftsverhältnis festzuschreiben, in dem Russland auf den Status eines Lieferanten von billigem Öl und Gas reduziert wurde. Aus wirtschaftlicher Sicht mag das folgerichtig gewesen sein. Russland war wirtschaftlich am Boden, gerade Deutschland profitierte ungemein von den billigen Brennstoffen. Doch wie ich im Kapitel »Krieg beginnt hier« ausgeführt habe, sind ungerechte Wirtschaftsbeziehungen niemals eine gute Voraussetzung für ein friedliches Nebeneinander.

Nicht nur die wirtschaftlichen, sondern auch die Sicherheitsinteressen Russlands wurden nicht mehr ernst genommen. Die russische Regierung sah sich durch den Nato-Raketenschild und die Nato-Osterweiterung bedroht. Ob wir diese Befürchtung verstehen und nachvollziehen können, ist irrelevant. Wie im Abrüstungskapitel am Beispiel von Egon Bahr beschrieben, muss die *subjektive Sicherheit* beider Seiten berücksichtigt werden. Im Kalten Krieg hat das noch funktioniert. Im Zuge der Entspannungspolitik wurden beidseitig Schritte unternommen, um eine ungewollte Eskalation zu vermeiden. Seit 1991 hat das vonseiten der NATO nicht mehr funktioniert.

Damit tragen EU und NATO keine Mitschuld am jetzigen Angriffskrieg in der Ukraine, wahrhaftig nicht. Die Entscheidung für diesen völkerrechtswidrigen Angriff ist einzig und allein im Kreml gefallen und von ihm zu verantworten. Aber es gibt in EU und NATO eine Verantwortung, künftig Entscheidungen zu treffen, die eine kooperative Friedenslösung in Europa ermöglichen. Und die wird es nicht geben, wenn Russland wirtschaftlich und sicherheitspolitisch weiterhin als drittklassig behandelt wird.

Wir haben dann – und nur dann – eine Chance auf eine friedlichere Zukunft in Europa, wenn wir aus den Fehlern der letzten dreißig Jahre lernen und uns zurückbesinnen auf die Prinzipien der Entspannungspolitik. Kein Kalter Krieg 2.0, sondern eine OSZE 2.0, das ist meine Vision eines friedlichen Europas. Aktuell ist der Weg dorthin ein sehr weiter. Erst einmal gilt es, die Waffen zum Schweigen zu bringen und einen gerechten Frieden für die Menschen in der Ukraine zu erreichen.

## Frieden braucht Visionen: Israel / Palästina

Einen Teil dieses Buches habe ich in Jaffa / Tel Aviv geschrieben. Am Morgen des 7. Oktober 2023 um 6:33 Uhr haben uns die Sirenen geweckt. In den folgenden Stunden erreichten uns die Horrormeldungen vom Massaker der Hamas und den Geiselnahmen. Im Laufe des Tages gab es immer wieder Luftalarm, wir sahen die Explosionen am Himmel, wenn die Abwehrraketen des *Iron Dome* die Hamas-Raketen zerstörten. Wir hatten den Luxus, uns drei Tage später über Land auf den Weg nach Jordanien machen zu können, um von dort nach Deutschland auszufliegen.

Ein halbes Jahr später saß ich – zurück in Jaffa / Tel Aviv – in einer Diskussion mit dem israelischen Filmemacher Yuval Abraham. Er hatte mit seinem palästinensischen Kollegen Basel Adra einen Film über die Vertreibung von Palästinenser:innen im Westjordanland gedreht, kurz zuvor waren sie dafür auf der Berlinale mit dem Preis für den besten Dokumentarfilm ausgezeichnet worden. An diesem Abend musste Yuval Abraham allein kommen, da sein Kollege Basel Adra keine Genehmigung für eine Einreise aus seinem Wohnort im Westjordanland nach Israel bekommen hatte: die alltägliche Diskriminierung unter der Besatzung.

In der Diskussion brachte Yuval Abraham das große Dilemma aller aktuellen Friedensbemühungen in Israel auf den Punkt: Heute gebe es nicht einmal mehr die *Idee* einer friedlichen Lösung in den Köpfen der meisten Israelis. Nach dem Osloer Friedensprozess in den 1990er-Jahren habe sich die israelische Politik – und mit ihr die Gesellschaft – immer weiter nach rechts verschoben. Die einzige Antwort auf den Konflikt mit den Palästinenser:innen werde in militärischer Stärke und Härte gesehen. Keine Partei habe sich mehr getraut, eine friedliche, kooperative Lösung prominent zu unterstützen. Alle hätten nur noch auf das nächste Wahlergebnis geschaut, da wäre jegliche Kritik an der Besatzung, an den Siedlungen, an der Abriegelung von Gaza nur schädlich gewesen. Und das, so Abraham, räche sich heute: Viele Menschen in Israel seien zutiefst verunsichert durch den 7. Oktober. Die militärische Stärke und Härte der israelischen Armee habe sie wider Erwarten nicht schützen können. Zugleich fehle es aber an der Idee für eine Alternative, weil jeder Gedanke daran in den letzten zwanzig Jahren komplett aus der herrschenden Politik verdrängt worden sei.

Diese Analyse von Yuval Abraham erinnert mich sehr an das, was ich im ersten Kapitel dieses Buches ausgeführt habe: Es braucht eine Vorstellung davon, dass ein friedlicher Ausweg möglich ist. Ohne eine Idee von einem solchen Weg und von einer gemeinsamen Zukunft ist an das Anbahnen einer Verhandlungslösung kaum zu denken. Genau solch eine Idee fehlt in der Breite der Bevölkerung Israels – aber es gibt sie, und sie ist gut. Um diese Vision einer friedlichen Zukunft in Israel-Palästina soll es in diesem Kapitel gehen.

Ich bin kein Träumer. Ich mache mir überhaupt gar keine Illusion darüber, wie schwierig – für viele sogar unvorstellbar – eine dauerhafte Friedenslösung in der Region ist. Gerade angesichts des puren Terrors vom 7. Oktober, aber auch angesichts der aktuellen rechtsextremen Regierung Israels, in der einzelne Minister offen ihre Fantasien von einer völligen Vertreibung aller Palästinenser:innen ausleben.

Am 7. Oktober wurde auf den Straßen in Gaza und Westjordanland getanzt, und als am 14. April 2024 der Iran mit rund 300 Drohnen und Raketen Israel angriff, schallten Allahu-Akbar-Rufe (Gott ist groß) durch das palästinensische Ramallah. Auf der anderen Seite war im Dezember

2023 der Nummer-eins-Hit in Israel das Hip-Hop-Machwerk »Charbu Darbu«, übersetzt »Zerstört sie!«.[6] In dem einen Land wird die totale Vernichtung des Gegners besungen, im anderen der Terror betanzt. Keine guten Ausgangspunkte für eine friedliche Lösung.

Darunter liegen auf beiden Seiten große Wunden und Narben, die bis ins Jahr 1948 zurückreichen, der Gründung des Staates Israel. Die Vertreibung der Palästinenser:innen, die Kriegserklärungen und Überfälle der arabischen Nachbarn gegen Israel, die völkerrechtswidrige Besatzung des Westjordanlandes und des Gazastreifens, die gebrochenen Versprechen des Oslo-Prozesses, die marodierenden Siedler in der Westbank, die Raketenangriffe der Hamas, der Terror des 7. Oktober, der bei vielen Juden und Jüdinnen in aller Welt das Trauma alter Pogrome wieder hochholte, die über 30 000 Toten in Gaza: All dieses Unrecht müssen wir wahrnehmen, aber es darf auf keiner Seite eine Rechtfertigung für neues Unrecht sein. Die alltägliche Brutalität der Besatzung kann niemals den Terror des 7. Oktober rechtfertigen, und der Hamas-Terror kann niemals die totale Zerstörung Gazas und die Zehntausenden Toten rechtfertigen.

Ich habe und hatte schon immer große Sympathien für die palästinensische Sache, aber wer das Massaker vom 7. Oktober als Akt der Befreiung oder gerechtfertigten Widerstand sieht, hat jeglichen moralischen Kompass verloren. Direkt am 7. Oktober schrieb jemand auf Twitter: *»Zeige mir, wie du kämpfst, und ich sage dir, welches Gesellschaftssystem du willst.«* Treffender lässt es sich kaum sagen: Die Entführung von Kindern, Vergewaltigung, die wahllose Ermordung von Zivilist:innen – das weist auf kein gutes Gesellschaftsmodell, das sind niemals und nirgendwo Akte, die befreien.

Der deutsch-israelische Historiker Moshe Zimmermann

hat Anfang 2024 ein wirklich lesenswertes Buch veröffentlicht: »Niemals Frieden?« Mit einem Fragezeichen, das noch einen kleinen Hoffnungsschimmer lässt. Es zeichnet die Entwicklung der letzten dreißig Jahre in Israel hin zu dem katastrophalen Heute nach und ist im Kern eine Geschichte von zwei Geiselnahmen: die der Hamas am 7. Oktober, aber auch die der rechtsextremen Siedler, die die israelische Gesellschaft seit dreißig Jahren in Geiselhaft nehmen. Sein Buch endet mit dem Vorschlag einer »etwas anderen« Zweistaatenlösung, trotz aller Widrigkeiten. Auch Moshe Zimmermann ist kein Träumer, er skizziert die Probleme und Stolpersteine eines Friedensprozesses in aller Deutlichkeit. Aber er legt auch schonungslos dar, warum es ohne einen solchen Friedensprozess gar nicht gehen kann, nicht gehen darf, wenn er im letzten Absatz des Buches schreibt: »… die Alternative würde lauten: Freie Fahrt für weitere 7. Oktober, Afghanistan, Hiroshima.«

»Hiroshima« lässt zusammenzucken. Und doch ist es kein Gedanke, der ganz fernliegt. Auch ich habe mich das eine oder andere Mal am Küchentisch in Tel Aviv bei der Überlegung ertappt, ob ich wirklich ganz sicher sein kann, dass dieser Krieg nicht auch atomar eskaliert. Immerhin hat ein rechtsradikaler Minister der israelischen Regierung bereits damit gedroht, eine Atombombe auf Gaza zu werfen.

Wenn solche Horrorszenarien die Alternative sind, dann bleibt uns keine andere Wahl: Wir *müssen* über Wege zu einer friedlichen Lösung des Konfliktes nachdenken, wir müssen sie denkbar machen, und wir müssen von außen alles in unserer Macht Stehende tun, sie zu ermöglichen – so schwierig es aktuell auch scheinen mag. Dabei müssen wir uns auch einer Gefahr bewusst sein, die das Sprechen über mögliche Visionen birgt: Das Heute, in all seiner Grausamkeit, darf dabei nicht vergessen werden. Der in Jerusalem lebende Journalist Nathan Thrall warnt vor einem »Solutionism«, der nur über Lösungen spricht und die Gegenwart ausblendet.[7] Denn das spiele letztlich denen in die Karten, die vom Status quo profitierten und daran nichts ändern wollten. Ein wichtiger Einwand, der jedoch nicht dazu führen sollte, gar nicht mehr über Visionen zu reden, denn wie gesagt: Ohne die Idee, ohne das Bild von einer friedlicheren Zukunft, wird diese nicht zu erreichen sein.

## Two States, One Homeland

Aber wie könnte eine friedliche Perspektive überhaupt aussehen? Ganz oben steht in jeder Diskussion immer die Zweistaatenlösung als Ziel, ein Staat Israel und ein Staat Palästina, die nebeneinander existieren. So sah es schon der Teilungsplan der Vereinten Nationen von 1947 vor, es war auch die Grundlage der Osloer Friedensgespräche 1993 und ist bis heute die offizielle Sprachregelung der deutschen Bundesregierung, der EU oder der USA, wenn es um die Zukunft Palästinas und Israels geht. Und doch sind sich alle einig, dass die Zweistaatenlösung eigentlich tot ist, denn durch die Siedlungspolitik der letzten dreißig Jahre wurden Fakten geschaffen, die kaum noch veränderbar erscheinen. »Das zu ignorieren, ist ungefähr so, wie die Erderwärmung zu leugnen«, stellte der israelisch-deutsche Philosoph Omri Boehm kürzlich lapidar fest. Er spricht in seinem Buch von einer Zweistaaten-*Illusion*.[8]

Mittlerweile leben 700 000 israelische Siedler:innen im Westjordanland – sie müssten für eine Zweistaatenlösung alle mit Gewalt umgesiedelt werden. Und wer bei Siedlung jetzt an ein paar Holzhütten denkt, liegt sehr daneben: Es handelt sich dabei um komplette Städte mit großen Neubausiedlungen und einer umfassenden Infrastruktur, in denen Menschen sich zum Teil seit Jahrzehnten eine neue Existenz aufgebaut haben. Sie zu räumen, ist kaum vorstellbar. Sie zum Teil des israelischen Staatsgebietes zu machen, ist ähnlich unmöglich, denn dann würde für Palästina nur ein Flickenteppich von kaum zusammenhängenden Landstücken verbleiben.

Deshalb schreibt Moshe Zimmermann in seinem Buch auch von einer »etwas anderen« Zweistaatenlösung. Wie so etwas konkret aussehen kann, hat eine Gruppe von israelischen und palästinensischen Aktivist:innen in den vergangenen Jahren ziemlich detailliert ausgearbeitet. Unter dem Namen »A Land for All«,[9] ein Land für alle, haben sie eine Weiterentwicklung der Zweistaatenlösung vorgestellt, die aus meiner Sicht das Potenzial für einen echten Durchbruch hat – wenn es auf beiden Seiten die Bereitschaft für einen Friedensprozess gäbe.

Die palästinensische Direktorin von »A Land for All«, Rula Hardal, hat das grundlegende Ziel der Organisation einmal so zusammengefasst: »Wir brauchen mehr als nur Frieden, um die Realitäten so zu verändern, dass es gleiche Rechte und mehr Gerechtigkeit für das palästinensische und das israelische Volk gibt. Darum mag ich das Wort ›Frieden‹ nicht so gern. Frieden ist okay, Frieden ist nett, aber in diesem Fall reicht das nicht aus. Wir müssen über die Anerkennung des erlittenen Leids sprechen, über Aussöhnung und über die Realität, die zwischen Israelis und Palästinenser:innen in den vergangenen hundert Jahren entstanden ist.«[10]

In diesen Überlegungen wurzelt ihr Vorschlag »Two States, One Homeland«, also zwei Staaten, ein Heimatland.

Das Land zwischen dem Jordan-Fluss und dem Mittelmeer ist für »A Land for All« eine historische und geografische Einheit, wo die beiden Gruppen – Palästinenser:innen und Israel:innen – gemeinsam leben können, aber in zwei souveränen Staaten in den Grenzen von 1967. Die Bürger:innen beider Länder können sich frei in beiden Staaten bewegen, die zusammen ein Heimatland für alle wären. Nach diesem Prinzip könnte eine Siedlerin Staatsbürgerin von Israel werden, aber weiter in ihrer Siedlerwohnung auf palästinensischem Boden wohnen bleiben. Beide Länder können ihre Einwanderungspolitik selbst bestimmen. Jerusalem wird unter einem besonderen Status die Hauptstadt beider Länder, mit einer eigenen gemeinsamen Lokalverwaltung. Die Frage der äußeren Sicherheit wird von beiden Staaten in einem gemeinsamen Sicherheitsrat organisiert, nach innen hin sorgt ein gemeinsamer Oberster Gerichtshof für die Sicherstellung der Rechte der jeweiligen Minderheiten in beiden Staaten. Für verlorenes oder beschlagnahmtes Eigentum wird ein Entschädigungsmechanismus entwickelt, dem alle Seiten zustimmen können. Dabei soll das Grundprinzip gelten, dass alte Ungerechtigkeiten nicht mit neuen geheilt werden können.

Die Vorschläge von »A Land for All« stecken nur einen Rahmen ab. In einigen Punkten bleiben sie bewusst vage, um einen möglichen Friedensprozess nicht zu sehr einzuengen. In ihrem Modell sind die gemeinsamen Strukturen eher schwach und stehen starken nationalen Parlamenten beziehungsweise Regierungen gegenüber. Das, so eine Kritik, könne auf Dauer nicht funktionieren, denn die großen Fragen der Sicherheit und des extremen wirtschaftlichen Gefälles zwischen Israel und Palästina bleiben dabei ungeklärt, dafür braucht es eine starke Zentralregierung. Omri

Boehm spricht in seinem Buch von einer Einstaatenlösung, einer föderalen binationalen Republik, die er »Republik Haifa« nennt – die in konkreten Details dann allerdings sehr dem Modell von »A Land for All« ähnelt.

Ob nun eine etwas andere Zweistaatenlösung oder eine Republik mit zwei Nationen, ob nun Föderation oder Konföderation: Wie eine solche Struktur aussehen kann, wird sich erst in einem tatsächlichen Friedensprozess klären lassen. Erst während ernsthafter Verhandlungen wird sich zeigen, wo dort die wirklichen, tief liegenden Bedürfnisse der beiden Seite sind und was eine Kompromisslösung möglich machen könnte.

## Die roten Linien ernst nehmen

Dieser Vorschlag mag utopisch klingen, aber er hat eine ganze Reihe von Vorteilen gegenüber der klassischen Zweistaatenlösung. Allem voran ersetzt er die bisherige Erzählung einer Trennung beider Nationen durch das Paradigma des gemeinsamen Heimatlandes mit gleichen Rechten für alle. Ein gedanklicher Ansatz, der für die allermeisten Menschen in Palästina und Israel heute so fern wie nie liegen mag, nach fast achtzig Jahren des Gegeneinanders und des Kämpfens für einen eigenen abgetrennten Staat. Aber eine wirkliche Chance auf einen dauerhaften Frieden kann es nur geben, wenn das gedankliche Gegeneinander durch ein Verständnis von gemeinsamer Geschichte und Zukunft ersetzt wird.

»A Land for All« nimmt die Realitäten vor Ort sehr ernst. Sowohl die Interessen der Siedler:innen wie die Teilung Jerusalems oder das ökonomische Ungleichgewicht zwischen Israel und Palästina werden berücksichtigt. Vor allem erkennt der Vorschlag die verschiedenen roten Linien an, also die unabdingbaren Bedürfnisse beider Seiten. Auf palästinensischer Seite ist es der eigene Staat, das Ende der Besatzung, das Recht auf Rückkehr der Vertriebenen und die Entschädigung für erlittenes Unrecht. Auf israelischer Seite ist es das uneingeschränkte Recht aller Jüdinnen und Juden in der Welt, im Heiligen Land zu leben, der Anspruch auf das gesamte Land Israel und die Sicherheit vor jeglichen Angriffen aus dem Inneren und Äußeren.

Es ist mehr als nur ein gedanklicher Trick, das gesamte Gebiet vom Jordan-Fluss bis zum Mittelmeer als ein gemeinsames Heimatland für alle Jüd:innen und Palästinenser:innen zu bezeichnen. Es ist sogar im Gegenteil eine unabweisbare Realität: Für beide Gruppen ist das ganze Land Bezugspunkt, für die Palästinenser:innen ausgedrückt in der Parole »From the River to the Sea«, für die Israel:innen im Begriff des »Eretz Israel«, des Landes Israel. Moshe Zimmermann erklärt in seinem Buch, dass Eretz Israel sich auf das Land bezieht und nicht mit dem Staat Israel verwechselt werden darf. In der britischen Mandatszeit sei, so Zimmermann, immer die komplette Bezeichnung Palästina / Eretz Israel gewählt worden, um neutral zu bleiben. Beide Begriffe beziehen sich auf das gesamte Land zwischen Jordan und Mittelmeer.

Jeder historische oder archäologische Versuch, der einen oder anderen Seite mit einem Scherbenfund größere Anrechte auf diesen Landstrich zuzusprechen, ist zum Scheitern verurteilt. Obwohl es bis heute absurderweise immer noch versucht wird. Bei Spaziergängen durch die Altstadt von Jerusalem lässt sich sehen, wie einige Häuser absinken, weil darunter in Querstollen archäologische Grabungen stattfinden, um den endgültigen Nachweis zu erbringen, dass Jüdinnen und Juden zuerst da waren. Was ein Heimatland ist, bestimmen jedoch Kopf und Herz, nicht jahrtausendealter Staub.

Anders als bei der klassischen Zweistaatenlösung wird diesem gedanklichen und emotionalen Anspruch auf das gesamte Land im Vorschlag von »A Land for All« Rechnung getragen. Alle können sich auf jedem Quadratmillimeter von Palästina / Eretz Israel frei bewegen oder niederlassen, wenn sie denn wollen, als Staatsbürger:in des einen oder anderen Staates, aber mit gleichen Rechten und in Sicherheit. Die volle Bewegungs- oder Niederlassungsfreiheit mit Minderheitenschutz und einem gemeinsamen Gerichtshof, der das überwacht – das ist eine umfassendere und tiefgreifendere Lösung als das Hochziehen eines Grenzzaunes, der das Neben- oder Gegeneinander zweier Staaten markiert, die jeweils nur einen Teil ihres beanspruchten Heimatlandes umfassen.

## In Gefahr und höchster Not bringt der Mittelweg den Tod

»A Land for All« hat das Potenzial, die tot geglaubte Zweistaatenlösung neu zu beleben, weil die Idee fest auf dem Boden der Realitäten in Palästina / Eretz Israel steht und die unabdingbaren Bedürfnisse beider Seiten mitdenkt. Einer der Vordenker und Mitbegründer dieser Idee ist Meron Rapoport, ein israelischer Journalist. Er betont, dass ihre Idee keine abwegige Träumerei sei. Sie sei viel dichter an der Wirklichkeit als all die anderen Ideen, die die Nahost-Debatte bestimmen. Im Grunde genommen, so Rapaport, habe »A Land for All« die Schengen-Idee übernommen: unterschiedliche Nationalitäten in einem gemeinsamen Raum mit Bewegungsfreiheit und (fast) gleichen Rechten für alle.[11]

Die große Frage ist natürlich, welche Chancen eine solche Idee überhaupt hat, angesichts der aktuellen Eskalation des Konfliktes. Rula Hardal ist sich sicher, dass es noch immer Unterstützung für eine solche Lösung gibt: »Beide Seiten sind müde von dem Töten und der Gewalt und den ständig neuen Eskalationswellen. Beide Seiten sind müde, all das Leid ertragen zu müssen, vor allem das palästinensische Volk. Sie müssen in dieser Situation am meisten leiden, und sie sind am meisten an einer Lösung interessiert, mehr als die Israelis.«[12] Auch Meron Rapoport ist sich sicher, dass sich bis heute in Palästina eine Mehrheit für diese Idee finden würde.

Die Situation in Israel ist da schon deutlich schwieriger. Rapoport erzählt, wie er in den vergangenen Jahren auf Hunderten von Veranstaltungen für die Idee geworben hat. Es habe große Zustimmung gegeben, aber fast immer auch die Frage: Warum? Was soll das jetzt? Das ist aktuell doch gar nicht relevant, Frieden steht nicht auf der Agenda. Um Bewegung in die Diskussion zu bekommen, so Rapoport, braucht es ein Gefühl der Dringlichkeit, und diese Dringlichkeit fehlte im Bewusstsein der allermeisten Israelis in den vergangenen Jahrzehnten.

Und es ist nun ausgerechnet der 7. Oktober und die tiefe Erschütterung, die das Massaker der Hamas in der israelischen Bevölkerung ausgelöst hat, was die Suche nach Lösungen wiederbeleben könnte. Moshe Zimmermann schreibt in seinem Buch: »Der 7. Oktober 2023 hat es dann gezeigt: Finden keine Verhandlungen statt, befinden sich die Kontrahenten gewissermaßen im Vorhof zur Hölle.« Und weiter, über die Beziehung von Israel zu den arabischen Nachbarn: »Jetzt, nach dem Überfall vom 7. Oktober, wird klar – die Palästinafrage unter den Teppich zu kehren, während man gleichzeitig Geschäfte zu machen wünscht, ist keine Lösung.«

Man merkt Meron Rapoport im Gespräch an, dass es ihm fast körperliche Schmerzen bereitet, im 7. Oktober einen möglichen Katalysator für eine Wiederbelebung der Zweistaatenlösung zu sehen. Aber es ist so, sagt er, ausgerechnet dieser Krieg, der internationale Druck, die Verfahren vor dem Internationalen Gerichtshof, all das hat in Israel wieder ein neues Gefühl der Dringlichkeit für eine andere Lösung erzeugt. Sicher, den Ruf nach Rache, die Zustimmung zur völligen Zerstörung Gazas, das gäbe es, auf jeden Fall. Aber darunter, sagt Rapoport, höre er in fast jedem Gespräch eine tiefe Verunsicherung. Wo führt uns das hin? Werden wir das überleben? Er glaubt, dass daraus die Stimmung entstehen kann: Wir haben es mit dem Status quo versucht, mit der militärischen Stärke, mit der völligen Zerstörung von Gaza – wenn das alles nicht funktioniert, brauchen wir dann nicht etwas Neues?

## Zeit für Optimismus?

Ich muss zugeben, dass mich eigentlich ein tiefer Pessimismus für die Zukunft von Palästina / Eretz Israel fest im Griff hatte, als ich anfing, dieses Kapitel zu schreiben. Ich war bereit, eine Utopie zu schreiben, aber im Sinne eines positiven Bildes jenseits aller Realitäten. Zu stark sind die Emotionen vor Ort, auf beiden Seiten, zu brutal die Kriegsführung und zu aufgeladen die Stimmung. Dazu kommt, dass auch objektiv fast alle Voraussetzungen für den Beginn von Friedensverhandlungen fehlen. Der Konflikt ist sicherlich nicht »reif«, denn noch glaubt Israel fest an den Sieg, an die völlige Vernichtung der Hamas und an die eigene militärische Stärke. Es gibt auch keinerlei Vertrauen, weder zwischen den Regierungen noch zwischen den Bevölkerungen. Es gibt keinen Druck von außen, und es fehlt überhaupt jegliche Vorstellung von einer möglichen alternativen Lösung.

Allerdings gibt es schon heute reale, gelebte Keime der Hoffnung. Bereits in den 1970er-Jahren wurde das Dorf »Neve Shalom / Wahat al-Salam« (Oase des Friedens) gegründet. Hier leben jüdische und palästinensische Familien zusammen, und zwar nicht nur aus historischen Gründen, sondern weil sie gemeinsam zeigen wollen, dass es geht. Dass es trotz Konflikten und Schwierigkeiten möglich ist, »Mitgefühl, Toleranz und Frieden« zu leben, wie der palästinensische Friedensaktivist Rayek Ritzek in seinem Buch über die Oase des Friedens schreibt.[13] Auch er hält den Vorschlag von »A Land for All« für die humanste Idee, die bislang für eine Lösung des israelisch-palästinensischen Konflikts vorgetragen wurde.

Aber kann der Sprung aus einem kleinen Dorf auf das ganze Land möglich sein? Meron Rapoport besteht darauf, dass »A Land for All« keine abgehobene Utopie ist, sondern eine reale Möglichkeit. Egal wie düster die aktuelle Situation sein mag, Geschichte nimmt mitunter schnelle und radikale Wendungen. Rapoport erzählt, wie er Anfang 1989 einen neuen Job als Journalist anfing, damals war Berlin durch eine Mauer getrennt, und Nelson Mandela saß in Südafrika im Gefängnis. Ein Jahr später war die Welt eine andere, die Mauer war gefallen und Mandela ein freier Mann. Immer wieder kommt Meron Rapoport auf Europa zu sprechen und wie dort Erzfeinde nach vielen Jahrhunderten des Krieges am Ende doch zu Partnern und Freunden werden konnten.

Damit das nicht nur Mutmach-Parolen bleiben, muss aktiv etwas für eine Friedenslösung getan werden. »A Land for

All« hat den Anfang gemacht, sie haben den Gedanken an einen Ausweg, die Möglichkeit einer Lösung wieder auf die Tagesordnung gesetzt. Jetzt müssen diese Ideen auch von außen viel stärker in die Herzen und Köpfe der Menschen in Israel und Palästina getragen werden, es braucht Initiativen für neue Friedenskonferenzen und den sanften Druck der Geldgeber auf beide Seiten, sich für einen solchen Diskussionsprozess zu öffnen. Nichts davon wird schnell gehen, und die Hürden sind hoch, aber wer heute nicht anfängt, hat auch morgen nur Pessimismus zu bieten.

»A Land for All«, die »etwas andere« Zweistaatenlösung von Moshe Zimmermann oder Omri Boehms »Republik Haifa« sind Versuche, eine friedliche Lösung wieder denkbar zu machen, nicht mehr und nicht weniger.

# Epilog: Ohne Panzer im Kopf

Frieden ist keine Träumerei. Die vielen Beispiele in diesem Buch habe ich mir ja nicht ausgedacht. Sie zeigen, dass es viele friedliche Werkzeuge für die Lösung von Konflikten gibt. Kaum eines davon führt sofort zum Erfolg, und scheitern kann man damit auch, gar keine Frage. Aber es gibt sie, die friedlichen Konfliktlösungsstrategien. Viele davon wurden bereits erprobt und können auch in Zukunft helfen, Leid, Zerstörung und Tod zu verhindern.

Viel zu selten aber bekommen sie überhaupt eine Chance, weil das militärische Denken so dominant geworden ist. Für diejenigen, die nur Panzer im Kopf haben, sieht jedes Problem wie ein militärisches aus, wie vorhin schon gesagt: Der Mann mit dem Hammer sieht nur Nägel. Wie oft musste ich es im Auswärtigen Ausschuss des Bundestages erleben, dass bei einer Konfliktsituation irgendwo in der Welt gar nicht erst gefragt wurde: Wie können wir dazu beitragen, den Konflikt zu lösen? Sondern direkt: Sollen wir Waffen oder Soldat:innen oder beides schicken? Der Blick ist so eng, dass die Idee einer zivilen Lösung gar nicht mehr denkbar ist.

Ich bin mir sicher – und das Schreiben dieses Buches hat mich darin noch einmal bestärkt –, dass wir hier in Deutschland sehr viel dafür tun könnten, die Welt ein wenig friedlicher zu machen. Es wäre schon viel geholfen, wenn wir aufhören würden, mit ungerechten Handelsbeziehungen, zerstörerischen Produktionsbedingungen oder Waffenexporten die Konflikte anderswo in der Welt noch mehr zu befeuern. Das wäre schon mal ein sehr wichtiger erster Schritt.

Ich möchte in einem Land leben, in dem das Primat des Zivilen gilt: Immer erst nach einer friedlichen, zivilen Lösung suchen und nicht mit dem Finger am Abzug denken. In einem Land, das in der ganzen Welt dafür geachtet wird, dass es weder Waffen noch Soldat:innen ins Ausland schickt, sondern Friedensfachkräfte, Aufbauhilfe und gerechte Handelsverträge. All das könnte und müsste sich eine friedliche Außenpolitik zu eigen machen. Nichts davon ist einfach, und einiges kostet auch. Vielleicht Geld, vor allem aber auch politisches Kapital, das man bereit sein muss, in friedliche Lösungen zu investieren.

Ich möchte in einem Land leben, das sich solche Investitionen in den Frieden leistet. Das bei Kriegsverbrechen und Menschenrechtsverletzungen nicht tatenlos zuschaut, sondern sein Gewicht und seine Erfahrung einbringt, um Konflikte friedlich zu lösen. Ein Land, das nicht als militärische Macht oder mit Waffenlieferungen Außenpolitik betreibt, sondern das all die hier skizzierten Möglichkeiten nutzt, um die Chancen auf den Beginn von Friedensverhandlungen zu erhöhen, ohne militärisch zu intervenieren.

Ich möchte in einem Land leben, das eine Friedensmacht ist. Ob es uns gefällt oder nicht: Deutschland ist eine Macht und hat als ökonomisches Schwergewicht großen Einfluss in der Welt. Diesen Einfluss weise zu nutzen, heißt, ihn friedlich zu nutzen. Und niemand möge befürchten, dass Deutschland sich mit einem pazifistischen Alleingang international isolieren würde. Das hat Japan schon lange widerlegt, bis in die 2010er-Jahre hinein hat das Land weder Waffen exportiert noch Soldat:innen in Auslandseinsätze geschickt. Niemand wird ernsthaft behaupten wollen, dass Japan dadurch in aller Welt isoliert war.

Ich möchte in einem Land leben, in dem der Gesundheitsminister die Krankenhäuser nicht kriegstauglich macht, sondern menschentauglich. In dem die Bildungsministerin nicht Zivilschutzübungen an Schulen vorschlägt, sondern Friedenserziehung. In dem das Wirtschaftsministerium nicht die Interessen der Rüstungsindustrie schützt, sondern sie kontrolliert, um den Frieden in der Welt zu schützen.

## Frieden selbst machen

Solch ein Land entsteht nicht von allein, das müssen wir schon selbst erschaffen. Die Vorstellung einer Friedensmacht Deutschland ist keine Utopie, sondern wir könnten sie hier und heute Wirklichkeit werden lassen. Ich bin mir sicher, dass es in Deutschland eine große Mehrheit für eine Außenpolitik gäbe, die immer erst nach friedlichen Lösungen sucht und die keine Waffen mehr exportiert. Diese Mehrheit ist leider so wenig sichtbar in unserer Zeit. Ich bin 1961 geboren, eine meiner ersten politischen Erfahrungen war die Friedensbewegung. Wir waren damals eine halbe Million Menschen im Bonner Hofgarten, um gegen den NATO-Doppelbeschluss zu demonstrieren.

Bis heute sind viele aus dieser Friedensbewegung in ganz Deutschland aktiv. In jedem Ort, in jeder noch so kleinen Stadt setzen sich Menschen gegen die örtliche Rüstungsindustrie, gegen die Bundeswehr an Schulen und für eine Friedenserziehung ein. Viele von ihnen waren auch im Juni 1982 im Bonner Hofgarten. Aber eine echte Friedensbewegung – die sichtbar ist und etwas in Bewegung setzen kann – haben wir momentan leider nicht mehr in Deutschland. Vielleicht kann eine (gar nicht mal so neue) Abrüstungsidee helfen, das wieder zu ändern.

Wenn alle Zeichen auf Sturm stehen, die Abrüstungsarchitektur in Trümmern liegt, Russland eine echte Bedrohung darstellt, aber eine neue Rüstungsspirale noch bedrohlicher ist – dann ist es Zeit, gegen den Strom zu denken und über Abrüstung zu reden. Die aktuelle Dynamik der öffentlichen Diskussion in Deutschland ist beängstigend, es wird fast nur noch über Waffen, Aufrüstung, Wehrhaftig- und Kriegstüchtigkeit geredet. Pazifismus ist vielerorts zu einem Schimpfwort geworden.

Noch mal: Ich bin kein Radikalpazifist, der immer und überall jeglichen Waffeneinsatz ablehnt. Ich kann sehr wohl anerkennen, dass es gegen Nazideutschland keine andere Möglichkeit gab als den bewaffneten Kampf. Dass es auch andere Situationen geben kann, in denen Gewalt nicht mehr mit friedlichen Mitteln bekämpft werden kann. Sie mögen sehr selten sein, aber es gibt sie. Diese historischen Ausnahmen dürfen uns aber auf keinen Fall dazu verleiten, jeden Konflikt nur noch eingeengt militärisch zu sehen. Der friedliche, der zivile Weg sollte immer die erste Wahl bleiben, das Primat allen Handelns.

Wer heute in Deutschland über Abrüstung spricht, hört oft als Gegenargument, dass bei der Bundeswehr aufgrund ihres desolaten Zustands an Sparen gar nicht zu denken sei. Ja, da funktioniert sicher einiges nicht, es wurde in Deutschland viel gelacht über Schrotthubschrauber und um die Ecke schießende Sturmgewehre. Tatsache ist aber: Diese Erzählungen waren immer interessengeleitet, mit jeder Horrormeldung hat die Bundeswehr den Weg für die massive Erhöhung der Rüstungsausgaben geebnet. In den letzten zehn Jahren ist der deutsche Militärhaushalt von 32 auf 52 Milliarden Euro gestiegen. Das sind 60 Prozent mehr. Da wurde nichts gespart und schon gar nicht kaputtgespart.

Wenn es bei der Bundeswehr Engpässe gibt, dann liegt es vor allem daran, dass in den vergangenen Jahrzehnten sehr viel in die Auslandseinsätze geflossen ist. Es wurden Milliarden für Fregatten und andere Waffensysteme ausgegeben, die nur für Einsätze in den entferntesten Weltregionen beschafft wurden. Mit der Bedrohung durch Russland, mit einer Landesverteidigung, wie sie im Grundgesetz steht, hat das nichts zu tun. Wer wirklich findet, dass die Bundeswehr zu wenig Geld hat, um eine wie auch immer geartete Bedrohung durch Russland abzuwehren, sollte das Geld weg von den Auslandseinsätzen und hin zu einer reinen Verteidigungsarmee umverteilen. Weiter an der Rüstungsspirale drehen müssen wir dafür nicht.

## Zehn Prozent für alle!

Zur weltweiten Abrüstung gibt es eine Idee, die schon seit vielen Jahrzehnten im Raum steht: Wenn alle Länder der Welt gleichzeitig ihre Militärausgaben um den gleichen Prozentsatz absenken, dann bleibt die relative Sicherheit für jedes einzelne Land gleich. Dann stehen nicht mehr 100 gegen 100 Panzer, sondern 90 gegen 90. Das Gleichgewicht der Kräfte wird nicht verändert, deshalb funktioniert diese Idee sogar mit dem herrschenden Sicherheitsverständnis und auch für Konservative.

Dagegen spricht auch nicht die aktuelle Bedrohung durch Russland, denn »alle« heißt »alle«, ausnahmslos. Europa kann nicht mehr sagen, »aber Russland«, denn Russland würde genauso reduzieren. Die USA können nicht mehr auf China zeigen, China nicht mehr auf Indien, Indien nicht mehr auf Pakistan und so weiter. Wenn alle gleichzeitig absenken, gewinnen alle. Und zwar viel Geld.

Laut dem schwedischen Friedensforschungsinstitut SIPRI wurden weltweit im Jahre 2023 über 2,44 Billionen US-Dollar für Militärisches ausgegeben. Schon eine einmalige Senkung um zehn Prozent würde allen Staaten sehr viel Geld in die Kassen spülen. Einmal um zehn Prozent abgesenkt, wäre der Effekt auch in den Folgejahren da, denn der Plan wäre nicht, dass sie alle nach einem Jahr wieder auf den alten Wert anheben, sondern bei dem abgesenkten Wert bleiben. Jedes Jahr könnten dann 244 Milliarden Dollar in sinnvolle Dinge investiert werden, für alle Menschen anstatt für tödliche Waffen. Zehn Prozent für alle hat genau diese doppelte Bedeutung: Alle Länder reduzieren ihre Rüstungsausgaben um zehn Prozent, alle Menschen profitieren vom eingesparten Geld. Hört sich utopisch an, aber das galt vor dreißig Jahren auch für die Forderung nach einem Verbot von Landminen. Und am Ende haben wir gewonnen – ich sehe nicht, warum wir das nicht wieder schaffen sollten.

Dann wäre auch die Frage beantwortet, wie das alles bezahlt werden soll, was in diesem Buch so vorgeschlagen wurde, die Friedensfachkraft-Universitäten, das Abrüstungsobservatorium, das Biowaffeninspektorat und einiges mehr. Das wird viel Geld kosten, gar keine Frage. Eine Friedensmacht Deutschland gibt es nicht zum Nulltarif. Genauso wenig, wie es eine Militärmacht Deutschland zum Nulltarif gibt. Allein der Bundeswehreinsatz in Afghanistan 2001 bis 2021 hat 12,3 Milliarden Euro verschlungen. Wenn wir in den nächsten zwanzig Jahren nur diese Summe, nur diese 12,3 Milliarden des einen Auslandseinsatzes, für Friedensarbeit zur Verfügung hätten, wären das 615 Millionen Euro im Jahr. Eine stolze Summe, von der sich viele, viele Friedensuniversitäten, Abrüstungsobservatorien oder Inspektionsausbildungen finanzieren lassen würden. Frieden ist deutlich billiger als Krieg. Wir müssen nur anfangen.

All die Helden und Heldinnen dieses Buches, diese Lian Gogalis, Matthew Meselsons und Milcah Lalams, all die Friedensforscher:innen und so viele andere können uns ein leuchtendes Beispiel dafür sein, dass es nicht immer die Vereinten Nationen oder die ganz Mächtigen dieser Welt braucht, um Frieden zu schaffen. Manchmal reichen auch Leute wie Sie und ich, um den Lauf der Welt gemeinsam zu verändern.

Jaffa / Tel Aviv, 30. Juni 2024

# Danke

Viele der Ideen, Erlebnisse und Gedanken in diesem Buch haben ihre Wurzeln in Dutzenden von Gesprächen in den letzten Jahren und Jahrzehnten. Manchmal nur ein kurzer Zuruf auf einer Veranstaltung, ein dahingemurmelter Satz einer Reisebegleitung oder ein Fingerzeig in die eine oder andere Richtung. Es gibt so viele Menschen, denen ich jetzt danken möchte – ich weiß gar nicht, wo ich anfangen soll.

Vielleicht fange ich am besten vorn an. Der größte Dank geht an meine Frau Ramona Lenz. Sowieso, aber sie hatte auch die Idee zu diesem Buch, hat viele Gedanken beigesteuert und am Ende an meinen Sätzen gefeilt. Ohne dich gäbe es dieses Buch nicht.

Auch meine Agentin Nina Sillem hat nicht lockergelassen, als ich noch skeptisch war, ob ich wirklich genug Sinnvolles zu sagen habe, um ein Buch damit zu füllen. Im Nachhinein muss ich sagen: Ja, doch, du hattest recht, Nina, es macht Sinn. Danke.

Dann kamen all die vielen Frauen und Männer aus der Friedensforschung und aus der aktiven Friedensarbeit, von denen ich vor allem im letzten Jahr so viel gelernt habe. Sie haben sich Zeit genommen, um ihr Wissen zu teilen und mir kluge Gedanken mit auf den Weg zu geben. Das waren, in ungefährer zeitlicher Reihenfolge: Matthew Meselson, Corinna Hauswedell, Sabine Kurtenbach, Elisa Satjukow, Christiane Fröhlich, Claudia Pfeifer Cruz, Niyazi Kızılyürek,

Gabriele Gauler, Hannah Kiel, Gerald Schneider, Dastan Jasim, Janine Walter, Yaak Pabst, Karin Gerster, Muriel Asseburg, Ivesa Lübben, Stefan Liebich, Nina Potarska, Lüba Zakharov, Andreas Schüller, Usche Merk, Anne Jung, Florian Eblenkamp, Christine Schweitzer, Gregor Gysi, Christin Lüttich, Natascha Zupan, Philip Poppelreuter, Lian Gogali, Evelyn Bahn, Yuval Abrahams, Meron Rapoport, Chris Whitman und Gil Shohat. Ihnen allen danke ich sehr, denn es ist keine Selbstverständlichkeit, sich Zeit für meine Fragen zu nehmen.

Einige dieser Gespräche fanden ursprünglich für unseren Podcast dis:arm statt, deshalb gilt hier ein großes Dankeschön Linda Peikert, mit der ich seit dem April 2023 diesen Podcast (Untertitel: Die Friedensgespräche der Rosa-Luxemburg-Stiftung) mache.

Besonders hervorheben möchte ich meine drei früheren Kolleg:innen Maria Oshana, Thomas Bockshecker und Alexander Lurz. Sie haben große Teile des Manuskriptes gegengelesen und mir wertvolle Hinweise gegeben. Vor allem aber sind viele Ideen und Gedanken in diesem Buch mit ihnen gemeinsam und den anderen Kolleg:innen in unserem Team entstanden. Wir haben über Jahre im Bundestag zusammengearbeitet und uns quasi täglich ausgetauscht. Ohne euch hätte ich all dieses Gedanken niemals haben und dieses Buch niemals schreiben können. Danke euch für diese tolle Zeit, für euren klaren Kompass und die ganze Geduld, die ihr mit mir hattet.

Stephan Hebel danke ich für das spannende Gespräch und die Hinweise zum Kapitel »Nachrichten machen Krieg«. Anna-Mia, Finn, Benson, Skyman und Lotti haben auch Teile des Manuskriptes gelesen und einige richtig gute Ideen beigesteuert. Vor allem haben sie dafür gesorgt, dass das Buch auch für diejenigen verständlich ist, die nicht im Bonner Hofgarten live dabei waren. Danke euch!

Ulrich Wank hat das Buch mit viel Einfühlungsvermögen lektoriert, es ist dadurch deutlich besser geworden. Ihm danke ich dafür sehr, wie natürlich auch dem Ullstein-Verlag und meiner Lektorin Silvie Horch, die es erst möglich gemacht hat, dass Sie dieses Buch gerade in den Händen halten.

# Quellen

## Einleitung


1 »*Negotiations are a continuation of war in a different theater of operations.*« L. Sumbeiywo (2009) To Be A Negotiator: Strategy and Tactics. Mediation Support Project, ETH-Zürich and swisspeace Bern. https://peacemaker.un.org/sites/peacemaker.un.org/files/ToBeaNegotiator_Sumbeiywo2009.pdf

2 Vicenç Fisas (2015) Yearbook on Peace Processes. Seite 9. https://peacemaker.un.org/sites/peacemaker.un.org/files/YearbookPeaceProcesses-ECP-2015.pdf. Eine andere Studie kommt zu dem Schluss, dass 68 % aller zwischenstaatlichen Kriege zwischen 1800 und 1980 durch Verhandlungen endeten. Alexander Bramble et al. (2023) Verhandlungen über ein Ende des Krieges in der Ukraine: Ideen und Optionen zur Vorbereitung und Gestaltung eines Verhandlungsprozesses. Kurzinformation. Genf: Inclusive Peace. https://www.inclusivepeace.org/wp-content/uploads/2023/09/UKR-negotiations-prep_BN-German-2023-Final.pdf


## Was braucht es für den Beginn von Friedensverhandlungen?


1 ZEIT (2012) Syriens Vize deutet Verhandlungen über Assad-Rücktritt an. ZEIT-online 21. August 2012. https://www.zeit.de/politik/ausland/2012-08/syrien-assad-ruecktrittsverhandlungen

2 Julian Borger, Bastien Inzaurralde (2015) West »ignored Russi-

an offer in 2012 to have Syria's Assad step aside«. The Guardian 15. September 2015. https://www.theguardian.com/world/2015/sep/15/west-ignored-russian-offer-in-2012-to-have-syrias-assad-step-aside

3 »*Negotiations are a continuation of war in a different theater of operations.*« L. Sumbeiywo (2009) To Be A Negotiator: Strategy and Tactics. Mediation Support Project, ETH-Zürich and swisspeace Bern. https://peacemaker.un.org/sites/peacemaker.un.org/files/ToBeaNegotiator_Sumbeiywo2009.pdf

4 William Zartman (2001) The Timing of Peace Initiatives: Hurting Stalemates and Ripe Moments. The Global Review of Ethnopolitics 1:8. https://peacemaker.un.org/sites/peacemaker.un.org/files/TimingofPeaceInitiatives_Zartman2001.pdf

5 Matthew Ferretti (1990) The Iran-Iraq War: United Nations Resolution of Armed Conflict, Vill. L. Rev. 35:197. https://digitalcommons.law.villanova.edu/vlr/vol35/iss1/3

6 Carl Bildt (2021) Bosnia to war, to Dayton, and to its slow peace. European Council on Foreign Relations. https://ecfr.eu/publication/bosnia-to-war-to-dayton-and-to-its-slow-peace/

7 Sabine Kurtenbach im Podcast dis:arm, Folge 1: Friedensgespräche (2023). https://www.rosalux.de/disarm

8 Ron Fisher (2001) Methods of Third-Party Intervention. In: Berghof Handbook for Conflict Transformation. Seite 21. https://core.ac.uk/download/pdf/71735677.pdf

9 Wolfgang Ischinger (2023) Raus aus der Schockstarre – ein möglicher Weg zum Frieden in der Ukraine. Tagesspiegel 12. 3. 2023. https://www.tagesspiegel.de/internationales/raus-aus-der-schockstarre-ein-moglicher-weg-zum-frieden-in-der-ukraine-9471989.html

## Friedensverhandlungen


1 Geflügeltes Wort bei den Vereinten Nationen.

2 Kristian Herbolzheimer (2015) The peace process in Mindanao, the Philippines: evolution and lessons learned. NOREF-Report December 2015. https://rc-services-assets.s3.eu-west-1.amazonaws.com/s3fs-public/a6c4f7339db9c90cd15a63c85405404e.pdf

3 Sanam Naraghi Anderlini (2012) Peace Negotiations and Agreements. https://www.inclusivesecurity.org/wp-content/uploads/2012/04/37_peace_negotiations.pdf

4 Jean Arnault (2001) Good Agreement? Bad Agreement? An Implementation Perspective. https://peacemaker.un.org/sites/peacemaker.un.org/files/Good%20AgreementBad%20Agreement_Arnault.pdf

5 Felix Colchester et al. (2019) Implementing Peace Agreements: Supporting the Transition from the Negotiation Table to Reality. Discussion Points of the Mediation Support Network (MSN) No. 10. https://css.ethz.ch/content/dam/ethz/special-interest/gess/cis/center-for-securities-studies/pdfs/MSN%20Discussion%20Points%20Nr.10.pdf

6 Laurel Stone (2014) Women Transforming Conflict: A Quantitative Analysis of Female Peacemaking. https://papers.ssrn.com/sol3/papers.cfm?abstract_id=2485242

7 *»Negotiations are a continuation of war in a different theater of operations.«* L. Sumbeiywo (2009) To Be A Negotiator: Strategy and Tactics. Mediation Support Project, ETH-Zürich and swisspeace Bern. https://peacemaker.un.org/sites/peacemaker.un.org/files/ToBeaNegotiator_Sumbeiywo2009.pdf

8 Simona Mason, Matthias Siegfried (2013) Confidence Building Measures (CBMs) in Peace Processes. In: African Union: Managing Peace Processes. A handbook for AU practitioners. S. 61. https://hdcentre.org/wp-content/uploads/2016/07/AU-

Handbook-Volume-I-Process-related-questions-July-2013.pdf

9 Carl Bildt (2021) Bosnia to war, to Dayton, and to its slow peace. European Council on Foreign Relations. https://ecfr.eu/publication/bosnia-to-war-to-dayton-and-to-its-slow-peace/

10 IPPNW (2024) Waffenstillstand und Frieden für die Ukraine. Eine Sammlung bestehender Vorschläge und möglicher Schritte, den Krieg in der Ukraine durch Diplomatie statt durch Waffen zu beenden. 6. Auflage Februar 2024. https://www.ippnw.de/commonFiles/pdfs/Frieden/Waffenstillstand_und_Frieden_Ukrainekonflikt.pdf

11 United Nations General Assembly (2012) Resolution 66/290. https://www.un.org/humansecurity/wp-content/uploads/2022/06/N1147622.pdf

12 Herbert Wulf (2023) Alles auf Sieg. IPG-Journal 13.3.2023. https://www.ipg-journal.de/rubriken/aussen-und-sicherheitspolitik/artikel/alles-auf-sieg-6570/

13 Sabine Kurtenbach im Podcast dis:arm, Folge 1: Friedensgespräche (2023). https://www.rosalux.de/disarm

14 Sabine Kurtenbach im Podcast dis:arm, Folge 1: Friedensgespräche (2023). https://www.rosalux.de/disarm

15 Valerie Sticher (2022) Healing Stalemates: The Role of Ceasefires in Ripening Conflicts. Ethnopolitics 21:149. https://web.archive.org/web/20220208171023id_/https://www.tandfonline.com/doi/pdf/10.1080/17449057.2022.2004776?needAccess=true

16 UN DPPA (2022) Guidance on Mediation of Ceasefires. Seite 11. https://peacemaker.un.org/sites/peacemaker.un.org/files/Ceasefire-Guidance-2022.pdf

17 Kristian Herbolzheimer (2015) The peace process in Mindanao, the Philippines: evolution and lessons learned. NOREF-Report December 2015. https://rc-services-assets.s3.eu-west-1.

amazonaws.com/s3fs-public/a6c4f7339db9c90cd15a63c85405404e.pdf

18 Corinna Hauswedell (2004) Der nordirische Friedensprozess – ein Modell? Wissenschaft & Frieden 2004/1, Dossier 45. https://wissenschaft-und-frieden.de/dossier/der-nordirische-friedensprozess-ein-modell/

19 Jeson Ingraham (1998) The Irish Peace Process. CAIN Archive. https://cain.ulster.ac.uk/events/peace/talks.htm

20 Thania Pfaffenholz et al. (2023) Negotiating an End to the War in Ukraine: Ideas and Options to Prepare for and Design a Negotiation Process. Report for Inclusive Peace. Seite 17/18. https://www.inclusivepeace.org/wp-content/uploads/2023/08/UKR-negotiations-preparations-report-2023.pdf

## Die Wunden schließen

1 Dieses Zitat und alle anderen Informationen rund um das Institut Mosintuwu stammen aus einem Hintergrundgespräch mit Lian Gogali, geführt am 30. November 2023. Weitere Informationen finden sich in diesem Artikel über Lian Gogali: https://greennetwork.asia/figure/lian-gogali-brings-back-harmony-in-poso-with-schools-of-peace/. Ihr Leben wurde auch verfilmt (*The Peace Agency*, https://peaceagencyfilm.com/).

2 Hintergrundgespräch mit Natascha Zupan am 11. Januar 2024. Zum Weiterlesen außerdem sehr zu empfehlen ist ihr Artikel »Vergangenheitsarbeit«, der 2016 von der Bundeszentrale für Politische Bildung veröffentlicht wurde. https://www.bpb.de/themen/kriege-konflikte/dossier-kriege-konflikte/54742/vergangenheitsarbeit/
Sehr empfehlenswert ist auch der Beitrag von Martina Fischer (2016) Aufarbeitung und Aussöhnung als Globale Aufgaben. Website von Brot für die Welt. https://www.brot-fuer-die-welt.

de/blog/2016-aufarbeitung-und-aussoehnung-als-globale-aufgaben/

3 Vereinte Nationen (2023) Guidance Note of the Secretary General on Transitional Justice: A Strategic Tool for People, Prevention and Peace. 11. Oktober 2023. https://www.ohchr.org/en/documents/tools-and-resources/guidance-note-secretary-general-transitional-justice-strategic-tool

4 Alle Informationen zur internationalen Gerichtsbarkeit stammen aus einem Hintergrundgespräch mit Dr. Andreas Schüller vom ECCHR, geführt am 14. Februar 2024. Sie können nachgehört werden in der Folge 13 des Podcast dis:arm aus dem März 2024. https://www.rosalux.de/disarm

5 medico (2024) Haltbare Vorwürfe. Interview mit Andreas Schüller vom ECCHR am 26.1.2024. https://www.medico.de/blog/haltbare-vorwuerfe-19366

6 ECCHR (2022) Das Al-Khatib-Verfahren in Koblenz. https://www.ecchr.eu/fileadmin/Q_As/QA_Koblenz_Syrien_2022Mai.pdf

7 Thomas Seibert (2020) Erinnern und dokumentieren. Hintergrundbericht über die Arbeit von AHRDO. https://www.medico.de/blog/erinnern-und-dokumentieren-17795.

8 https://afghanistanmemoryhome.org/

9 Patrick Burgess (2018) Twenty Lessons from Twenty Years of Transitional Justice in Asia. Studie für die indonesische NGO *Asia Justice and Rights* (AJAR). https://preview.asia-ajar.org/wp-content/uploads/2019/01/Twenty-Lessons-from-Twenty-Years-of-Transitional-Justice-in-Asia.pdf

10 Republic of The Gambia (2022) Government White Paper on the Report of the Truth, Reconciliation and Reparations Commission. https://www.justiceinfo.net/wp-content/uploads/Gambia_White-Paper-on-TRRC-Report.pdf

11 Penny Dale (2022) Gambia under Yahya Jammeh: Witch hunts,

PTSD and veiled faces. BBC, 12. Juni 2022. https://www.bbc.com/news/world-africa-61650362

## Lokale Konfliktbearbeitung

1 Dieses Kapitel beruht in Teilen auf einem Hintergrundgespräch mit Dr. Christine Schweitzer, geführt am 16. November 2023. Vieles davon und noch viel mehr ist nachzulesen in ihrer hervorragenden Studie »Erfolgreich gewaltfrei« aus dem Jahre 2009, veröffentlicht vom Institut für Auslandsbeziehungen. https://www.ifa.de/fileadmin/Content/docs/mediathek/publikationen/erfolgreich-gewaltfrei.pdf

2 NIHCM (2024) Gun Violence: The Impact on Society. Infographic der National Institute for Health Care Management Foundation. https://nihcm.org/publications/gun-violence-the-impact-on-society. Danach gab es in 2023 insgesamt 42 967 Tote durch Schusswaffen in den USA, davon waren 25 670 Selbstmorde oder Unfälle.

John Gramlich (2023) What the data says about gun deaths in the U. S. Studie des Pew Research Center. https://www.pewresearch.org/short-reads/2023/04/26/what-the-data-says-about-gun-deaths-in-the-u-s/

3 National Institute of Justice (2011) Program Profile: Cure Violence. https://crimesolutions.ojp.gov/ratedprograms/205#summary

4 Nonviolent Peaceforce (2021) Civilians caught in crossfire: Your impact in the Philippines. https://nonviolentpeaceforce.org/civilians-caught-in-crossfire-your-impact-in-the-philippines/

5 Antwort der Bundesregierung vom 12. Dezember 2023 auf die Schriftliche Frage der MdB Cornelia Möhring. https://dserver.bundestag.de/btd/20/098/2009807.pdf, Seite 10.

6 Forum ZFD (2023) So kann es gehen – Deutschlands zivile

Friedensfähigkeit stärken. https://www.forumzfd.de/de/zivileplanziele

## UN-Blauhelme: Wenn das Vertrauen auf dem Nullpunkt ist

1 »The tragedy of Srebrenica will haunt our history forever«. Kofi Annan (1999) Report of the Secretary-General pursuant to General Assembly Resolution 53/35: The Fall of Srebrecnica. Dokumentnummer A/54/549 vom 15. November 1999. Absatz 503. https://www.securitycouncilreport.org/atf/cf/%7B65BFCF9B-6D27-4E9C-8CD3-CF6E4FF96FF9%7D/a_549_1999.pdf

2 Thomas Isler (2018) Das historische Bild: Srebrenica, 12. Juli 1995. In: NZZ vom 17. 3. 2018. https://www.nzz.ch/meinung/das-historische-bild-srebrenica-12-juli-1995-ld.1817486

3 https://digitallibrary.un.org/record/111999?v=pdf

4 Website der Vereinten Nationen zu Dag Hammarskjöld. https://www.un.org/depts/dhl/dag/time1956.html

5 Henning Melber (2015) Revisiting the »Hammarskjöld approach«. Development Dialogue 2015/1:9. https://www.daghammarskjold.se/wp-content/uploads/2016/01/DHF_DD63_p9-15.pdf

6 United Nations: Background Iran-Iraq UNIIMOG. https://peacekeeping.un.org/mission/past/uniimogbackgr.html

7 Hintergrundgespräch mit Niyazi Kızılyürek am 31. August 2023.

8 Dieses Kapitel beruht in Teilen auf Hintergrundgesprächen mit Claudia Pfeifer Cruz von SIPRI am 20. Juli 2023 und am 1. September 2023. Nachzuhören auch in Folge 6 des Podcast dis:arm. https://www.rosalux.de/disarm

9 Boutros Boutros-Ghali (1992) An Agenda for Peace: preventive diplomacy, peacemaking and peace-keeping. https://digitallibrary.un.org/record/145749?v=pdf

10 The Economist, 13. Januar 1996: The crossing of the Mogadishu line. Auch zitiert in Charles Fowler (1999) The UN intervention in Somalia: Clausewitz crossing the Mogadishu line. National Defense University, Washington D.C. https://apps.dtic.mil/sti/pdfs/ADA432774.pdf

11 Liz Meneo (2020) Forcing the UN to do right by Haitian cholera victims. The Harvard Gazette, 6. Oktober 2020. https://news.harvard.edu/gazette/story/2020/10/a-decade-of-seeking-justice-for-haitian-cholera-victims/

12 Skye Wheeler / Human Rights Watch (2020) UN Peacekeeping has a sexual abuse problem. In: The Hill, 1. November 2020. https://www.hrw.org/news/2020/01/11/un-peacekeeping-has-sexual-abuse-problem

13 *»undertake a reflection on the limits and future of peacekeeping«*. United Nations (2023) A New Agenda for Peace. Our Common Agenda Policy Brief 9. https://www.un.org/sites/un2.un.org/files/our-common-agenda-policy-brief-new-agenda-for-peace-en.pdf

## Waffeninspektionen

1 Dieses Kapitel beruht zu großen Teilen auf meiner eigenen Arbeit bei UNMOVIC. Viele Details sind in dem umfangreichen »Compendium« zu finden, das UNMOVIC am Ende der Arbeit erstellt und veröffentlicht hat. Der Abschnitt zu biologischen Waffen findet sich hier: https://www.globalsecurity.org/wmd//library/news/iraq/un/unmovic-compendium_ch5.pdf

2 UN-Dokument A/67/997 S/2013/553 vom 16. September 2013. https://digitallibrary.un.org/record/756814?ln=en&v=pdf

3 United Nations (2023) Secretary General's Mechanism for Investigation of Alleged Use of Chemical and Biological Weapons (UNSGM). https://disarmament.unoda.org/wmd/secretary-general-mechanism/

4 Josef Savary, Jan van Aken (2022) Is Turkey violating the Chemical Weapons Convention? Bericht für die IPPNW Deutschland, Oktober 2022. https://www.ippnw.de/commonFiles/bilder/Frieden/2022_IPPNW_Report_on_possible_Turkish_CWC_violations_in_Northern_Iraq.pdf

## Mit Naturwissenschaft gegen Kriegspropaganda

1 Tinsley Davis (2004) Meselson and Stahl: The art of DNA replication. PNAS 101:17895

2 New York Times 20. September 1966: Scientists urge a weapons curb: 22 Scientists Bid Johnson Bar Chemical Weapons in Vietnam.

3 »*The barriers to the use of these weapons must not be allowed to break down.*« Aus dem Brief an Präsident Johnson im Herbst 1966. https://projects.iq.harvard.edu/files/meselsonarchive/files/1967_petition_to_johnson.pdf

4 Der Bericht von Meselson und seinen Kollegen über ihre Befunde in Vietnam ist hier online verfügbar: https://www.nal.usda.gov/exhibits/speccoll/items/show/1953?advanced%5B0%5D%5Belement_id%5D=49&advanced%5B0%5D%5Btype%5D=is+exactly&advanced%5B0%5D%5Bterms%5D=legislation&sort_field=added&sort_dir=d

5 »*We have now found physical evidence from Southeast Asia which has been analyzed and found to contain abnormally high levels of three potent mycotoxins–poisonous substances not indigenous to the region and which are highly toxic to man and animals.*« Zitiert in: Jonathan Tucker (2001) The ›Yellow Rain‹ Controversy: Lessons for Arms Control Compliance. The Nonproliferation Review Spring 2001, S. 25–42. https://www.nonproliferation.org/wp-content/uploads/npr/81tucker.pdf

6 Jean Guillemin (2001) Anthrax: The Investigation of a Deadly

Outbreak. University of California Press, Berkeley, Los Angeles, California, 2001.

## Nachrichten machen Krieg

1 John MacArthur (1992) Remember Nayirah, Witness for Kuwait? New York Times 6. Januar 1992. https://www.nytimes.com/1992/01/06/opinion/remember-nayirah-witness-for-kuwait.html

2 WDR (1992) Erster Irakkrieg: Die Baby-Lüge der USA. https://www1.wdr.de/mediathek/video/sendungen/video-erster-irakkrieg-die-baby-luege-der-usa--102.html

3 IAEA (2011) Implementation of the NPT Safeguards Agreement and relevant provisions of Security Council resolutions in the Islamic Republic of Iran. GOV/2011/65. Veröffentlicht am 8. November 2011. https://www.iaea.org/sites/default/files/gov2011-65.pdf

4 Karolina Pajdak (2011) Können die Atom-Raketen der Mullahs auch uns treffen? BILD online 9. November 2011. https://www.bild.de/politik/ausland/atomprogramm-iran/iran-atombericht-raketen-reichweite-israel-europa-ahmadinedschad-droht-der-welt-20889654.bild.html

5 Wörtlich heißt es dort: »*We judge with high confidence that in fall 2003, Tehran halted its nuclear weapons program.*« US National Intelligence Council (2007) National Intelligence Estimate – Iran: Nuclear Intentions and Capabilities. https://www.dni.gov/files/documents/Newsroom/Reports%20and%20Pubs/20071203_release.pdf

6 Ken Dilanian (2011) Iran has technical means to make nuclear bomb, IAEA says. Los Angeles Times 7. November 2011. https://www.latimes.com/nation/la-xpm-2011-nov-07-la-fg-iran-nuclear-report-20111108-story.html

7 Z. B. Spiegel vom 6.7.2018: OPCW weist Spuren von Chlorgas

in Duma nach. https://www.spiegel.de/politik/ausland/syrien-giftgasangriff-in-duma-opcw-weist-spuren-von-chlorgas-nach-a-1217175.html

8 OPCW (2018) Interim Report of the OPCW Fact-Finding Mission Syria Regarding the Incident of Alleged Use of Toxic Chemicals as a Weapon in Douma, Syrian Arab Republic, on 7 April 2018. S/1645/2018, veröffentlicht am 6. Juli 2018. https://www.opcw.org/sites/default/files/documents/S_series/2018/en/s-1645-2018_e_.pdf

9 Stephan Hebel (2021) Wahrhaftigkeit braucht Standpunkte. In: Richard Meng, Thomas Kaspar (Hg.) Haltung zählt. edition7, Berlin 2021, S. 89–97.

## Waffenexporte außer Kontrolle

1 Details zur Regulierung von Rüstungsexporten in Deutschland finden sich in der Broschüre »Kein Panzer geht in Kriegsgebiete«, Rosa-Luxemburg-Stiftung November 2018. https://www.rosalux.de/publikation/id/39650/kein-panzer-geht-in-kriegs gebiete

2 Klaus Hempel (2021) Illegaler Waffenexport: Sig Sauer muss Millionenbetrag zahlen. Tagesschau vom 1. Juli 2021. https://www.tagesschau.de/inland/sig-sauer-bundesgerichts hof-101.html

3 Der Spiegel (1978) »Das ist doch wirklich schwarzer Humor«. Interview mit Franz-Josef Strauß. 16. Juli 1978. https://www.spiegel.de/politik/das-ist-doch-wahrlich-schwarzer-humor-a-86a84bbc-0002-0001-0000-000040942726

4 Rüstungsexportbericht der Bundesregierung 2021, Seite 37. https://www.bmwk.de/Redaktion/DE/Publikationen/Aussen wirtschaft/ruestungsexportbericht-2021.pdf?__blob=publi cationFile&v=6

5 Kriegswaffenexporte 2021 laut Rüstungsexportbericht, Bücher-

exporte laut Statistischem Bundesamt, Datenbank Genesis Online, abgerufen am 6. April 2024 für das Jahr 2021 und für vierstellige Warencodes. Andere Vergleichszahlen: Aluminiumschrott 1,8 Mrd., Schokolade 4,5 Mrd., Staubsauger 1,7 Mrd., Toilettenpapier 1,1 Mrd. https://www-genesis.destatis.de/genesis//online?operation=table&code=51000-0005&bypass=true&levelindex=0&levelid=1712424141365

6 BDSV (2015) Der Ökonomische Fußabdruck der deutschen Sicherheits- und Verteidigungsindustrie. 5. November 2015. https://www.bdsv.eu/files/downloads/publikationen/2015-11-BDSV_WifOR-Studie.pdf

7 Klaus-Heiner Röhl et al. (2022) Zeitenwende für die Verteidigungswirtschaft? Policy-Paper 4/2022 des Instituts der Deutschen Wirtschaft. https://www.iwkoeln.de/studien/klaus-heiner-roehl-hubertus-bardt-barbara-engels-sicherheitspolitik-und-verteidigungsfaehigkeit-nach-der-russischen-invasion-der-ukraine.html

8 Jan van Aken (2019) Der Heckler & Koch-Prozess: Eine Zusammenfassung. https://www.rosalux.de/publikation/id/39861/der-heckler-koch-prozess-eine-zusammenfassung

9 Die Zahlen ergeben sich aus den Antworten der Bundesregierung auf mehrere schriftliche Fragen von Mitgliedern des Bundestages im September 2013, unter anderem Frage 39 (Seite 6) in Drucksache 17/14777. https://dserver.bundestag.de/btd/17/147/1714777.pdf

10 Antwort der Bundesregierung auf die schriftlichen Fragen Nummer 80 und 81 im Oktober 2013.

## Sanktionen und ihre Nebenwirkungen

1 Dieses Kapitel beruht in Teilen auf einem Hintergrundgespräch mit Prof. Dr. Gerald Schneider am 2. Oktober 2023,

nachzuhören im Podcast dis:arm Folge 7. https://www.rosalux.de/disarm

2 UN Sicherheitsrat Resolution 661 vom 6. August 1990. https://digitallibrary.un.org/record/94221?v=pdf

3 Mohamed M. Ali et al. (2003) Annual mortality rates and excess deaths of children under five in Iraq, 1991–98. Population Studies 57:217.

4 Dastan Jasim im Podcast dis:arm Folge 7. https://www.rosalux.de/disarm

5 Thomas Piketty (2022) The western elite is preventing us from going after the assets of Russia's hyper-rich. The Guardian, 16. März 2022. https://www.theguardian.com/commentisfree/2022/mar/16/russia-rich-wealthy-western-elites-thomas-piketty

6 Gary Hufbauer et al. (2019) Economic Sanctions Reconsidered. Peterson Institute for International Economics.

7 Jan van Aken (2022) Wie wirken Sanktionen? Studie für die Rosa-Luxemburg-Stiftung, 15. September 2022. https://www.rosalux.de/news/id/47016/wie-wirken-sanktionen

8 Wolfgang Gehrcke et al. (2017) Für eine neue Ostpolitik Deutschlands. Antrag der Fraktion DIE LINKE im Deutschen Bundestag, Drucksache 18/11167. https://dserver.bundestag.de/btd/18/111/1811167.pdf

9 Katharina Wagner (2022) Wladimir Potanin: Der Oligarch ohne Sanktionen. Frankfurter Allgemeine Zeitung, 31. Mai 2022. https://www.faz.net/aktuell/wirtschaft/unternehmen/ukraine-krieg-wladimir-potanin-ist-der-oligarch-ohne-sanktionen-18071395.html

10 Hannah Kiel (2023) Unilateral Sanctions in International Law. Hintergrundstudie für die Rosa-Luxemburg-Stiftung New York. https://rosalux.nyc/international-sanctions/

**Krieg beginnt hier. Frieden auch.**


1 INKOTA (2022) Niedrige Kakaopreise und Einkommen für Kakaobäuer:innen. https://makechocolatefair.org/probleme/niedrige-kakaopreise-und-einkommen-fuer-kakaobaeuerinnen

2 Verein der am Rohkakaohandel beteiligten Firmen e. V. (2020) Geschäftsbericht 2019/2020, Seite 7. https://www.kakaoverein.de/files/kakaoverein/doc/Kakaoverein_Gesch%C3%A4ftsbericht_2019-2020_digital.pdf

3 Bpb, BICC (2012) Bitterer Kakao – Landwirtschaftliche Produkte als Konfliktrohstoffe. https://sicherheitspolitik.bpb.de/de/m4/articles/bitter-cocoa-agricultural-products-as-conflict

4 Dominic Johnson (2006) Aufrüstung dank Kakao. die tageszeitung 20. Januar 2006, Seite 3. https://taz.de/!486656/

5 Christoph Scherrer (2022) Krieg als Folge des Konkurrenprinzips? In: Makronom – Online-Magazin für Wirtschaftspolitik. https://makronom.de/geooekonomie-krieg-als-folge-des-konkurrenzprinzips-42723

6 Heidelberger Institute for International Conflict Research (2023) Conflict Barometer 2022. https://hiik.de/konfliktbarometer/aktuelle-ausgabe/

7 Anne Jung (1999) Angola: die Anatomie eines Mega-Verbrechens. https://www.medico.de/angola-die-anatomie-eines-mega-verbrechens-13935

8 Anne Jung (2004) Die glänzenden Seiten des Krieges – Rohstoffausbeutung in Afrika, Seite 10. In: Afrika: Lizenz zum Plündern. Materialien für eine Veranstaltung am Grips-Theater. http://www.gegenstimmen.de/20040616/Afrika_15.06.04.pdf

9 BGR (2009) Coltan: Herkunftsnachweis von Columbit-Tantaliterzen. https://www.geozentrum-hannover.de/DE/Themen/

Min_rohstoffe/Projekte/Lagerstaettenforschung-abgeschlossen/LF_Herkunftsnachweis_COLTAN.html

10 Henri Weimerskirch et al. (2020) Ocean sentinel albatrosses locate illegal vessels and provide the first estimate of the extent of nondeclared fishing. PNAS 117:3006. https://www.pnas.org/doi/full/10.1073/pnas.1915499117

11 Venusia Vinciguerra (2011) How the Daewoo Attempted Land Acquisition Contributed to Madagascar's Political Crisis in 2009. Paper presented at the International Conference on Global Land Grabbing at the University of Sussex. https://www.future-agricultures.org/wp-content/uploads/pdf-archive/Venusia%20Vinciguerra.pdf

12 Jean Ziegler (2005) Das Imperium der Schande. Bertelsmann Verlag, München.

## Abrüstung von oben und von unten

1 Bundeszentrale für Politische Bildung (2019) Vor 40 Jahren: Der SALT-II-Vertrag zur Rüstungsbegrenzung. https://www.bpb.de/kurz-knapp/hintergrund-aktuell/292612/vor-40-jahren-salt-ii-vertrag-zur-ruestungsbegrenzung/

2 Jürgen Altmann et al. (2001) Präventive Rüstungskontrolle. Wissenschaft & Frieden, Dossier Nr. 38. https://wissenschaft-und-frieden.de/dossier/praeventive-ruestungskontrolle/

3 Hintergrundgespräch mit Anne Jung, medico international, am 14. November 2023, in Teilen nachzuhören im Podcast dis:arm Folge 14. https://www.rosalux.de/disarm

4 Cornelia Ihl, Jan van Aken (2024) Droht ein neues Wettrüsten? Kurzstudie der Rosa-Luxemburg-Stiftung zur Aufrüstung. https://www.rosalux.de/publikation/id/51913/droht-ein-neues-wettruesten.

## Aber jetzt konkret: Und was ist mit dem Ukrainekrieg und mit dem im Nahen Osten?

1 Raul Zelik (2023) Die Linkspartei wird derzeit in der Ukraine-Debatte leider kaum wahrgenommen. Der Freitag 5/23. https://www.freitag.de/autoren/raul-zelik/die-linkspartei-wird-derzeit-in-der-ukraine-debatte-leider-kaum-wahrgenommen

2 »*You want to negotiate at a time when you're at strength and your opponent is at weakness.*« Karoun Demirjian (2022) Milley tries to clarify his case for a negotiated end to the Ukraine war. The Washington Post 16. November 2022. https://www.washingtonpost.com/national-security/2022/11/16/milley-ukraine-negotiate/

3 »*So when there's an opportunity to negotiate, when peace can be achieved, seize it, seize the moment*«. Mark Milley (2022) Gespräch mit Mike Milley beim »Economic Club of New York«, 683rd Meeting, 9. November 2022.

4 Johann Fuhrmann, Heiko Herold (2022) Chinas Dilemma. Website der Konrad-Adenauer-Stiftung Peking. https://www.kas.de/de/web/china/laenderberichte/detail/-/content/chinas-dilemma

5 M. Ryan, A Timsit (2022) U.S. want Russian military »weakened« from Ukraine invasion, Austin says. Washington Post 25. April 2022. https://www.washingtonpost.com/world/2022/04/25/russia-weakened-lloyd-austin-ukraine-visit/

6 Dana Kessler (2024) Life During Wartime. Tablet 4. Januar 2024. https://www.tabletmag.com/sections/community/articles/life-during-wartime-tel-aviv

7 Nathan Thrall am 7. Mai 2024 auf einer Veranstaltung von medico international. https://twitter.com/i/spaces/1DXxyjNpOrvKM

8 Omri Boehm (2020) Israel – eine Utopie. Propyläen Verlag, Berlin, 256 Seiten.

9 https://www.alandforall.org

10 Rula Hardal (2023) Life as a Palestinian Citizen of Israel. Interview mit dem Center for Strategic and International Studies, 28. November 2023. https://www.csis.org/analysis/rula-hardal-life-palestinian-citizen-israel

11 Hintergrundgespräch mit Meron Rapoport am 28. April 2024.

12 Rula Hardal (2023) Life as a Palestinian Citizen of Israel. Interview mit dem Center for Strategic and International Studies, 28. November 2023. https://www.csis.org/analysis/rula-hardal-life-palestinian-citizen-israel

13 Rayek R. Ritzek (2019) Der Ameisenbär und der Jaguar. AphorismA-Verlag, 318 Seiten.

**Wir verpflichten uns zu Nachhaltigkeit**
- Papiere aus nachhaltiger Waldwirtschaft und anderen kontrollierten Quellen
- Druckfarben auf pflanzlicher Basis
- ullstein.de/nachhaltigkeit

FSC www.fsc.org MIX Papier | Fördert gute Waldnutzung FSC® C014496

Econ ist ein Verlag der Ullstein Buchverlage GmbH

1. Auflage 2024
2. Auflage 2025

ISBN: 978-3-430-21115-4


Bei Fragen zur Produktsicherheit wenden Sie sich bitte an:
produktsicherheit@ullstein.de
Gesetzt aus der Minion Pro
Satz: Pinkuin Satz und Datentechnik, Berlin
Druck und Bindearbeiten: GGP Media GmbH, Pößneck